国家社会科学基金重点项目"系统化维度的大学生思想政治教育研究"
（项目编号：14AKS019）

教育部人文社会科学研究项目"个体理想形成过程研究"
（项目编号：10YJC710054）

理想的本质
及形成机理研究

王柏棣　著

Ideals

中国社会科学出版社

图书在版编目（CIP）数据

理想的本质及形成机理研究/王柏棣著 . —北京：中国社会
科学出版社，2023.7
　ISBN 978-7-5227-2147-7

　Ⅰ . ①理… 　Ⅱ . ①王… 　Ⅲ . ①理想—研究 　Ⅳ . ①B821

中国国家版本馆 CIP 数据核字（2023）第 120391 号

出　版　人	赵剑英	
责任编辑	刘　艳	
责任校对	陈　晨	
责任印制	戴　宽	

出　　版	中国社会科学出版社	
社　　址	北京鼓楼西大街甲 158 号	
邮　　编	100720	
网　　址	http://www.csspw.cn	
发 行 部	010-84083685	
门 市 部	010-84029450	
经　　销	新华书店及其他书店	

印　　刷	北京明恒达印务有限公司	
装　　订	廊坊市广阳区广增装订厂	
版　　次	2023 年 7 月第 1 版	
印　　次	2023 年 7 月第 1 次印刷	

开　　本	710×1000	1/16
印　　张	16.5	
插　　页	2	
字　　数	222 千字	
定　　价	86.00 元	

前　　言

　　理想是奋斗的目标，它使人有明确的方向；理想是人内在的需要，它是人行为的动力；理想是精神追求的定格，它使人的生活充满希望。理想是人类特有的精神现象，它是人的本质力量和主观能动精神的体现。"人无志，天下无可成之事。"理想是什么，它是如何形成的，人该有怎样的理想，如何才能把理想变成现实，甚至如何使人们有理想，这一系列问题在学界应该有明确系统的回答。然而，目前学界对理想问题的研究还缺乏系统性，本书尝试在已有研究成果的基础上系统阐释有关理想的问题，以期对理想问题研究的系统化有所推进。

　　本书以对问题的认识和研究现状把握为基础，阐释理想的基本理论，明确理想形成的基础，分析理想形成的机理，划分理想形成的阶段，概括理想形成的特点，透视理想形成的本质，最后基于学术研究的归宿提出理想教育的思路，具体内容如下：

　　导论部分首先是问题的提出，交代为何研究理想问题，也即研究的根据；其次是对研究现状进行综述，对小学到初中、高中到大学的思想政治理论课教材的内容进行分析，对心理学的研究成果和关于理想问题的专著期刊文献进行概括分析；最后是综述评议，明确了本书的研究意义。

　　第一章是对理想的基本理论进行阐释。在明确理想是基于现实和想象，确立的指向未来的有可能实现的奋斗目标的前提下，论述了理想的基本内涵，最重要的是这里透视了理想的本质，认为理想是人的能力，是人的需要，是人的价值选择。这是本书的核心内容之一。对理想与空想、幻想的区别，理想的谱系，理想的属性，理想的功用等问题也进行了系统的阐释。

第二章是对理想形成的基础进行论述。首先是理想形成的生理基础，包括理想形成的物质基础：脑重量的增加、脑结构的发展、脑功能的发展。其次是理想形成的心理基础，包括人的感觉的发展、知觉的发展、注意的发展、思维的发展、想象的发展。这部分内容由于学科和需要的原因借鉴了心理学的研究成果。最后是理想形成的实践基础，包括理想形成的基础性实践、认识理想的实践、实践理想的尝试性实践。

第三章是关于理想形成的机理。这是本书的核心性内容之一。其一，社会环境影响理想目标的形成，包括社会需要和发展水平的制约、生活环境的影响、社会现实对理想形成的影响；其二，教育引导理想目标的形成，这包括目标教育的根据、家庭教育是最早的目标教育、学校教育是理想教育的主要阵地、社会主导理想教育的方向；其三，自我超越决定理想目标的形成，包括理想是自我的理想、理想是自我能力支撑的理想、理想是自我价值选择、理想追求的是自我的超越。

第四章是关于理想形成的阶段。这实际是对理想形成机理的具体展示。这里把理想形成划分为符号游戏阶段即学前幼儿阶段、理想形成的萌芽阶段即小学阶段、理想的初步形成阶段即初中阶段、理想形成的确立阶段即高中阶段、理想的完善调整阶段即大学阶段。在理想形成的阶段中，既可以看出社会环境的影响，也可以看到学校教育引导的价值，更可以看到理想最终还是决定于自我的超越。

第五章是关于理想形成的特点。理想的形成有自己的特点，认识这些特点，有助于深刻理解理想的本质及形成机理。理想的形成有许多特点，笔者对诸多的特点进行分析提炼，概括出如下有代表性的特点：理想的形成是一个由高到低再升高的过程；理想的形成是一个由外在需要向内在需要转化的过程；理想的形成是一个不断明晰价值追求的过程。

第六章是关于理想形成的本质。理想的形成有自己的机理和过程，在这些机理和过程中体现着自身的本质。透过理想的本质、理想形成的机理和理想形成的阶段，可以认识理想形成的本质，而认识理想形成的本质，又是对理想的本质及其形成机理认识的深化。理想的形成是终极奋斗目标的确定；理想的形成是自我价值选择的明晰；理想的形成是自我精神追求的定格。

第七章是关于理想形成的教育理路。关于理想形成的本质及形成机理研究，既有认识理想的本质和如何形成的价值，也有认识理想的本质及形成机理为理想教育提供参考的意蕴。这里基于对理想本质及形成机理的研究，认为理想教育要进一步明晰教育内容要求，要把理想教育贯穿教育过程始终，理想教育要追逐实效因而要认真研究不断优化教育方法。

后记是对全文的概括性总结和展望。这里对《理想的本质及形成机理研究》的研究线索、研究过程、研究成果进行了概括性总结，对本书的不足进行了反思，并展望了理想研究的未来发展。

目　　录

导　　论

本书研究理想的本质及形成机理，这涉及两个方面的内容：一是理想的本质；二是理想形成的机理。理想的本质要回答理想到底是什么，理想形成的机理要回答理想是如何形成的。

一　问题的提出

研究某一事物或某一问题，总有研究它的根据和理由，或者该事物和问题是一个重要的问题，或者人们在对待该事物和问题上存在问题，抑或关于该事物和问题的研究存在问题，再抑或研究者对该事物和问题具有浓厚的学术兴趣。本书对理想的本质及形成机理的研究，正是基于如上的理由或根据。

理想是一个重要的问题。说理想问题重要，既指它对社会生活中个体人的生存发展是重要的，还指它对整个社会发展进步是重要的，同时还指它对国家是重要的。这里所说的重要，是说它对于个人、社会和国家具有重大意义和影响。对于个人来说，理想是人的奋斗目标，是人行为的动力，是人的希望。孔子的"三军可夺帅也，匹夫不可夺志也"（《论语·子罕》）说的就是理想对人的重要性。军队的统帅对于军队来说该有多么重要，但人没有志向比军队没有统帅更可怕。理想之于社会所以重要，是因为一个社会的成员没有了理想追求，整个社会就会缺少生机活力，就会原地踏步、远离进步。理想对于国家的重要程度更为突出，国家要发展既需要有明确的目标导航，又需要有前行的动力，更需要社会成员具有饱满的精神状态，而这些都是通过理想来体现和实现的。

理想是一个需要认真研究的问题。理想是人类社会特有的精神现象，它是个人、社会、国家都不可缺少的事物，是对个人、社会、国家都有重大影响的精神现象。理想作为一种精神现象，体现为一种目标；人怎么就离不开对理想的追求，它到底是一种怎样的东西，推动着人、社会、国家的进步发展；理想作为目标也好，作为动力也好，它是如何形成的，它在形成过程中受哪些因素的影响，哪些因素是主要的，哪些因素是次要的，最根本的因素在哪里？这些问题都是需要认真研究的。一方面作为重要的事物需要研究，另一方面涉及人类自身发展的问题需要反思。任何学术研究都是在社会中的研究，都是为社会进行的研究，它要服务于社会。对理想问题的研究，既有为社会认识理想及其形成机理的意义，更有认识其本质和形成机理其中包含它的重要作用内涵的研究，为社会培植理想，引导社会成员进取向上的价值。因而需要认真研究。

理想，是一个有所研究而研究不足的问题。理想是一个熟知而非真知的问题。在学术界有不少涉及理想的研究成果，这些成果不同程度地论及了理想的本质及其形成机理的问题，尤以理想的内涵价值和理想教育成果丰厚，但这都是散在的非系统的研究成果；在国内有关于理想的学术专著和期刊上的学术论文，对什么是理想、理想有怎样的意义，都有通识性的成果，这一方面体现在学校系统的教材中，一方面体现在专著和论文中。但是，对于理想的本质是什么、理想是怎样形成的问题，缺少深入的研究。这意味着，虽有研究，但研究不足。

理想，是笔者学术研究的一个方向。笔者开始大学教师生涯时，从

2

事的是以理想信念教育为核心内容的教学工作。在教学中，笔者发现教材中对什么是理想呈现得非常清楚，对理想有怎样的价值论说得很明白，对如何实现理想也具有明确的指向。这些对于完成一般的教学任务来说毫无问题，能够满足对理想信念教学的需要。但我们常说，教给学生一碗水，自己要有一桶水，因而不能满足于一般。尤其是有些问题也吸引着笔者去思考，诸如什么是理想已经明确了，理想的重要性认识清楚了，实现理想的路径也明晰了，但理想的本质是什么，人为什么要有理想，理想是怎么形成的，它在形成过程中受哪些因素影响，有哪些阶段和特点，一句话，它形成的机理是什么？这些问题引发了笔者进行学术研究的浓厚兴趣，于是笔者把理想问题作为研究方向开始了深入探索。

从教学和教育的角度看，笔者所以研究理想问题，也是关注到了理想在现实中的问题。社会发展的速度加快，人与人之间、团体与团体之间、国家与国家之间的竞争日益激烈，人们的生存压力不断加大，导致了人们对理想追求的淡化或弱化。这与社会理想面临的局势也存在一定关系，当市场经济和改革开放起步的时候，当苏东剧变的时候，人们的理想信念不同程度地发生了动摇，既怀疑个人的理想实现问题，也关注社会理想信念的现实问题。进入新时代，社会的理想信念在发展中得到坚定，"四个自信"教育取得明显成效，但个人的生存压力在面对快速发展的脚步中，还不同程度存在理想追求淡化的问题。把握理想的本质和形成机理，对于在理想教育中激发人们的理想追求具有非常重要的价值。

如上，就是笔者选择理想的本质及形成机理研究的缘由，也即选择本题进行研究的根据，用另一种话语表示也即问题的提出。上述部分，有些内容本应该适度展开，但考虑到可能会发生重复论述的现象，因而相关内容将在如下论述中集中呈现。

二 研究现状

学术研究的一般范式，是要对研究现状有所把握。把握研究现状，才能清楚学界关于研究话题取得了哪些研究成果，同时也才能清楚现在研究成果中存在哪些不足。在这样的基础上，开始问题的研究，才能具有现实性。否则，或许是同质重复性研究没有实际意义，或许是研究没有解决应该解决的问题，不能满足学界研究的需要，抑或是只有把握现状，才有关于该问题的话语权。

关于理想的本质及形成机理研究现状，将从两个方面论及：一方面是对学校教育教材中关于理想问题的呈现进行梳理；另一方面是对期刊著作中关于理想问题研究成果进行梳理。教材中关于理想问题的呈现，既反映着学术研究的成果，也能体现目前对理想问题认识的程度。学校教材是一个螺旋上升的呈现，由低到高的呈现也会让我们加深对理想问题认识的理解。

关于学校的教材，这里特指思想政治理论课教材。既涉及基础教育中的教材，又涉及高等教育的教材。而基础教育的教材有 2003 年的版本（小学称《品德与生活》《品德与社会》，初中称《思想品德》）、高中的 2004 年版本（称为"思想政治四门课"），又有 2016 年的版本（小学和初中均称《道德与法治》）、高中的 2019 年版思想政治四门课均为人民教育出版社出版。大学的教材是 2006 年版《思想道德与法律基础》和 2021 年版《思想道德与法治》（高等教育出版社）两个版本。考虑到教材的连续性以及新旧教材的差异性，这里将对两个版本教材关于理想问题的表述进行梳理。

在基础教育两版教材中有个共同特点，即：小学阶段的教材没有明确关于理想的内容，只有启蒙性的内容；高中阶段的教材实际上也没有关于理想的论述，只是在价值选择中涉及理想问题，但价值选择也可以归属于理想教育。基础教育教材中关于理想的论述，集中在初中的教材上，而初中关于理想的论述体现在七年级和九年级的教材中。

2003 年版《思想品德》七年级上册第四课"欢乐的青春节拍"的"走进青春"和"感悟青春"两目中，一是把"富有理想，追求真理；追求理想容易脱离现实，沉湎于幻想"概括为青春的一个心理特点；二是强调"青春是一面旗帜，是理想的旗帜"，也即理想是青春的旗帜。这两目表达了一个意思，有理想是青春的特点。七年级下册第四课"人生当自强"的"人生自强少年始"和"少年能自强"两目中，一是强调"一个自强的人，必定对未来充满希望，奋发向上，积极进取"，"志存高远，执着追求"；二是强调"理想，自强的航标"，"没有理想，就没有了动力，就会在困难面前放弃努力。有了理想，就有了奔头，有了进取的恒久动力。要自强，首先就要树立坚定的理想"，"为人生的理想执着追求，是所有自强者的共同特点"。这里一方面强调理想在自强中的作用（也是理想的一般作用），另一方面强调有理想是自强者的共同特点。综观两课的内容，说明青春的特点是有理想，自强的人有理想。

在《思想品德》九年级第四单元"满怀希望迎接明天"的主题探究中，承接七年级"青春的特点是有理想，自强的人有理想"这个话题，再次强调理想在青春中的意义，"青春不能没有理想。理想是灯，照亮远方的路；理想是路，引你走向黎明"。突出强调青春是"理想的种子在这里生根、发芽，直到长成参天大树"的一片沃土。最后强调在青春时刻"让我们都来放飞自己的理想，收获明天的希望"，让每位同学为自己设计三张名片：第一张是现在的名片；第二张是 20 岁时的名片；第三张是初中毕业 30 年后的名片。这里，一方面强调理想对于青春的意义，另一方面要求在青春时刻播下理想的种子，让其生根、发芽、长大。

在《思想品德》九年级第九课"实现我们的共同理想"的"我们

的共同理想"一目中，明确了何谓共同理想，明确了最高理想和共同理想的关系。"我们的最高理想是实现共产主义——共产主义社会将是物质极大丰富，人民精神境界极大提高，每个人自由而全面发展的社会。""在社会主义初级阶段，我国各族人民的共同理想是把我国建设成为富强民主文明和谐的社会主义现代化国家。""实现共同理想，是实现共产主义理想的必要准备和必经阶段；实现最高理想是实现共同理想的必然趋势和最终目的。"

"理想高于现实却源于现实，理想的实现需要我们在现实中努力。"《思想品德》九年级第十课"选择希望人生"的导语，意在讨论理想与现实的关系。首先，提出了个人理想的话题。"在我们为实现共同理想而奋斗的过程中，每个人心中还有自己的理想。"个人理想是个人对"学业成就、未来职业、道德人格、家庭生活方面（学业、事业、家庭、休闲、自我成长）追求的目标，代表着我们对生命的一种期盼，反映了我们对生活的积极态度。人生，就是立足现实，不断追求各种具体理想的过程"。这里的理想与现实的关系，一方面是指共同理想和个人理想之间的关系，通过个人理想为实现共同理想而奋斗，是个人处理理想与现实关系的一种表现；另一方面是指个人理想本身与现实的关系，人生要实现理想，要从现实起步，要立足现实。其次，在强调理想作用的同时阐释理想的内涵。"人生需要理想。理想就像罗盘，引导人生航船的方向；理想就像航船，一程一程向前推进，不断驶向幸福的彼岸。""理想总是指向未来，表现为奋斗目标，对人的行为有导向、驱动和调控作用。如果缺乏理想，就会使人缺少一种稳定、持久的内在激励，容易受到各种干扰；如果缺乏理想，我们的学习生活就会缺少前进的动力，甚至会迷失方向。""在人生发展的历程中，理想激励着我们不断超越自己，让我们充满了实现自身价值的喜悦，使我们的人生充满幸福。亿万人民在追求自己的理想，特别是追求美好社会理想的过程中，推动社会向前发展。"最后，强调在现实中如何对待理想。"我们都希望实现自己的理想，但由于自身条件和外在环境的局限，理想与现实之间总会有些差距。要实现自己的理想，我们该做些什么呢?"一是实现理想，需要对人生作出规划。这个规划要尽可能长远，这样我们就不会在人生的某个阶段因为找不到目标而迷失方向；这个规划还要尽可能具体，可以按时间远近、重要程度划分为若干个阶段性目标。这样一步一个脚印地付出努力，理想就不会仅仅是我们美好的愿望。二是根据实际调整理想目标。我们的具体理想不是一成不变的，而是发展变化的。因而，我们要根据自己的能力、兴趣等实际情况，对自己的理想适当进行调整，以缩短理想与现实之间的距离，促进理想实现。三是实现理想既要脚踏实地，又要不断提高自己的能力素质，更要坚持不懈。"理想可以有很多，但通向理想的道路只有一条，那就是脚踏实地、全力以赴。我们还需要不断增强自身能力，提高自身素质；还需要不屈不挠、坚持不懈。"四是实现理想的现实任务是学习。"千里之行，始于足下。理想的实现需要践踏实地的努力。我们当前的主要任务是学习，为理想的实现打好基础。"(《思想品德》九年级全一册2013年3月版第130页)由上可见，初中九年级的《思想品德》第十课，对何谓理想（包括个人理想）、理想有怎样的作用、在现实中如何实现理想三个问题都有了初步论述。

高中的思想政治（4）《生活与哲学》第十二课实现人生价值的"价值的创造与实现"一目中，有"实现人生价值，需要有坚定的理想信念，需要有正确的价值观指引"的话语。在结语中，再次强调"理想是人生的奋斗目标，崇高的理想是人生的精神支柱。一个人有了崇高的理想，就有了坚定正确的方向，就能够把个人的前途和国家的命运、人类的幸福结合起来，从而为自己的生命里注入恒久的动力和无限的生机"(2004年12月版)。

新版教材是从2016年7月开始出版的，这版教材与前一版最大的不同是话语体系发生了变化，由于"中国梦"的出现，教材在中国梦的语境下讨论理想问题，也就是说，新版教材用梦想或梦来表征理想。

2016 年 7 月版《道德与法治》七年级（上）第一单元"成长的节拍"第一课是"中学时代"，它的第二目是"少年有梦"，意味着有梦是少年的一个特点。基于这样的判断，在开篇"运用你的经验"说"你的梦想是怎样的"。幼儿园的小波长大要当警察，三年级的小美长大后要把爸妈的蔬菜大棚建得更大，七年级的小文是想拥有七彩人生，周游世界，做环保志愿者，留白是让学生自己填写梦想。

青少年生命的主题是梦想。编织人生梦想，是青少年时期重要的生命主题。其次指出梦想是对未来美好生活的愿望，它能不断激发我们生命的热情和勇气，让生活更有色彩。有梦想，就有希望。少年的梦想，与个人的人生目标紧密相连。明确的人生目标，犹如灯塔，能帮助我们在茫茫大海中找到前进的方向。再次指出少年梦想有两个方面：一是人类天真无邪、美丽可爱的愿望；二是总和现实有一定距离，有时甚至不切实际，但是人类需要这样的梦想，因为有了这样的梦想，才能不断地进步和发展。最后指出少年的梦想与时代脉搏紧密相连，与中国梦密不可分。中国梦是实现中华民族伟大复兴，是中华民族近代以来最伟大的梦想，是国家富强、民族振兴、人民幸福。实现中国梦必须走中国道路，必须弘扬中国精神，必须凝聚中国力量。

在"努力就有改变"分目下，对青少年该如何对待梦想进行了讨论。其一，指出在梦想面前少年的两种态度。少年的梦想，有时像海天相吻的弧线，可望不可即，折磨着你的进取心。有人放弃，将梦想视为一种臆想；有人坚持，将进取变成一种信念。其二，在"探究与分享"中辨析和澄清了几种关于梦想与现实的观点：从小努力，经过长时间奋斗能实现；梦想永不能实现；梦想即使实现不了，也能引领方向；现实常把梦想打破；总有一个梦想在现实中开花。其三，强调行动在梦想中的意义。少年有梦，不应止于心动，更在于行动。不懈地追梦、圆梦才能改变生活，改变我们自己。努力，是梦想与现实之间的桥梁。努力，是一种生活态度，是一种不服输的坚忍和失败后从头再来的勇气，是对自我的坚定信念和对美好的不懈追求。努力，需要立志。青少年要从小学习立志，早立志，立大志，立长志，并且把自己最重要的人生志向同祖国和人民联系在一起。努力，需要坚持。如果努力不落实在每一天的具体行动中，梦想就会成为空想，只能是画饼充饥。只要坚持努力，即使过程再艰难，也有机会离梦想更近一步。"少年有梦"这一目，明确了这样几个问题：一是梦想是青少年生命的主题；二是梦想及其意义；三是少年梦想有两个方面；四是少年梦想与中国梦相连；五是青少年在现实中该如何对待梦想。

《道德与法治》九年级（上）第四单元"和谐与梦想"中第八课"中国人'中国梦'"有两目："我们的梦想""共圆中国梦"。

首先在这两目中明确了中国梦。指出"梦想是对美好生活的向往，有梦想就有前行的力量。千百年来，中华民族夙兴夜寐，执着地追求实现小康、过幸福生活的社会梦想"，"实现中华民族伟大复兴是近代以来中华民族最伟大的梦想"。其次指明中国梦的伟大意义。在新世纪新时代，我国经济和社会发展的战略目标是到建党一百年时，全面建成小康社会，到新中国成立一百年时，全面建成社会主义现代化强国。中国梦反映人民夙愿，揭示发展走向，指明奋斗目标。实现中国梦，就是要实现国家富强、民族振兴、人民幸福。实现中华民族伟大复兴，体现了中华民族和中国人民的整体利益，是国家梦、民族梦，也是每个中国人的梦。最后表明实现中国梦要坚持党的领导，走中国道路，弘扬中国精神，凝聚中国力量，更要自信。这里，主要对什么是中国梦、中国梦的伟大意义、实现中国梦要坚持的方针原则进行论述。

《道德与法治》九年级（下）（2018 年 12 月版）第三单元"走向未

来的少年"第五课是"少年的担当"。在"少年当自强"一目下的"少年强中国强"分目中，强调"青年兴则国家兴，青年强则国家强。青年一代有理想、有本领、有担当，国家有前途，民族有希望"。强调实现中华民族伟大复兴的中国梦，需要一代又一代有志青少年接续奋斗。要坚定理想信念，志存高远，脚踏实地，努力在实现中国梦的伟大实践中创造出彩人生。这里的主题是，少年强中国强，有理想是青少年强的重要表现，实现中国梦，需要青少年努力奋斗。第七课是"从这里出发"，分别有"回望成长"和"走向未来"两目。在"回望成长"一目中，一是讨论在三年中有哪些收获，二是指出三年学习生活结束将开始新的旅程。在"走向未来"一目中，让学生回忆三年前曾经的梦想：实现的目标，如何实现的，对我的影响；还没实现的目标，没有实现的原因。在"畅想未来"分目中，指出要把自己的爱好、需求与国家的发展、世界的繁荣、人类的梦想结合起来。畅想未来，要激发兴趣，大胆尝试，积极行动，不断地反思自己，全面规划有意义的人生。面向未来，既需要对未来有美好的憧憬，也需要有脚踏实地的行动。踏上新征程，让我们出发吧！这里，一方面是让学生反思三年梦想实现的程度，实际上也是梦想在三年学习生活中的意义；另一方面是构想未来的理想，阐述如何脚踏实地去实现理想。

2019 年 12 月版的高中思想政治的《哲学与文化》第六课"实现人生的价值"中，强调"创造和实现人生价值，需要有坚定的理想信念，需要正确的价值观引导"。

综观两版教材关于理想问题的论述，总体上说，前一版教材关于理想的阐释比较清楚，它在七年级的教材中强调理想是青少年的特点，青少年要实现理想就是要在现实中抓好自己的学习；在九年级的教材中，对理想的内涵和理想的重要性乃至实现理想的途径都有初步的论说。新版教材，在梦想与青少年的关系上，也把有梦作为青少年的一个特点，指出青少年自强的一个标志就是有理想。实现梦想要努力奋斗，要把个人的梦想融进中国梦之中。

大学对于理想问题的论述集中体现在现在的思想道德与法治的教材中。大学教材关于理想的讨论虽然也有变化，比如在 2018 年版的《思想道德修养与法律基础》中理想信念是第一章，而 2021 年版则把人生排在第一章，但在关于理想信念的论述上并无本质区别。大学教材对理想问题的讨论主要集中在这样几个问题上：一是理想信念的内涵及其重要性；二是如何坚定理想信念；三是如何实现个人的理想。追求远大理想，坚定崇高信念，在为实现中国特色社会主义共同理想而努力奋斗的过程中实现个人理想，这是理想问题的主题。理想信念是人类特有的精神现象。理想是人们在实践中形成的、有实现可能性的、对未来社会和自身发展目标的向往与追求。理想是人们的世界观、人生观、价值观在奋斗目标上的集中体现。理想有个人理想和社会理想、近期理想和远期理想，有生活理想、职业理想、道德理想和政治理想。理想具有超越性、实践性、时代性。

信念是人们在一定的认识的基础上确立的对某种思想或事物坚信不疑并身体力行的精神状态。信念具有执着性、支撑性、多样性。理想和信念总是相互依存。理想是信念所指的对象，信念则是理想实现的保障。离开理想这个目标，信念就无从产生，离开信念，理想则寸步难行。

理想信念是精神之"钙"。理想指引方向，信念决定成败。理想信念昭示奋斗目标。理想信念是人生前进的动力；理想信念是人生的精神支柱；理想信念提高精神境界。实现理想要坚持理想与现实的辩证统一、要坚持个人理想与社会理想的有机结合，实现理想要为中国梦注入青春能量。

通过上面的梳理可见，大学教材中对理想问题的讨论，集中在理想信念有哪些特征上，集中在理想信念的作用上，集中在如何实现理想上。对于理想的本质乃至理想形成的机理等深层次问题缺少研究分析。

有关理想的本质及其形成机理，从总体上看，研究的人不多，因而研究成果也不多，但并不是没有。虽然没有明确的系统的关于理想的本质及其形成机理的研究成果，但是关于理想形成过程的问题还是引起了一些学者的关注，只是并没有系统和单独进行研究。关于理想形成过程的研究成果，基本可以划分为这样几类：一是儿童心理学或者心理学中对想象和理想形成过程的研究，因为想象就是心理现象，而理想就是想象的一种；二是关于理想问题研究的著述中涉及对理想形成问题的论述；三是有关理想形成过程的具体论述。

心理学或儿童心理学方面的研究成果，主要代表是朱智贤的《儿童心理学》（人民教育出版社 2009 年版），该书对想象和理想进行了充分论述。在这些论述中，既有对想象阶段的划分，又有对想象特点的描述，同时也有对形成想象的基础和影响因素的分析，这对研究理想形成机理具有重要的借鉴和参考价值。因为理想在本质上归属于想象范畴，它是人在现实中运用理性的能力对未来的一种想象。

朱智贤认为：在婴儿时期，可以开始看到想象的最初形态。新生儿没有想象，1—2 岁的儿童只有想象的萌芽。3 岁的时候，儿童逐渐产生了带有最简单的主题和主角的游戏活动，在这种游戏活动当中，想象也就开始形成和发展起来。但是，在整个婴儿时期，想象的水平是很低的。学前儿童（幼儿）的想象进一步发展。学前儿童想象的发展与游戏活动的发展有关。在儿童的游戏，特别是创造性游戏中，要求儿童丰富而有目的地想象。学前儿童想象中的有意性和创造性正在初步发展，但总的来说，这种有意性和创造性还不占主导地位。整个学前时期，创造想象正在发展，但是再造现象仍占主导地位。

儿童进入学校以后，在教学的影响下，想象有了进一步的发展。第一，想象的有意性迅速增长；第二，想象中的创造性成分日益增多；第三，想象更富于现实性。初入小学的儿童，想象仍然带有幻想的性质。小学儿童只有一些比较模糊的对未来生活的想象，真正的理想可以说还没有。只有从少年时期起，理想才真正形成和发展起来。少年的理想表现为两种形式：一种是以某些具体的人的形象作为自己的理想，这是少年时期主要的理想形式；另一种是以代表个性道德品质的综合的概括性的想象作为自己的理想。在少年的道德理想上，还有种种其他特点：一是少年往往不善于选择正确的范例作为自己的理想。二是少年对自己的理想人物有强烈的模仿倾向，而这种模仿往往带有表面性质，甚至对这些理想人物的行动习惯和言谈方式加以模仿。只有到少年后期至青年初期，才以理想人物的主要品质作为标准来评价别人和自己的行为。三是少年的理想很不稳定，容易发生变化。随着少年的发展，理想才逐渐趋于稳定，理想才变得更有内容，更有社会意义。

青年的理想和少年的理想比较起来，在内容上常常差别不大，所不同的是在发展水平上表现出新的特点。第一，少年的理想大多是一些具体的形象，而青年的理想更多的是一些概括的形象。少年往往竭力模仿他理想中的具体人物，而且常常模仿一些外部特点，而青年能够对他理想中的人物的特点加以分析，并把它们综合成一个概括的形象。第二，少年的理想常常只在一些特殊场合和现实生活相联系，而青年的理想能够经常和现实生活相联系。第三，未来生活道路的选择常常对青年的理想产生深刻的影响。青年学生，特别是将要毕业的学生，一般都对未来的前途特别关心，将来做个什么样的人是每个临近毕业的高中生所关心的问题，虽然他们对待这个问题的态度可能各不相同。

在心理学的文献中，北京师范大学等四院校编写的《普通心理学》（陕西人民出版社 1982 年 2 月版）对想象的本质，想象、幻想、理想、空想的区别，想象的影响因素以及想象的差异等进行了比较集中的阐释。他们认为，想象是在外界现实刺激物的影响下，在人脑中对过去形成的若干表象进行加工改造而建立新形象的心理过程。想象是人脑的机能，它是人脑中旧的暂时联系经过重新组合形成新的联系的过程。想象以实践经验和知识为基础。想象是在当前实践任务的要求下，在过去感知材料的基础上产生的。想象是人类在劳动过程中发生和发展起来的。人们为了满足生活需要，就必须要改造周围的环境。在改造世界的劳动中，人们在劳动之前，头脑中预想出劳动的结果。劳动过程结束时得到结果，已经在劳动过程开始时存在于劳动者的观念之中，所以已经观念地存在着。但是想象并不是凭空产生的，它是在人的实践活动中发生发展的，是借助加工改造记忆表象的个别方面而创造出来的。想象是受社会历史生活条件所制约的，归根结底是受生产力发展水平制约的。人类想象的发展更主要的是受社会生产关系制约。不同社会决定着人们想象的不同方向和内容。想象是与人的知识、经验、思想意识有密切联系的。

想象分为有意想象和无意想象。没有预定目的，也不是自觉地产生的想象叫无意想象；有预定目的、自觉产生的想象，叫有意想象。有意想象分为再造想象和创造想象。根据别人对某一事物的描述，在自己头脑中形成新形象的过程，叫再造想象。创造想象具有首创性、独立性和新颖性的特点。创造想象有赖于人的思维的积极活动。它不是一般的想象，而是一种严格的构思过程，它是受思维活动的控制、调节和支配的。创造想象是任何创造活动所必须具备的重要心理因素。

幻想是一种与生活愿望相结合的并指向于未来的想象，它是创造想象的一种特殊形式。幻想与再造想象不同，它不一定是通过别人的语言或其他符号描绘所引起的，它有一定独创成分。幻想和创造想象也不完全一样，它不一定直接引向物质产品的创造，在构思上并不要求和创造想象那样完全符合客观规律。因为它不是和创造性活动直接相结合的心

14

理过程，而是与创造活动的准备活动相结合。幻想总要体现想象者的愿望，幻想的东西，就是直接满足想象者愿望的东西。而通过创造想象所创造出来的形象不一定满足创造者的愿望。如果某种幻想比较接近于客观事物发展规律，并且实现的可能性比较大，这就叫理想。如果某种幻想完全脱离现实生活发展规律，并且毫无实现的可能，它与创造活动的准备活动也没有结合的可能，这就叫空想。该书还对想象的个别差异进行了论述：想象是受社会历史生活条件所制约的。不同的历史条件，不同的生活实践，人们的想象是不同的。但是，在同一社会制度条件下，同一生活条件下，人们的想象也常常各有特色。①想象中起主导作用的表象的差异。在想象中起主导作用的表象，在人与人之间存在很大的差异。有的人的想象以视觉表象为主，有的人的想象以听觉为主，有的人的想象以动觉为主。②想象发展程度上的差异。想象发展程度上的差异，表现在形象的清晰性和表象改造的深刻性，以及想象的实践性上。以想象的清晰性来说，人与人之间的差异是非常大的。有的人想象到某些形象，正好像"看见"和"听见"一样；而另外一些人，则只有模糊的、片段的和不稳定的表象。③表象改造深刻性上的差异。有的人能够用生动的形象把一类事物的基本特征都揭露出来，有的人则不能。④想象实践性上的差异。想象实践性表现在想象对实践的指导作用上，那种具有极大实践性的想象，必然是清晰的想象，也必然是对表象进行了深刻改造的想象，而更重要的是必须是从实际出发的。否则它就绝对起不到正确而具体的指导作用。想象的实践性，也因人而异。

关于理想问题的学术专著，按照时间顺序有马嵩山主编的《理想论》（上海人民出版社1987年4月版）、李少军著《理想论》（中央编译出版社2000年9月版）、彭定光著《理想论》（中国青年出版社2001年5月版），此外还有叶泽雄著《社会理想论》（武汉大学出版社1998年11月版）、胡潇著《理想与现实的沉思》（湖南人民出版社1986年8

月版）、李进著《理想与选择》（工人出版社 1989 年 5 月版）。

马嵩山主编的《理想论》从四个方面辑录了古今中外学者有关理想的论述。一是"内涵探微：从肉体到人格"，包括理想光明的召唤、理想生命之树、理想的本质是什么、构筑理想的途径；二是"历史轨迹：从上古到现代"，概括了政治理想的历史嬗变和道德理想发展历史的各个阶段；三是"多维探求：从职业到个性"，辑录了各人有各人不同的理想，纷呈沓杂的职业理想，多极的个人；四是"攀援之途：从定向到奋斗"，编选了人类在理想的指引下奋进，在现实的努力中实现理想，实现崇高理想需要几代人的努力的论述。这本辑录的《理想论》的最大价值是资料性，从理想的本体到理想的历史发展，从个性差异到实践中的奋斗，这四个方面对把握有关理想的资料很有价值，并且给了思考理想问题的一个逻辑理路。最让笔者期待的是关于理想的本质，但实际上在辑录的有关内容中，多半是论说什么是理想，而并非在论说理想的本质，尽管其中有一些语言涉及理想的本质，但并非深入讨论理想的本质问题，也不具有系统性。毕竟这是一本辑录性书籍，从资料和理路启示的角度看，还是具有其特定价值的。

李少军的《理想论》，是在其博士学位论文基础上撰写的专著，副标题是"对一个马克思主义哲学范畴的研究"。该文分为四个部分：第一部分是理想与人的本质，包括马克思主义哲学对人的本质问题的科学解决、理想属人并为人所特有两方面内容；第二部分是马克思主义哲学的理想概念，包括理想的含义及其本质特征、理想与真善美两方面内容；第三部分是理想的实现，包括理想与实践、理想转化为现实的时间性、理想转化为现实的意义三方面内容；第四部分是共产主义是当代人类的最高理想，包括社会主义由空想到科学、科学社会主义由理想到现实的曲折性、我国现阶段的共同理想是建设有中国特色社会主义三方面内容。从四部分内容可以看出，这部著作更多的是从社会理想的角度展开论述的，无论是理想与人的本质还是马克思主义哲学的理想概念，无论是理想的实现还是共产主义是当代人类的最高理想，都在力图论说社会理想问题。这部著作中的理想属人并为人所特有的内容，对于思考讨论理想的本质问题有一定的启发价值，其余部分也对本书的论题具有不同程度的借鉴意义。

由中国青年出版社出版的彭定光撰写的专著《理想论》，是目前对理想问题论述得比较系统、比较全面且理论性与学术性都比较好的学术专著，相信也是在学术界影响比较大的专著。该著以理想在工业文明中失落带给人们以困惑进而努力塑造理想为话语背景，对理想问题展开论述。在"理想是人的本质特征"标题下，从人的本质入手，论述创造是人的根本特征，人按预定目的进行创造；在"理想是人的内在需要"标题下，论述理想是人成熟的标志，理想的结构是人的丰富需要的反映，理想是人对未来的价值规定，理想是人自觉活动的内在导向。在"理想是人审视现实的尺度"下面，论述理想是对事物的超前认识，理想是对事物的辩证否定，理想是超越现实的目标指向。在"理想是实现人的自由的前提"下，论述自由在理想的追求中实现，理想是人的意志自由的保证，理想是人的行动自由的条件。在"理想是人创造美好生活的动力"话题下，指出理想是个人参与社会生活的内在机制，理想是实现人的根本利益的先导，理想是社会发展的精神动力，理想是道德进步的关键。最后在结语部分，论述了共产主义是当代人理想的最高规定，建设富强、民主、文明的社会主义现代化国家和"四有"新人是当代人理想的时代特质。

1998 年 11 月武汉大学出版社出版的叶泽雄的《社会理想论》，在绪论中首先对社会理想的内涵外延、社会理想研究的紧迫性进行阐释，对社会理想生成进行理论分析，对社会理想形态的历史演变进行梳理；随后对社会理想的特点、社会理想的冲突、社会理想的认同、社会理想的合理性与建构原则进行系统论述。显而易见，这是对社会理想的论述，尽管社会理想可以包含在理想之中，但总归不是对理想进行的全面论述。假如从把理想分为个人理想和社会理想的角度看，倒可以说它是属于理想问题的研究。而如果把理想分为社会理想、职业理想、道德理想、生活理想、事业理想，那社会理想无论如何重要，都只能是对理想的部分研究。但这不能否认社会理想在理想构成中所占的重要位置。

该著把社会理想划分为如下几种形态：

社会理想的神话形态。神话是人类最初的对世界的理解形式和把握方式。由于生产力的极为低下和人类思维力的不发达，神话就成为人类在童年时代用以认识社会和自我的重要方式之一。表面上看，神话是用比附人类自身的方法意象出诸神，用神来解释宇宙中的一切。深层地看，借助于神话，原始初民表达的却是他们对美好社会生活的渴望、向往和追求。

社会理想的经验形态。"经验"是人类社会自我认识的第一种自觉形式。之所以这么说，在于它意味着人类第一次自觉地以人类自身的历史发展和历史经验作为认识现实、反观自我、把握未来的基本参照系。作为一种社会的认识或把握方式，经验以人类活动的历史知识为基本依据或尺度，人类以经验方法为基本方法去认识、评价社会的历史和现实，并建构和创造社会的未来。

社会理想的宗教形态。与经验的把握方式不同，宗教把握的世界不是一种经验、确定而可观察到的事实，它不过是一种幻想和观念，表达的是人们对善、美和理想的模糊不清的渴望。就其本质而言，宗教是人对客观世界的幻想的反映，在这种反映中人间力量采取了超人间理想的形式。在宗教视野里，或者说，用宗教的眼光去审视现实，观照未来，必然使得社会理想的建构及其表现形式，既不同于神话形态的社会理想，又有别于经验形态的社会理想。

社会理想的理性形态。理性，作为人类对世界的一种把握方式，意指人类以理性为基本尺度和基本方法，去理解、评价社会的历史和现实，并建构和创造未来的理想社会。理性是相对情感和意志而言的，是人类所特有的一种本质力量和主体能力以及这种能力发挥的作用；理性又是一种人类本性或人类要求，它与人类对于外部世界的合理性、真理性、完善性以及平等、正义、人权等的要求和自我意识相联系。理性作为思维能力和价值尺度的统一，应用于一定的社会客体，则转化为一种理想的方法。

社会理想的人本形态。一般认为，人本主义是一种与理性主义相对立的非理性主义思潮，是反认识论或无认识论的。至多也不过是提供了几个像"直觉""体验""超越"那样的认识论范畴。所谓"非理性主义"并不是一个病理学概念，而是一个具体的哲学概念。非理性主义是相对于传统哲学的理性主义而言的，它的理论指向是批判那种贬低人性"见物不见人"的形而上学，并倡导一种高扬人性气质的思想学说。因此，非理性主义并不是一种无理性哲学，而是主张一种与传统理性、人本主义与科学之间的冲突，不是两种截然相反、彼此水火不相容的对立，而是同一理性范围内的科学理性与价值理性的分裂与对峙。当它们分别被人们用以观察和把握世界，就会形成两种不同的世界视野、观照态度和思维方式。

综上，《社会理想论》阐述的社会理想发展的五种形态，对理想形成机理的研究有借鉴意义。

1986年8月湖南人民出版社出版的胡潇的专著《理想与现实的沉思》，是从理想与现实的关系角度论述理想问题的，包括理想与现实的一般关系；现实的理想升华；现实的多样性、统一性与理想的个体性、社会性；三种掌握现实的方式与真、善、美的理想；理想在现实中的历史发展；现实的必然与理想的自由；理想的现实性与非现实性；理想变为现实的道路。从著作题目可见，这就是在讨论理想与现实是怎样的一种关系。从道理上说，理想与现实是理想论题不可回避的一个问题，二者是对立统一的关系，谁也离不开谁，个中都包含对立面的因素，但是就理想的本质与形成机理而言，它还是离主题有点远。

1989 年 5 月由工人出版社出版的李进所著的《理想与选择》，也是一部与理想有关的学术专著。该著把理想理解为人的精神支柱，是人类永恒的话题，而选择是人生不息的旋律。它从人的本质说明理想和选择是人的内在世界；从人的本性揭示理想和选择的要素及现实基础、层次及多元结构；从人的发展观照理想和选择的时代视野及冲突演进；从人的心理活动特质分析理想和选择的心理机制；从人的认识活动特质分析理想和选择的认识机制；从认同环境的相互作用分析理想和选择的社会机制；从人的需要展示理想和选择追求体系；从人的能力勾勒理想和选择的实践活动；从人的价值探寻理想和选择境界实现；从人的民族特质概括中华民族理想和选择的主旋律。相应地，它把如上问题概括为：亘古的话题，现实的升华，时代的视野，理想选择的心理机制，理想选择的认识机制，理想选择的社会机制，人生曲线的描绘，生活道路的开拓，理想境界的实现，中华民族的旋律。在理想是人的精神支柱的主题下，如何选择理想，构成了理想与选择的主要内容，它回答的是人们选择理想是怎样的过程，受哪些因素影响，这对本题的研究有重要的参考价值。

就学术专著来看，目前尚没有对理想的本质和形成机理的研究，或者目前没有在一部专著中集中讨论这样两个问题的，或者讨论这样两个实际问题的成果不同程度存在，但都不是在理想的本质和形成机理的名义下进行的。那么期刊杂志上的文章是怎样的一种现实呢？

学界通过期刊展示有关理想的本质及形成机理的研究成果，比较早的是韩进之等人的《青少年理想的形成和发展》（《教育研究》1981 年第 11 期）。该文认为：青少年理想的形成和发展，一方面受国家和社会要求的制约，同时也受人的心理发展规律的制约。人的认识能力的发展，一般是由具体到抽象，由感性到理性。青少年理想的形成，实际上也是一种认识能力发展的问题。他们根据 1979 年的调查材料，把青少年的理想形成从心理学角度划分为三种发展水平：一是具体形象理想；二是综合形象理想；三是概括性理想。调查材料显示：中学低年级包括小学高年级学生的具体形象理想较多；中年级学生的综合形象理想较多；概括性理想则在中学高年级较多。韩进之等对理想形成以及发展水平的研究，是具体地实际地对理想形成问题进行的研究，既具有开创性，又具有实际价值。

另一位比较早的研究理想形成问题的是内蒙古赤峰市教育科学研究所的范有祥，他的《青少年儿童理想形成的追踪研究》（《心理发展与教育》1986 年第 4 期）一文，是在对学生跟踪调查基础上撰写的，对研究理想形成的问题具有重要价值。

该文认为理想形成有五个特点：一是青少年理想形成发展中，形式由具体趋向概括化；二是内容趋向职业、生活、道德理想的统一；三是方式由模仿到自我发现，从社会的需要来设计；四是兴趣是影响理想形成的重要因素；五是青少年理想的形成和发展有显著的个性差异。它把理想形成分为模仿，感知、兴趣，爱好、职业理想，社会理想发展四个阶段。模仿阶段：特点是儿童把教师、家长，尤其是教师视为"权威人物"，认为教师的话是无可怀疑的，对教师有一种特殊的尊敬和依恋的心情，谁是好人，谁是坏人，将来做怎样的人，不做怎样的人，他们完全照搬老师和家长的标准。感知、兴趣阶段：特点是儿童对老师、家长不再是无条件听从，而是采取选择的态度。他们常常从自己活动产生的感觉和兴趣去憧憬未来，具有情景性、易变化的特点。如报告、介绍科学变化多端、威力无穷，就想当科学家，出席文艺晚会看到演员受欢迎，就想当演员。爱好、职业理想阶段：特点是理想多从爱好出发设想自己未来干什么，多变与稳定性交织，自我发现、主动设想。设想时，多考虑个人发展，对社会责任认识较少，如某门功课取得了好成绩，受到老师、同学称赞，就会使他想在这方面发展，参加有关活动，显示出这方面的才能，从而就对这项工作产生了兴趣。社会理想发展阶段：随着年龄的增长，抽象思维能力的发展，社会经验增多，尤其是他们知道职业往往不是按个人愿望选择，要从人与人关系、社会发展等方面去考虑。该文认为青少年的理想具有鲜明的时代色彩；青少年理想形成是由具体到抽象、由感性到理性的过程；青少年儿童理想发展，受生理心理发展规律所制约。他们的结论是：青少年理想形成发展中，形式由具体趋向概括化；内容从职业、理想趋向职业、生活、道德理想的统一；方式由模仿到自我发现，从社会的需要来设计。该文认为兴趣是影响理想形成的重要因素，是形成理想带有浓厚情绪色彩的最活跃的认识倾向；青少年理想的形成和发展有显著的个性差异。

华中师大教科院李晓燕的《青少年理想的形成与发展》（《高等函授学报》1999 年第 1 期）一文，对青少年理想形成的水平、阶段、影响因素和特点进行了分析论证，也是对理想形成过程研究很有参考价值的研究成果。该文把青少年理想的形成分为理想发展的准备阶段、生活理想阶段、职业理想阶段、道德理想和社会理想发展阶段。理想发展的准备阶段：小学低年级以前的儿童，身心发展水平还很低，在认识活动中，他们的智力特点是第一信号系统占优势，直观形象记忆比逻辑记忆发达，机械记忆的能力很强，思维具有较大的具体性、形象性，抽象思维的水平低，同时，集中注意力的能力也比较差。这一阶段的儿童，还谈不上自我认识，也无所谓理想，属于简单积累是非观念素材的理想发展准备阶段。处于这一阶段的儿童，其行为特点主要是：大量的行为表现通常不是观念指导的结果，而是环境影响的产物，往往把家长和教师的要求当作自己的理想。生活理想（指对日常生活中具体事物的向往）阶段：青少年最早独立思考的理想是同日常生活中最能引起愉快情绪体验的具体事物以及自己在同辈团体中的"英雄"地位相联系的，是从自己在活动中产生的兴趣去憧憬理想的。小学中年级的儿童开始跨入少年期，虽然具体形象思维仍占主要地位，但身心已有一定发展，活动范围有所扩大，活动能力有所发展，独立阅读能力有所提高，社会影响已明显渗入，知识面也明显扩大，自我意识开始萌发。这时，教师和家长已不是学生的"绝对权威"，他们的意见只有与学生自身行动的感受相吻合时，才能产生较大作用。职业理想（对未来工作部门和种类的向往）阶段：小学高年级和初中阶段的学生，学习课程增加，知识面更加广阔，尤其是进入初中后，学习环境改变了，活动范围扩大了，促使他们身心发展有了质的飞跃。他们的独立意向更加强烈，兴趣品质水平大大提高，有了开始朝专一方向发展的趋势。这时，青少年已可逐步培养起某种爱好，或爱某种艺术，或爱某种科学、某项工作，并在此基础上逐步产生某种职业向往。而随着年龄的增长，人们的议论也影响这个过程，使学生更加专注于某个方向的发展，而自己对社会的责任则认识较少。与此相应，其学习目的也多从个人着眼。道德理想和社会理想（对社会制度、社会关系的向往）发展阶段：高中阶段的学生已进入青年初期（青春期），身心发展基本成熟，抽象思维已达到相当水平，理性认识能力极大提高，又有了一定的社会经验，就会自觉不自觉地走入道德理想发展阶段，这往往又同个人的职业理想相联系。比如，当了解职业并不一定能够完全按个人愿望选择时，就会从人与人的关系角度考虑理想。这阶段的突出特点是，信仰已经出现，或在学校有意识地教育下出现，或在自发努力影响下产生。信仰的内容不同，理想的性质就有差异，甚至会种下两种对立人生观的根苗。青少年的理想从萌芽、发展到形成是一个有规律的过程。然而规律又不能当作模式。每个青少年因遗传、环境、教育条件的不同，兴趣爱好不同，纵观努力程度不同，在形成理想的过程中会有个人的特色。

　　关于影响理想形成的因素（内因和外因），该文认为，首先，身心发展成熟是青少年理想形成的基本条件。青少年的身心发展，是指身体机能、心理活动能力、知识技能、思想品德的形成和完善，也就是德智体几方面的发展。青少年学生只有在机体和体质得到一定程度的发展，神经系统以及各种生理、心理机能成熟到一定程度，通过各种心理过程，如感觉、知觉、注意、记忆、思维、想象等认识活动，激发一定的情感，产生一定的意志行为，并在掌握一定的知识技能、积累一定的社会经验的基础上，形成各自独特的理想。其次，心理是形成理想的主要因素。理想从心理学角度看，是一种精神需要。它的形成和所具有的水平，与青少年的心理发展水平有密切联系。具体体现在青少年的自我意识水平、理性认识水平（包括道德认识和哲理认识）、意志品质、兴趣品质、情感以及信仰的科学程度等方面。再次，青少年理想深受社会现实的影响，具有鲜明的时代特点。理想，以一种精神需要，一种意识状态存在，它必然是社会存在的反映。社会条件的变化与社会科学的发展，自然条件的变化与自然科学的发展，乃至整个社会风气的性质与状况，对青少年理想的形成都有明显的作用。最后，榜样是影响青少年理想的强有力因素。青少年崇拜英雄，向往英雄业绩，他们常常把自己心目中的英雄作为自己仿效的楷模，甚至连言谈举止都模仿。青少年通过对榜样行为的模仿，在一定认识的指导和外界条件的作用下，就会产生一定的情绪体验。这种情绪体验如果是积极的，就会继续模仿，不断发展下去，就会成为追求的目标，树立理想。榜样对于激励青少年的奋发精神，转变青少年的面貌，往往具有直接的力量。父母和老师对青少年理想形成的作用主要表现在两个方面：一是他们本身成为子女或学生的榜样；二是指导子女或学生选择理想。父母和教师的威信越高，其影响

24

作用也就越大。

　　理想形成过程的特点：其一，青少年理想的形成和发展，一方面受国家和社会要求的制约，另一方面也受人的身心发展规律的制约。其二，从理想的内容看，青少年的理想随着年龄增长逐步由追求眼前目标发展为远期以至终身奋斗的目标，即与青少年的认识发展相适应，他们的理想内容也是从比较具体的生活职业理想发展到比较抽象的道德理想和社会理想。其三，从理想的确定方式看，青少年的理想发展是一个由模仿到自我发现、自我设计的过程。没有青少年自身主观能动性的发挥，关于理想的观念是不可能通过外界灌输并在他们的思想中生根的。其四，从外界影响对理想形成的作用看，英雄人物、家长、教师对青少年理想形成的影响，随着青少年的年龄增长而逐步由大变小；社会影响（包括社会风气、亲友等）对青少年理想形成的影响则随着他们的年龄增长逐步由小变大。其五，青少年的理想从产生、发展到坚定地建树是一个长期而复杂的过程。这个过程受主、客观各方面多种因素的影响，当各种因素不平衡、不协调时，就会对青少年的理想发展产生阻力。李晓燕在借鉴他人成果的基础上，从自己的角度划分了理想形成的阶段，分析了其特点和影响因素，也是对理想形成研究有所贡献的。

　　兆弋的《论理想生成和发展的规律性》（《上海社会科学院学术季刊》1992 年第 3 期）对理想的形成也有所涉及。认为"理想是在与现实的矛盾运动中向前发展的，它的产生、演变和发展并不取决于人的主观愿望，而受着自然界、社会和人类自身发展等诸种条件的影响和制约。其中起根本作用的是社会生产力的发展状况。理想的产生、演变和发展过程中，还受着哲学思想、社会的阶级关系和阶级性、人的主体意识的觉醒程度的影响和制约"。

　　兆弋对理想的生成、发展的规律性做了考察，认为每一历史时期各种理想的产生都不是偶然的，也不以某些人的主观经验或主观意志而转移，而是和各个时期各种历史的、经济的、政治的和哲学思想的综合因素有密切的关联。生产力发展的一定水平是它的根本性的决定因素，一定的经济基础、政治上层建筑和其他意识形态对它也有着深刻的影响。在一定历史发展阶段只能产生某些理想模式，只能达到某种水平。它不是无序的或者可以随意超越的，而是有规律地辩证地发展着的。深入研究这个问题，将有助于人们全面理解理想问题，并为对理想作出判断和选择建立起科学的立场和方法论的基础。

雷风琴等的《简论理想发展》（《山东省青年管理干部学院学报》2003 年 11 月）认为要：坚持理想随时代发展而发展，坚持理想内容的具体发展，坚持理想内容的层次发展，坚持理想认识的深化发展。王南方的《理想教育与人的发展》（《长春工业大学学报》2006 年 12 月）认为，人的发展在具体内容上有三个方面：一是人的身心的发展；二是人的活动能力的发展；三是人的精神生活与精神世界的发展。理想及其发展属于第三方面的发展，理想为人的发展注入精神动力，为人的前进提供向导。廖福霖的《学生理想形成过程的新变化》（《高校德育研究》1986 年 4 月）认为：青年学生理想的形成是知情意行的有机联系和综合作用的过程。理想总是带着丰富、强烈、浓厚的感情色彩，情感的内容极其丰富，其直接影响理想形成的因素有以下五个方面：（1）兴趣和爱好是影响青年学生理想形成的不可缺少的情感因素，深沉的爱好是学习的最好老师，强烈的兴趣是理想形成的内在"激素"。（2）理想与需要结构的总和的发展水平密切相关。高尚的理想是人们对社会责任感的高度意识，其前提是为社会的进步和发展尽责作贡献的高层次的需要。（3）美感是促进大学生对生活热爱与向往的强大内驱力，青年学生只有对生活热爱与向往，才能为建设新生活、保卫新生活而奋斗。（4）信念是认知和情感的产物。在一定认识的基础上，信念的坚定正是产生于对现实生活的体验，来源于共产主义实践给人们带来的幸福的体验，没有这种生活的情感体验，其信念充其量只能是宗教式的。（5）学习动机也是一种影响理想形成的情感因素。现代情绪理论认为，动机的激发力量中有相当一部分是情感因素起的作用，这种作用力甚至比认识更强大。

魏雄文的《我的人生不能没有理想》（《中国青年》2001 年第 15 期）认为：童年的理想只是一次智力考试，无关理想本身；少年的理想真正属于自己的理想；青年的理想是真正为之奋斗过的理想。他并没有意识到自己在对理想的形成进行阶段的划分，尽管还不够明确完整。

三　已有研究成果评述

综述上面的研究成果，从教材的成果展现来看，主要集中在什么是理想、理想如何重要尤其是理想对青少年更为重要、如何实现理想三个问题上。朱智贤的成果主要是区分了小学、少年、青年的想象和理想：小学生有比较模糊的想象，没有真正的理想；少年的理想表面化、具体化，不稳定；青年的理想具有概括性且相对稳定。四院校的研究成果回答了想象的本质和种类，区分了理想、空想、幻想，并对人们想象的差异进行了论述。马嵩山的成果属于一般性介绍，李进的成果更多的是论述社会理想。彭定光的成果集中回答了理想是什么，虽然蕴含着理想本质的意蕴，但并没有清晰明确概括或标识出理想的本质。叶泽雄的《社会理想论》阐释的是社会理想形态，李进的成果阐释的是如何选择理想，胡潇的成果意在论述理想与现实是怎样的一种关系。韩进之的成果论述的是青少年理想形成的三种水平：具体形象理想，综合形象理想，概括性理想。范友祥的成果论说的是理想形成的五个特点，理想形成的四个阶段：模仿，感知、兴趣，爱好，职业理想，社会理想发展。李晓燕把理想形成的阶段划分为理想发展的准备阶段、生活理想阶段、职业理想阶段、道德理想和社会理想发展阶段；此外，还分析了理想形成的条件和理想形成过程的特点。兆弋的成果认为生产力发展水平是理想形成的根本性因素，雷凤琴等对理想如何发展进行了论述，王南方认为理想的发展属于精神生活和精神世界的发展，为人的发展注入精神动力，为人的前进提供向导。廖福霖认为青年学生理想的形成是知情意行的有机联系和综合作用的过程，情感影响理想形成体现在五个方面。魏雄文的成果实际上是对理想形成阶段的划分。

　　上述研究成果，是对理想的本质及形成机理研究的代表性成果，就这些成果的时间而言，距离现实有点远。笔者试图在现在的研究成果中找到可以参考借鉴的内容，但无论是关于理想形成的本质，还是理想形成的机理，无论是专著还是期刊论文，目前都没有新的研究成果。即便把关注点聚焦在理想信念上，也不能获得相关有价值的研究成果。笔者既感到失望，又感到自足。失望的是这方面研究成果不足，让自己的研究感到资料匮乏；自足是因为缺少这方面研究成果，才使本题目的研究具有研究价值。但是，尽管缺少关于理想的本质及形成机理的直接研究成果，可上面的学术专著和学术论文，直接或间接涉及理想的本质和理想形成机理，对理想的本质及形成机理的研究，都是有借鉴和参考价值的，本书在综述中大篇幅介绍如上成果，其中一个重要原因，就是这方面的研究成果匮乏。

　　笔者关于理想的本质及形成机理的研究，其价值在于：对理想的本质及形成机理进行整体性研究，以往的研究成果往往或是集中研究理想的本质，或是集中研究理想是如何形成的，但缺少对二者进行整体性研究，本著作既要研究理想的本质，又要研究理想形成的机理，以进一步完善关于理想的系统理论。对理想的本质及形成机理的研究，要在明示本质和形成机理的意义上对理想问题进行深入研究，以往的研究成果，研究理想是什么但都不是在本质的意义上，研究理想是如何形成的，也并非是在机理的角度。这样两个问题，可能是本书的创新点。此外，本书关于理想的本质、理想形成的本质、理想形成的阶段、理想形成的特点，以及理想形成中的影响因素等问题的研究，都是笔者在以往成果的基础上，经过认真思考取得的成果，具有一定的创新性，这也是本书所具有的价值。

四　研究意义

意义是最具抽象性的一个概念，因而也是一个内涵丰富的概念。意义具有指向的蕴含，也即内容；意义也具有作用、价值的内涵。因而这里所说的研究意义自然也包含着两方面意涵：理想的本质及形成机理要研究哪些内容；理想的本质及形成机理的研究有怎样的价值，相比于以往的研究成果，本研究有哪些具有独到性的价值。本研究根据目前理想的本质及形成机理问题研究的现实，尝试系统阐释理想问题的基本理论，诸如什么是理想，它有怎样的内涵，理想的本质是什么，理想、幻想、空想的区别，理想的种类，理想的特征与价值等，这里的核心问题是理想的内涵和理想的本质。关于理想的形成问题，这里将研究理想形成的基础、理想形成的机理、理想形成的阶段、理想形成的特点、理想形成的意义，这里涉及的每一个问题对理想形成理论都非常重要，但相比其他内容而言，理想形成的机理及意义是更为重要的内容。本书的最后一部分，是从结构和归宿的角度论述理想的实践问题，意在阐释理想如何由理想成为现实，需要怎样的实践才能把理想由想象变成现实。

本书的研究意义是通过研究内容来体现的，上述研究内容在一定意义上已经呈现出研究的意义。如果从研究立意的角度也就是本书主观上的追求来说，对于理想概念内涵的阐释以及本质的解释具有一定的创新性。本书认为"理想是基于现实和想象，确立的指向未来的有可能实现的奋斗目标"。这里强调理想是一种奋斗目标，是指向未来有可能实现，以现实为基础。奋斗目标不同于想象或期望等表述，同时也标识理想是终极性奋斗目标而并非一般性的阶段性目标。在强调理想是终极目标的同时，本书也阐释了目标的理想性意蕴。理想的本质，是本书对理想进行的深入分析，认为理想是人的能力，是人的需要，是人的价值选择。关于理想的形成，本书在阐释理想形成的基础上，重点阐释理想形成过程受哪些因素影响、哪些因素是根本性决定性的。这里本书提出理想的形成是终极奋斗目标的确定，理想的形成是自我价值追求的凝练，理想的形成是精神追求的定格。理想形成过程的阶段和特点以及理想与实践部分，本书主观上也力图能体现出新意和价值。

第一章　理想的基本理论

如何论述理想的本质，可以有不同的思路，不同的著者会有不同的构想。由于理想的本质是人的理想的本质，因而可以从人的本质论述开始，先论述人的本质是什么，然后再进入理想的本质的论述；由于论述的是关于本质的问题，任何关于本质的问题都要基于人的本质问题。笔者认为从人的本质入手，进入理想本质的论述，有些不够直接，显得有些绕，因而还是主张直接以理想的本质本身开始论述为好。因而本书并不想离题太远，而选择直接进入主题。

第一节　理想的概念和内涵

概念是反映事物本质属性的思维形式，它是思维的基石，与判断、推理共同构成思维的完整形式。讨论理想的本质和形成机理，其基础和前提就是要明确理想这个概念，只有明确概念才能使问题的展开有保障。不仅如此，就学术研究的一般范式而言，也需要从概念的明晰展开问题的讨论。

与此同时，研究理想问题，也需要观照已有成果对理想的定义。目前有如下五种关于理想的表述：第一种表述，《现代汉语词典》认为是"对未来事物的想象或希望"①；第二种表述，《应用汉语大辞典》认为

---

① 《现代汉语词典》，商务印书馆 2018 年版，第 800 页。

是"对未来事物合理而有根据的设想或希望"①；第三种表述，《汉语大辞典》认为是"对未来事物合理的设想和希望"②；第四种表述，《辞海》认为是"同奋斗目标相联系的有实现可能性的想象""符合希望的；使人满意的"③；第五种表述，《思想道德与法治》认为"是人们在实践中形成的、有实现可能性的对未来社会和自身发展目标的向往与追求，是人们世界观、人生观和价值观在奋斗目标上的集中体现"④。上述五种表述中，前三种的共同之处，一是强调想象或希望，二是强调未来性，不同点是第二种和第三种都强调了合理性或有根据。第四种表述，强调了想象、实现可能性和与奋斗目标相联系。第五种表述，强调实践、有实现可能性、向往与追求、奋斗目标、"三观"集中体现和理想的主体，但这里"三观"集中体现以及理想的主体距离概念的简约性有点远，去掉这两项内容，它强调的内容可以概括为实践、实现可能、向往追求、奋斗目标。综合来看，以上五种关于理想的表述强调了如下五个要素：未来、想象或希望（向往和追求）、实现可能性（合理有根据）、奋斗目标、实践。再对这五个要素进一步归纳，得到未来、实现可能、实践、奋斗目标（想象或希望、向往和追求）四个要素。

综合上面的定义表述，笔者认为，理想的概念应该这样定义：理想是基于现实和想象，确立的指向未来的有可能实现的奋斗目标。具体理由如下：首先，理想就是一个明晰的奋斗目标，无论是个人理想还是社会理想，都是如此。从个人的角度看，每个人谈论理想的时候，都是指向某一个具体目标，诸如我要成为科学家，我要成为一名律师或者一名法官抑或航天员，这都是具体的目标；而就社会理想而言，共产主义理

---

① 《应用汉语大辞典》，商务印书馆 2003 年版，第 773 页。

② 《汉语大辞典》，汉语大辞典出版社 1999 年版，第 2157 页。

③ 《辞海》（缩印本），上海辞书出版社 1980 年版，第 1213 页。

④ 本书编写组：《思想道德与法治》，高等教育出版社 2021 年版，第 42 页。

想是马克思构想的人类社会最远大的奋斗目标，可以说是人类社会发展的终极目标，物质极大丰富、人的思想觉悟极大提高、人的全面自由发展是这个远大目标的内在规定；我们的共同理想是社会主义现代化强国、中华民族伟大复兴、中国梦的实现，具体指向是国家富强、民族振兴、人民幸福。可见这些理想都是指向具体的目标。同时，用目标定义理想，也比想象或希望更合乎逻辑，因为想象或希望与理想是同样层次的概念，理想就属于想象或希望的范畴，如果用想象或希望定义理想，就形成了理想是理想或想象是想象的局面，等于没说什么。固然理想是合理的想象，但毕竟也是想象。其次，理想是指向未来的奋斗目标。未来性标明理想的方向，任何理想都不会把回望过去作为自己的追求，因为时间的走向是向前行进而不是向后倒退的，人可以想象通过时光隧道回到过去，但人类的精明决定了他不可能回到过去去追求什么。实际上，理想的未来性更多的是强调理想对现实的超越性。指向未来，就不是现实，而是要超越现实，最低从时间的维度是一种超越。再次，理想是有实现可能性的奋斗目标。在前面的定义中强调合理和根据，意味着理想是合理的有客观根据的而不是幻想空想的目标，它一定是经过努力能够实现的目标。所谓理想，其自身就内含着合理的想象。想象在理想确立的过程中，发挥的是一种工具的作用，人能够想象且能想象得合理，正是借助于想象人才能设定理想，也才能使理想合理且有实现的可能性。最后，现实是理想之根，强调理想基于现实而不用实践。一是因为理想或想象与现实构成矛盾，而与实践并不构成矛盾，理想对应的是现实而不是实践。二是现实对于理想的确立来说，涉及诸多因素，对比于实践它有更大的张力。理想虽然指向未来，但它是以现实为基础的，人都是综合现实的诸多条件而设定理想。席勒在论述理想必须满足的条件时，阐释了理想与现实的密切关系："1. 理想必须能为从我们现实的人的观点出发的一个思想所达到。2. 理想在建造的时候必须与现实的人的生活有关。3. 理想必须能为人的现实生活的发展所实现。4. 但是它必须有超乎现实的人的生活之上的'独立的'权威。或者简言之，理想必须是一个为人的理想，而又必须具有超乎人之上的权威。"① 席勒强调了理想与现实的关系，理想离不开现实，但却是对现实的超越。理想与现实是一对矛盾，因而在理想的概念中应该注入的是现实而不是实践。固然实践是实现理想的根本条件，理想也确实是在实践的基础上产生的，但这都不影响现实代替实践在理想概念中的位置的合理性。

把理想确定为一种奋斗目标，还要明确以下几个问题。其一，理想是奋斗目标，但理想是终极性的奋斗目标。理想是要达到的境地，是要实现的目标。人会有多个目标，会有多方面的目标，是不是所有的目标都是理想？不是，能够成为理想的目标一定是人追求的最高级最终的目标，人的多方面目标中能决定人生基本面貌的目标才是理想。比如，成为一名大学老师是某人的理想，为了实现这个理想就要越过许多小目标，诸如考上大学，硕士研究生或博士研究生毕业，经过严格的入职考试，才能正式成为一名大学教师。这其中的每一个阶段目标都不是理想，都只能是实现理想的阶段性目标而非终极性目标。诸如，共产主义是我们的终极理想，但初级阶段和中国特色社会主义都是实现共产主义的阶段目标，我们用共同理想或近期理想来标识它，也是说明虽然社会主义现阶段不是终极奋斗目标，但却是实现终极目标不可缺少的环节，它也具有终极目标的某些属性。其二，阶段性目标具有理想性但不是理想。在我们的生活经验中，有时会把阶段性目标当作理想，诸如考大学是我的理想，考研究生是我的理想，这些理想实际上就是实现终极目标的阶段性目标。这些阶段性目标不是终极性目标因而不能被称为理想，但却具有理想性因素。它的理想性因素在于，它是实现终极理想不可缺

---

① [英] 席勒：《人本主义研究》，麻乔志译，上海人民出版社 1986 年版，第 41 页。

少的环节和阶段，没有这些环节最终目标就不能实现；阶段目标也是一种追求，也是在想象中确立的指向未来的奋斗目标。笔者认为，以往确定理想概念用想象或希望，用与目标相联系或集中体现，就是没能区分终极目标和阶段目标的关系，也就是没有把奋斗目标作为理想定义的理由。其三，目标是需要奋斗甚至艰苦奋斗才能实现。理想是需要奋斗才能实现的目标。理想是指向未来的奋斗目标，这就告诉我们，理想是需要奋斗才能实现的目标。关于这一点，人们设定理想目标的时候，就已经非常清楚，不是为了一时的冲动和满足快乐的需要，而是要把它变成现实的。要变成现实，就需要奋斗，没有奋斗，没有实践中的努力，理想就不会变成现实。人设定理想目标，并非仅仅瞄准实现目标本身，同时把实现目标本身的奋斗，甚至是艰苦的漫长的不屈不挠的奋斗作为自己的需要，这种奋斗实现的是对自我的超越和挑战。这样，我们就会看到，理想是需要奋斗的目标有两层含义：一是实现理想需要奋斗，只有奋斗才能实现理想；二是实现理想的奋斗本身，就是人的一种需要，这种需要是人挑战自我、超越自我的需要。从这样的意义上说，理想是需要奋斗的目标，本身就预示着理想的超越性本质。这就是笔者概述的理想的概念及其内涵。

第二节　理想的本质

本质是事物固有的根本性质，它是事物所以为该事物而不是他事物的内在根据。认识事物的本质，一方面是认识该事物的根本所在，另一方面是把该事物与他事物区别开来。认识理想的本质，就是要回答理想到底是什么，同时也是把握理想与其他事物的差异。认识理想的本质，事实上是在把握理想概念和内涵的基础上对理想的深度追问。我们承认理想是基于现实和想象，确立的指向未来的有可能实现的奋斗目标，那理想作为奋斗目标它是什么？

理想是人的能力。理想是基于现实和想象，确立的指向未来的有可能实现的奋斗目标。在阐释理想的时候，我们往往总是强调"理想是人类特有的精神现象"，这意味着只有人才有理想，只有人才有理想这种精神现象，这实际上是在说理想是人特有的能力。人特有的精神现象和特有的能力，意味着人类以外的其他动物没有理想这种特殊的精神现象，也即没有确立奋斗目标这种能力。理想从根本上说，是人的意识的内容，归属于意识范畴。我们一般也说意识是人类特有的精神现象，这也就是说人类以外的动物没有精神现象。关于这一点，人类对动物的经验和研究表明，动物并非没有意识，我们不用举出蜘蛛编织捕捉食物的网是不是有意识的活动，因为猴子、猩猩等动物的行为有初步的意识行为是客观的事实。实际上，就像我们承认人是动物、生物，但同时我们用高级动物和生物把人与其他生物和动物区别开来一样，人的意识与动物和生物的意识也存在等级上的差别，人的意识是高级的意识现象，而人类以外的其他动物和生物的意识是低级的意识现象。罗素在《意识革命》中说道："我们和其他生物的差别不是有无意识，而是意识的等级不同。"① 按照传统的理解，我们承认动物也有意识活动，但动物的意识活动属于意识的萌芽，更多地属于本能范畴，它反映世界的活动仅仅限于直接的凭借第一信号系统反映客观存在，诸如狮子和狼在群体捕捉食物时，它们的意识仅仅是面临捕捉事实发生和捕捉现场时才会体现出来。而人的意识则在行动之前就有了关于行动和结果的图景。不仅如此，动物的意识限于本能和适应，而人的意识是在实践的基础上产生形成，并能在世界上留下珍贵的痕迹。人类创造的物质和精神文明成果是其他动物不可比拟的。我们说理想是人的能力，这种能力归根到底，是

---

① ［英］彼得·罗素：《意识革命》，朱晓苑译，社会科学文献出版社 2001 年版，第 218 页。

人的意识能动性的体现。人的意识是人脑的机能，是客观存在在头脑中的反映。存在决定意识，人的存在决定人有意识，人存在的世界决定人的意识的内容。但是，意识也同时具有能动作用。意识的能动作用，就是在人的活动之前，对活动内容、方式、结果的设想，也即活动的计划性和目的性。记得帕斯卡尔有几段文字："思想形成人的伟大"，"人只不过是一根苇草，是自然界最脆弱的东西；但他是一根能思想的苇草"，"我们的全部尊严就在于思想"。① 他解释人之所以脆弱，是因为用不着整个宇宙都拿起武器才能毁灭他，一口气、一滴水就足以致人死命；人之所以伟大就在于他知道自己要死亡，以及宇宙对他所具有的优势，而宇宙对此却是一无所知。人的尊严和伟大之处在于人能思想，这里的思想有两层含义：一方面是人能利用大脑思考问题，形成思想或意识；另一方面是指人脑通过感觉、知觉、记忆、想象和概念、判断、推理等活动产生的成果。人的伟大之处在于，人不仅能够有意识活动，而且这种意识活动可以形成一定的成果。马克思指出："蜘蛛的活动与织工的活动相似，蜜蜂建筑蜂房的本领使人间的许多建筑师感到惭愧。但是，最蹩脚的建筑师从一开始就比最灵巧的蜜蜂高明的地方，是在他用蜂蜡建筑蜂房以前，已经在自己的头脑中把它建成了。"② 当然，人的能动精神不仅体现在活动的计划性和目的性，与此相联的是人的反思能力，把自己的行为和思想作为思考对象进行思考，判定对错后而有所调整和改变。

理想是人的思想活动，是意识的活动，它作为人的一种能力体现在如下几个方面：

其一，理想是人把握现实的能力。理想是指向未来的奋斗目标，它本身不是现实而是对现实的超越，但理想是在现实的基础上确立的奋斗

---

① ［法］帕斯卡尔：《思想录》，何兆武译，商务印书馆1985年版，第157—158页。
② 《马克思恩格斯选集》第2卷，人民出版社2012年版，第170页。

目标，与现实具有不可分割的关联。"当人们觉得自己有不很满意的地方，而又不能立即获得满意的时候，想象就会在他们的意识中产生一种思想，即想起一些他们认为能使自己获得幸福的事情。一切愿望都包含着从感觉需要到获得满足之间的一段时间。"① 人是对现实不满足才要设想未来以改变现实，而这需要对现实有透彻的把握。要认识现实是怎样的一种情况，它有哪些值得肯定的地方，有哪些不足。无论人在怎样的一个发展阶段，但凡有了理想，就是把握了现实，认识了现实，肯定现实又否定现实而确立理想。中国共产党人把共产主义和社会主义作为自己的理想，就是基于当时对中国现实社会的认识把握，而确立起来的。一个人在发展中确立自己奋斗的理想，一定是对现实中的境况有认知，才为自己设定奋斗目标的。理想反映着人对现实的把握能力。把握现实的能力，其中也包括把握现实中自我的能力，具体来说就是对自己现实的期望，以及现实中实现设想的能力的把握。

其二，理想是人预设未来的能力。理想在心理学上属于想象范畴，感觉、知觉、记忆、想象是人的心理活动的发展过程，这个过程可以看出想象是心理活动的高级阶段。"想象是在外界现实刺激物的影响下，在人脑中对过去形成的若干表象进行加工改造而建立新形象的心理过程。简单说，想象就是在人脑中利用原有表象形成新形象的心理过程。"② 想象分无意想象、有意想象，有意想象分为再造想象和创造想象，理想就属于创造想象的范畴。可见，理想在想象中也是最高级的想象。意识为社会存在所决定，但意识具有能动性，意识的能动性表现为人的目的性和计划性，表现为意识活动的创造性。理想就是人借助于想象的翅膀对未来的设想，既体现着目的性又体现着计划性，同时也具有

---

① ［英］罗素：《社会改造原理》，张师竹译，上海人民出版社 1986 年版，第 3 页。
② 北京师范大学等四院校编：《普通心理学》，陕西人民教育出版社 1985 年版，第323 页。

创造性。理想作为人的一种能力，最核心的是借助想象的翅膀对未来设想的能力。这个能力，不只是能不能设想的能力，而且也是设想是否现实的能力。所谓是否能实现的能力，就是这种设想是否符合实际，能不能有效变成现实的能力，从某种意义上说，就是使设想具有科学性和现实性的能力，否则就是空想和幻想。

其三，理想是人对象自我的能力。人最伟大的地方在于，人不仅能认识世界，而且还能在认识遵循世界运行规律的前提下改造世界。人之所以设定未来的奋斗目标，并不只是人在认识现实的基础上要否定超越现实，更为根本的是人能通过自己的努力改变现实、实现理想。如果人们的想象只是停留在想象的层面，那也就失去了理想的意义和价值。人类自身的经验和经历向世界证明，人能把合理的想象变成现实，人类取得的一切物质的精神性的成果，对象着人的能力。而人设定理想，设定不同的理想，就不仅是设想那样简单，通过理想设定的目标，能够反射出设定理想的决心和能力。因为，设定目标就是要实现它，设定目标科学合理的同时，也是在向世界宣告，我设定了目标，我有实现目标的决心和能力。习近平总书记说："我们比历史上任何时期都更接近中华民族伟大复兴的目标，比历史上任何时期都更有信心、有能力实现这个目标。"这说明，目标说明信心，更说明能力。人能认识世界，能预设未来，能把自己的想象变成现实，这着实是人的能力的体现。用对象自我来表达，实际上就是把这种能力改变了一种说法。

理想是人的需要。需要是人因某项事物的缺乏而产生的欲求，它既可以来自内在的诉求，又可以来自外在环境的刺激，既有高级需要又有低级需要，既有物质需要又有精神需要。人要生存发展，就要满足自己的需要，因而人所做的一切都是为了满足自身的某种需要。马克思说："任何人如果不同时为了自己的某种需要和为了这种需要的器官而做事，他就什么也不能做。"① 可见，人的一切活动都是为了满足人的需要。理想是人要实现的目标，理想必然是人的需要。人类社会的一切事物都因需要而生，也因不需要而消亡，这不仅是人类理性的逻辑推演，也是人类生活实践的经验证明。

理想是人不满足现实的需要。人为什么会有理想？因为人不安于现状，对现实感到不满足，才有了理想的存在。如果人满足于现实，就不会有对超越现实的理想的追求。日常生活中，人们常常拿理想来衡量人是不是有希望，人有理想，就是有追求，因而就有希望。当说谁没有理想的时候，就意味着这个人没有了追求，被现实所满足，也就不会有希望了。理想既是人不满足现实的体现，也是人内在本性的体现。人的本性就是永远不会满足于现实，总是要超越现实创造新的现实。歌德笔下的《浮士德》，就是对人不满足于现实的本性的高歌，魔鬼梅菲斯特与天帝打赌，测试作为人性化身的浮士德能不能被现实的各种诱惑所满足，结果是浮士德没有被各种诱惑所满足，彰显了人类进取追求的本性。在传说的故事中，吕洞宾要点化一个善良的人成仙，测试他是否贪财。吕洞宾作法用手指点石成金，在那人面前放上大块的金子，还有小块的金子。吕洞宾问他要哪块金子，那人摇头说大块小块的金子都不要。吕洞宾以为这是一个不贪财的人，可以点化他成仙了。结果当吕洞宾问他要什么的时候，他说要吕洞宾能点石成金的手，这让吕洞宾失望了。这也再次证明人是永远不满足现实的。理想是人不满足现实的体现，同时也意味着理想是希望的体现。

理想是人内在需要的外在表现。理想是人基于现实和想象，确立的指向未来有可能实现的奋斗目标，它一旦确立起来，就成为外在于人的目标。而我们在动员人们认识理想的价值确立理想的时候，常常说理想

---

① 《马克思恩格斯全集》第 3 卷，人民出版社 1960 年版，第 286 页。

是人行为的动力！为什么理想作为一个外在于人的目标却成了人行为的动力？这不是因为别的什么原因，而是因为理想就是人自身内在的需要，只不过为了强化这种需要的价值而将它外化为一种目标，让自己内在的需要明晰化、凝聚化，进而使它具有吸引力。说到底，理想不过是人们把自己内在的需要拿出来外化为一个目标，既给自己看也让别人看的心理和行为过程。理想的动力作用不是来自外在的世界，而是自己的内心世界，因为它是自己内在的需要，人们才有动力去实现它，它才有动力作用。无论理想的形成是内在需要还是外在环境的刺激影响，理想都是以内在需要的外化形式呈现的。

理想是人的需要中的最高级需要。不可否认，人有多方面的需要，对这些需要可以从不同方面进行划分。就人的需要与动物的需要区别而言，人的需要是高级的需要。就物质需要与精神需要而言，理想属于精神需要，相对于物质需要而言它是高级需要。就现实生活的需要和理想生活的需要而言，理想生活是对现实生活的超越，因而也可以说是高级的需要。美国心理学家马斯洛把人的基本需要分为生理需要、安全需要、爱的需要、尊重的需要和自我实现的需要五个层级，只有前一个层级的需要得到满足才能追求下一个层级需要的满足。"自我实现的需要，就是指促使他的潜在能力得以实现的趋势。这种趋势可以说成是希望自己越来越成为所期望的人物，完成与自己能力相称的一切事情。"① 在马斯洛的需要谱系中，自我实现的需要是最高层级的需要。人的理想，从一定意义上说，也就是自我实现。就理想是奋斗目标而言，它是目标体系中的终极目标，相比其他目标来说，它是更高级的目标；从目标是需要的角度看，理想就属于更高级的需要。总之，理想是人的内在需要的外在表现。

———————

① ［美］马斯洛等：《人的潜能和价值》，陈炳权等译，华夏出版社1987年版，第168页。

理想是人的价值选择。理想是人的能力，是内在需要的外在表现，还是人的价值选择。价值是客体的功能属性对主体需要的满足。客体或客观事物之所以有价值，就在于它能满足人的某种需要，具有满足人的需要的属性。客观世界中的事物有多种价值，不同的人会有不同的价值需要，因而也会有不同的选择。人是价值的主体，价值具有属人性。一切事物的价值都是对人的价值，而不是对物的价值。客观存在的事物只能以价值客体的形式存在成为满足人的需要的价值，永远也不会成为价值的主体。即便人偶尔会成为动物的餐食，动物也不构成价值的主体。人既可以是价值的主体，被客体的事物所满足，又可以成为客体，满足他人需要。人既可以满足自我，又可以满足社会，于是有了人的自我价值和社会价值。理想作为奋斗目标，体现的是人的价值选择。

首先，理想体现的是一种价值。其一，理想是人内在需要外化而成的奋斗目标，尽管它来自人内心的需要，但它成为一种目标就构成了一种价值客体，成为人面对的具有满足主体人需要的功能属性的客观存在。这种客观存在，凝聚着人的内在需要，马斯洛说的自我实现的需要，要实现的是自我的价值；马克思所说的生存、享受、发展中的发展需要，体现的是人的内在价值。也就是说，理想从奋斗目标的角度看，它的实现能满足自我实现、自我发展的需要，因而它具有满足自我实现和发展的价值。其二，理想作为一种奋斗目标，它是需要奋斗才能实现的，而奋斗是一个艰苦的过程。选择了理想，就是选择了奋斗，奋斗是理想价值的重要组成部分。一方面，只有奋斗才能实现价值，奋斗成为价值实现的手段；另一方面，人实现理想的奋斗本身也具有价值，这个价值体现在人实现理想过程中展现的能动精神，体现在实现理想的过程中展现的主体的能力，也即对象化自身的能力。所谓理想的水平越高，实现理想的过程对人的能力的要求越高。实际上，人们选择理想来奋斗，不只是为了实现目标本身。目标能够满足需要的程度有时可以通过其他途径获得，但理想实践过程的价值是其他途径所没有的。理想是超越现实也是超越现实中的自我的，人的理想具有超越挑战自我实现自我潜在价值的意义。其三，理想的价值，不仅体现在实现目标对于自己的价值，更为根本的是理想体现着它的社会价值。一方面，社会导向要求把个人理想融入社会理想之中；另一方面，个人理想的实现必然要满足社会需要才有价值，才能实现。所以，理想的价值，既是目标满足人的需要的价值，也是目标实现过程展示人的能力的价值，更是理想满足社会需要的价值。一个社会要想长足发展，都会渴望它的社会成员有理想追求，这体现出理想追求在国家发展中的价值，同时也展示着理想在国家治理乃至人的发展中的价值。

其次，理想体现的是价值追求。就理想本身而言，我们说理想是一种价值，这是从理想的客体性的角度说的。理想体现的是价值追求，这是从主体对理想的需求的角度而言的，强调的是理想反映的是主体对价值的追求。价值是客体满足主体需要的功能属性，不同的客体有不同的功能属性，同一客体对不同的主体也具有不同的价值。在价值主体面前，可以有诸多的价值客体追求，但是，无论确定什么样的理想，都体现价值主体对理想的价值追求。人的理想是什么，可以看出人追求什么，可以看出人把什么作为价值来追求。比如，有的人把考大学作为自己的理想，有的人把学习职业技术作为自己的追求，有的人把经商作为自己的目标。而无论怎样的理想，对确定理想的人而言，他选择的目标都是好的，是有价值的，有意义的，并且也会认为这个理想是最能体现自己的个性追求的。每个人的理想不同，但每个人都会这样认识自己的理想。这里的共同性和差异性，从不同方面证明了一个问题，即理想是人的价值追求。在差异中有共性，在共性中存在着差异，正是这种共同性和差异性的有机统一，才使这个世界五彩缤纷。理想是人的价值追求，同时也意味着，人有了自己的理想，有了自己的价值追求，就会付诸实践去追求价值的实现，并且会为了实现价值而付出艰辛的努力。人对价值的追求，不仅体现在理想是一种价值，不仅体现在理想是人的追求，而且还体现在人追求的是美好的事物，适合自己的事物。社会的发展趋势以及人自身的追求，总是以社会整体的利益为最美好的最有价值的价值。人的理想反映的是人的价值追求，人有怎样的理想就有怎样的价值追求，实际上是看出人需要什么、看出人需要的层次，透过理想可以看出人的价值观。人的理想是人的价值追求，在承认理想是价值的前提下，人们对理想的追求是对价值的追求。它既是自己需要的，也是自己认为如意的好的目标，同时也是自己认为可以实现的而不是空想的，人追求理想是追求理想由想象变为现实而绝不是永远在希望之中。不同人的理想差异，是人在价值追求上的差异，这种追求的差异，一方面可以是兴趣爱好价值的差异，另一方面也可能是胜任能力的差异，毕竟实现理想是需要实践能力的，而人们的理想总是以实现为取向的。人追求理想，就是追求一种希望，就是追求去实现自己的目标，去实现自己的能力。在追求价值实现的过程中，会体验到追求的快乐和幸福，我们常说的累并幸福着就是这样的道理。人有理想有追求，就是把自己放在追求的跑道上，开启奋斗的航程。

最后，理想体现的是价值选择。理想体现的是价值追求，理想更是对价值的选择。价值追求突出理想体现人的追求，价值选择强调理想是人在诸多价值可能面前要进行对比和选择。理想的形成和确定是价值选择的过程，也是价值选择的结果，理想的形成过程就是价值选择的过程，确立理想就是价值选择的结果。

人总是面临选择。人的存在总会面临选择，最简单的是每天吃什么，去工作单位乘什么交通工具，甚至穿什么衣服都要选择。人面临选择是因为人总是面对多种可能性，具有多种可能性才需要选择。当他走进商场的时候，如果要求他可以消费一定数量的货币，而对购买什么商品不做限制，那他就会在各种商品中间进行选择，这种选择就会很难。既要考虑货币的数量，还要选择货物的品种。当给人一定数量的货币，让他走进商场去购买某一种商品的时候，他就要在各个同类商品进行货比三家，这个过程也是很难的。最容易的是没有选择的可能，用一定的货币去购买某种品牌的商品，有了就买，没有了就不买。这多种可能性就是人的自由，人有自由才有选择的可能，前提是这个世界具有可以选择的范围。自由和选择是不可分离的，可以选择是因为有选择的自由，没有了选择的自由，也就无所谓选择。人对理想的选择前提，也是人有选择的可能，这种可能来自两个方面，一方面是外在的世界可以有选择的空间，另一方面是自己具有选择的权利。理想是人的价值追求，理想的确立是人在诸种选择可能中进行的价值选择。自由是人的本质，在理想的价值选择上，人是有相对自由的，自由没有绝对的，都是相对的，相对是说人的自由有限度，自由是在限度内的自由。人的选择总是在现实中。人要选择，总是基于现实的选择。这个现实体现现实的环境，现实的条件和现实的需要。人的选择总是在社会需要中选择，人的选择是自我需要也是社会需要的构成，人不能离开社会到世外桃源去选择，因为，人没有现实和社会的需要，人就不知道选择什么。人对理想的选择，一是在社会需要中选择自己的理想；二是在社会中选择自己追求的理想；三是要在诸多可能性中选择自己的理想；四是在对比中选择自己的理想。既要选择价值的大小，又要选择价值的优劣。如果说，理想是价值追求，那是从纵向的角度看理想；理想体现的是需要和价值，而理想是价值选择，则是从横断面来说理想的。人在面对复杂局势时，在面对多种可能时，必须做出选择，而选择就是一种价值的选择。一个人选择一种理想而不是另外一种理想，必然或者是自己的价值取向的差异，或者是价值实现能力问题所决定。人有可能、有空间、有想象才能有未来、有选择。最近看到了一幅漫画，画的是站在四面见方的木头上的人为稳当而陶醉，但为不能滚动而懊恼；而站在圆圆木头上的人为能转动而感到自豪，但却为它缺少稳定而抓狂。这说明价值选择也是困难的。

第三节　理想与空想和幻想

理想本质的阐释，意在说明理想是什么，这也就是说一事物是它所是的内在根据；同时，论述和认识理想的本质是什么，还需要把它与其他事物区别开来。空想和幻想是论述理想在阐释理想是之所是的同时，应该阐释清楚的问题。而一般论述理想问题时，也总是把理想与空想和幻想对比起来，诸如"对未来事物的想象或希望，多指有根据的、合理的，跟空想、幻想不同"①。可见，区别理想与空想和幻想，是研究理想必须面对的问题。

理想与空想、幻想的共同性。理想、空想和幻想都是想象。当我们把这三个概念放在一起的时候，我们一眼就能看到它们的共同性，这个共同性不是别的什么，而是想。理想是想，空想也是想，幻想也是想，这个想是人所特有的本性和能力，是人的主观能动性的体现。理想、空想、幻想，它们的共同点不只是想，还有想象，它们都属于想象的范畴。想象有两种意指：一是对不在眼前的事物想出它的具体形象或设想；二是在感觉、知觉、记忆基础上，经过思维活动对事物进行的新形象创造。就理想和空想、幻想而言，它们都是如上两种意指的综合体，既是对不在眼前事物的设想，又是基于感知觉和记忆在思维中对事物进行的新形象创造。人的这种想和想象的能力，在心理学上是在感知觉和记忆基础上的想象，在哲学上是人的主观能动性，这种能动性主要是目的性和计划性，想象是计划性和目的性的统一。人们做事情，要"根据

---

① 《现代汉语词典》，商务印书馆 1997 年版，第 774 页。

客观事实，引出思想、道理、意见，提出计划、方针、政策、战略、战术，方能做得好。思想等等是主观的东西，做或行动是主观见之于客观的东西，都是人类特殊的能动性。这种能动性，我们名之曰'自觉能动性'，是人之所以区别于物的特点"①。人的能动性表现为意识的创造性，"意识的主观性不仅表现为主观映像是对客观对象近似真实的摹写，而且可以创造性地深入到事物的本质中，甚至可能表现为同现实毫不相干的虚幻的、荒诞的观念状态"②。正是这种能动性，才有想象这种活动。

理想、空想和幻想都是指向未来的想象。想象是人以过去的直接的间接经验（也称记忆）为基础，经过思维活动而创造出的新的形象。想象离不开记忆，所谓间接和直接的经验就是记忆，但记忆是指向过去的，并且都是已经发生或存在的事物形象，而想象则是指向未来并且是现实未存在的事物。"人能根据自身的需要和事物的客观规律，在思维中建构起理想的观念对象，这种理想的观念对象是正确地反映现实的基础上形成的关于未来实践成果的超前反映。"③ 理想，是以现实和想象能力为基础，指向未来有可能实现的奋斗目标。"理想是人们在实践中形成的、有可能实现性的、对未来社会和自身发展目标的向往和追求。"④理想指向未来，这不言而喻。空想是"不切实际、不能实现的一种想象"⑤。是"凭空设想，不切实际的想法"⑥。因为其违背社会发展规律，缺乏条件和道路差异不能实现，因而称其为空想。空想虽然不能实现，但它也是人们借助理性所设定的一个想象。未能实现就是指向未来的，如果实现了就是过去的记忆。"幻想是一种与生活愿望相结合的并指向

① 《毛泽东选集》第 2 卷，人民出版社 1991 年版，第 477 页。
② 李秀林等主编：《辩证唯物主义和历史唯物主义原理》，中国人民大学出版社 2018 年版，第 52 页。
③ 肖前：《马克思主义哲学原理》下册，中国人民大学出版社 2021 年版，第 500 页。
④ 本书编写组：《思想道德修养与法律基础》，高等教育出版社 2021 年版，第 41 页。
⑤ 《汉语大辞典》，汉语大辞典出版社 1999 年版，第 2127 页。
⑥ 《新华词典》，商务印书馆 2004 年版，第 600 页。

未来的想象"①，一方面是指向未来，另一方面是未实现的想象。幻想"以社会或个人的理想愿望为依据，对还没有实现的事物有所想象"② "突然思念，不切实际的想法"③ "人对未来愿景的一种设想"④ "对尚未实现（或根本实现不了的）事物有所想象"⑤。无论是理想，还是空想和幻想，都是指向未来的，是关于未来的一种想象、设想、憧憬。人们可以借助想象的能力，通过时间隧道回到过去，但富有理性能力的人类，无论如何也不会把回到过去作为想象的目标去追求。即便我们现时代提出伟大复兴的中国梦，也不是要回到过去，而是要恢复到过去的盛世状态。生活中反思是常见的现象，反思是针对以往的，但不是要回到过去，而是要通过反思走现实通往未来的路。

理想、空想、幻想都是对美好事物的追求。我们之所以设定理想，是因为理想的事物比现实更加美好，人们才去追求它。理想具有超越性，它既是未来对现实的超越，又是美好对不美好的超越：一方面，人们对现实不满意才设定美好的理想去实现它；另一方面，人们总是期待和追求美好的事物。空想虽然是空想不能实现，但它也是人们关于未来的一种美好的想象，人们所以去追求它同样在于它所描述和体现的景观是美好的。从某种意义上说，空想所以能有人去追求它的实现，就因为它的美好性。幻想有即时性和虚幻性，它在现实中是不存在的。但是人们所以幻想也是因为它的美好性，或者说人的幻想都是美好的，没有人乐意去幻想有一天天塌地陷自己处于苦难的境遇中。"美好和幸福都蕴涵着理想，无论是美好还是幸福，实际都不仅指美好和幸福本身，而且包括着对未来的想象，是向未来的乞求。从这个意义上看美好生活，美

---

① 北京师范大学等四院校编：《普通心理学》，陕西人民教育出版社 1985 年版，第 336 页。
② 《现代汉语词典》，商务印书馆 2006 年版，第 596 页。
③ 《汉语大辞典》（简编），汉语大辞典出版社 1999 年版，第 3093 页。
④ 《新华词典》，商务印书馆 2004 年版，第 424 页。
⑤ 《应用汉语大辞典》，商务印书馆 2003 年版，第 537 页。

好生活不是现在的生活，现在的生活永远是不完美的生活，因此美好生活是一种理想生活。"① 由上可见，无论是理想还是空想抑或幻想，都倾注了人们对美好事物、美好未来的期盼和期待。理想、空想、幻想的共同点：它们都是想象的范畴，都是想象；它们都是指向未来的，具有未来性；它们都是美好事物的体现，都具有完美性。这三点是它们的共同性。

理想、空想和幻想的差异性。理想、空想和幻想虽然基于想象等因素具有共同性和相近性，但同时它们也具有差异性。研究理想问题，不仅要认识空想和幻想与理想的共同性，而且必须要研究这些与它有着共同性和相近性的差异性。既认识共同性又认识差异性，才能更加全面地认识理想的本质以及理想与其他事物的区别。这里将分别从理想、空想、幻想来论述它们之间的差异。

其一，理想是能够实现的想象。在阐释理想的概念和内涵的时候，我们强调理想是基于现实和想象，是有可能实现或者实现可能性的奋斗目标。这其中实现可能性具有非常深刻的意蕴，透过实现可能性就可以看出理想能够实现的理由。一是理想是现实的需要，现实中具备实现它的条件或者路径等客观因素；二是有现实根据而不是毫无根据的，是合理的而不是胡思乱想的；三是理想的主体具有经过努力把它变成现实的能力并具有实现它的意志保证。这里能够实现，也预示着能够实现是一种可能，这意味着，尽管现实需要并且具备可能实现的条件，主体能力意志也都足以实现目标，但客观上有很多不定的因素会影响其实现。这里的能够实现是说经过主体的努力具有实现的可能性。但是并不是任何合理的想象都能实现，因为在实现理想的过程中会有各种各样的不定因素影响理想的实现，或者主观努力程度不够，或者外在条件发生变化，

---

① 薛晓阳：《希望德育论》，人民教育出版社 2003 年版，第 64 页。

但这并不能影响理想是可能实现的这一本质特征。正如《应用汉语大辞典》所说："理想多根据事理以预想未来，在一定条件下可以实现。"①诸如，某人确立想成为某项运动的世界冠军的奋斗目标，且不断努力，但有几种可能会影响这个奋斗目标的实现：一是这个运动项目被取消；二是自己的身体意外受伤而不能继续这项体育运动，这种情况是客观存在的；三是可能别人比自己更优秀。就一般意义而言，实现理想的过程会有挫折，即我们励志中常说的"前途是光明的，道路是曲折的"。但大多数有现实基础有根据经过努力就能实现的理想还是能够实现的。对于社会理想而言，只要它有现实基础，具有合理性，在实现过程中经过不断努力，即使有曲折，也一定可以实现。"有志者，事竟成"，是说有理想经过艰苦努力就一定能把符合实际的理想变成现实。"理想虽然也是指向未来并和人们的愿望相结合的想象，但它更多地指向人们奔向远大的生活情景和宏伟规划。它往往体现了一个人的奋斗目标和前进的方向，并同一个人的人生观与世界观紧密联结。"②

其二，空想是不能够实现的想象。空想也是一种想象，它有两种含义：一是只想不做，这是空想主义者。想得明白，但就是不能付诸实践，这在现实中有多种表现样态。中国历史上王阳明倡导知行合一，要解决的就是只想不做的问题，尽管不单是针对理想问题但也必然包含理想问题，只不过"志"是理想的代名词而已。他强调志不立，天下无可成之事。知行合一自然会包含志的问题。二是不能实现的想象。空想是"不切实际、不能实现的一种想象"③，是"凭空设想，不切实际的想法"④。这种意义上的空想多指空想社会主义的空想。"空想社会主义者

---

① 《应用汉语大辞典》，商务印书馆 2003 年版，第 76 页。
② 中央教育科学研究所编：《心理学基础知识问答》，教育科学出版社 1986 年版，第 157 页。
③ 《汉语大辞典》，汉语大辞典出版社 1999 年版，第 2127 页。
④ 《新华词典》，商务印书馆 2004 年版，第 600 页。

圣西门、傅立叶、欧文，他们揭示了资本主义社会的矛盾，确信社会主义必然代替资本主义，但不能科学揭示其中的历史规律，也没有发现实现这种变革的社会力量和道路。"① 空想社会主义之所以是空想，从总体上说也是因为只想不做，尽管提出这一理论的人也不同程度有过实验，但由于缺少现实根据和实现道路及其力量，最后还是仅仅限于空想。如果不是空想，就会探索实现的道路和实现的力量。无论哪一种空想，都是想得很美好，而不能变成现实。前一种固然是想了，但没有做，这是空想；后一种想得美好，也有尝试，即便继续实验下去，也不能实现想象的结果和目标，因为缺少实现的道路和实现的力量这些现实的基础。人类的伟大之处包括认识世界和改造世界，即人类既能认识世界，又能改造世界。如果说想象是认识世界的体现，那么改造世界就是用认识去指导实践，就是实现想象的过程。认识世界能够想象，能够想象美好的事物是难能可贵的，但人类走到今天，有如此丰厚的物质和精神文明成果，虽然离不开想象的力量，这是前提条件，但没有行动或者没有符合规律的行动，世界就不会发展，人类就不能进步，甚至生存下去都是奢望。想得再美好，没有实践或实践缺少科学性，就失去了想象的意义。

其三，幻想是不想实现的想象。幻想是一种想象，是一种特殊的想象。幻想为凭空虚构，不存在的事实，幻想是由个人愿望或社会需要而产生想象，这个想象所以是空幻的想象，就在于想象的过程具有随意性和即时性，有时是见景生情而产生的想象，有时是突发奇想而产生的想象，而无论哪种想象的内容都是想象者所期待的，所希望的，但又是不想实现的想象。虽然是不存在的虚构的想象，但它表征的是人们内心的需要，也具有美好性。幻想是。不想实现的想象，因为它不是长时间深思熟虑的想象，只是见景生情和突发奇想的想象，因而具有即时性和瞬

---

① 《应用汉语大辞典》，商务印书馆 2003 年版，第 780 页。

间性。比如，一个小女孩在去卖鸡蛋的路上，看到自己的鸡蛋，联想到下蛋的鸡，突然想到自己用鸡蛋换来钱，可以投入生产建成大的饲养场，自己就是一个大的饲养场主，这该多好。但这种想法不一会儿就随着场景的变化而消失了。就当时那么一想，也没有想把这种想法变成现实。假若这个小女孩，今天这么想，明天这么想，一直在想如何才能把想象的内容变成现实，并且在实际上也有所准备和行动，那这个幻想就会成为理想。假若，她想成为饲养场主的想象缺少现实的条件，她的总体构想也不够科学，那就是一种空想。幻想的可贵之处在于，它表达的是人们对美好生活的愿望，同时它也体现了想象的创造性，不是在记忆中简单地复忆过往的事实。幻想虽然具有即时性，但符合实际的幻想，虽然没有在现实中被实施的可能，但未来也许就有想象实现的空间和可能。同时丰富的幻想，也是生命活力的体现，有幻想的现象意味着可能和希望，没有幻想，就没有前行的可能。幻想持续坚持既可能成为空想，也可能成为理想，空想和理想都是想要变成现实，因为它们都不是简单的触景生情的想，而是持续认真地想的结果，其中的差异在于理想具备了实现可能性，而空想还不具备现实的实现条件。幻想需要加工，需要坚持连续想象，进而走向理想。经验证明幻想具有两种发展趋势：一种是随着社会的进步和发展，那些符合规律的幻想，在具备条件的情况下，就可以作为理想去追求和实现。经过努力，以往的虚幻的想象就会变成现实。例如，飞天是人类古老的幻想，但在幻想的当初，不具备条件，因而不能实现。可随着社会的进步，人类征服自身和自然能力的提高，今天我们就把它变成了现实，这是一直在想一直在尝试实践的结果。另一种发展趋势，是永远不能实现的空想。这种趋势，是说当人们把这类幻想付诸实践的时候，因为其违背规律和缺乏条件，成为不可能实现的空想。幻想就其本质来说，是人们在现实中还不想实现的一种想象，或者说人们自觉到现实不具备实现的条件和可能，因而才不想去实现它。因为在现实中距离实现太远，所以人们不去追求它的实现。而当社会的进步足以提供实现可能的情况下，人们就会把幻想的内容作为一种具体目标去追求。这时候，幻想的两种趋势就明显起来，即或者是理想或者是空想。关于这一点，新华字典中的诠释似乎说出了这样的两种趋势："幻想是人对未来远景的一种想象。符合事物发展规律的有益幻想是工作的推动力，违背事物发展规律、不切实际的幻想是空想。"① 这里的符合事物发展规律的有益幻想是工作的推动力，就是我们所说的变成可以实现的理想，而违背事物发展规律，不切实际的幻想是空想。

幻想有两种：积极的幻想与消极的幻想。积极的幻想指基本上符合现实生活发展要求的想象，它能够激励人们向往未来，克服前进中的困难，对人的工作与生活有积极意义和推动作用。消极的幻想指不切合实际的想象，它脱离现实，甚至歪曲现实，往往被一些不敢正视现实，缺乏足够勇气来克服前进中的困难的人们，用来代替实际行动。他们整日沉溺于这种空幻的、不着边际的想象之中，借以求得感情上的虚假的满足。这种幻想不仅不能推动人们去进行艰苦的创造性劳动，反而会使其意志消沉，空虚伤感。宗教幻想就是自然力量和社会力量在人们头脑中歪曲、虚幻的反映。整日沉溺于宗教幻想的人，犹如精神上注射了麻醉剂，脱离现实生活，不能很好地积极参加现实的建设活动。积极的幻想是有益的幻想，消极的幻想是不利于社会进步的幻想。发展积极幻想进入理想境地，克服消极幻想也使它成为积极幻想。

幻想具有即时性和见景生情瞬间万变的特性，而最根本的特点是幻想与实际行动缺少联系，它不付诸实践，只是满足主体当时的心理需要。就这一点而言，幻想与第一种情况的空想有相近性，然而，虽然第一种空想也是没有付诸实践的想象，但它可能是持久性的不付诸实践的

---

① 《新华字典》，商务印书馆 2004 年版，第 424 页。

想象，而幻想则是瞬间的即时的不想付诸实践的想象。而一旦幻想的内容进入持续的想象境地，它就由幻想变成空想。而当幻想经由空想而付诸实践以后，具备一定的可能性，幻想就成为理想。幻想的即时性表达，体现着人的美好愿望，是人们希望未来有好生活的想象，它不直接进入实践的境地，不与实践活动相结合。幻想虽然离实践活动有距离，与空想和理想有差距，但幻想的美好愿望对人们的空想和理想，都具有准备性或基础意义。也许就是因为幻想，才促使人们不断奔向空想或理想。认识三者之间的区别与联系以及相互之间的转化关系，既对客观事物的认识是一种提升，更为重要的是把握了三者及其区别，可以在实践过程中，不断把幻想和空想引向理想的境地。1985 年出生的"机甲教父"孙世前，小的时候看机器人的动画片时就幻想着将来能够做机器人，后来受到当过兵、动手能力强的父亲的影响，开始做机器人，后来真的成为做机器人的专家。当他有做机器人的想法时，别人都说他是幻想，但最后变成了现实。由幻想，到空想，最后成为理想并得以实现。幻想最大的特点就是它的即时性，它不直接进入实践的环节，甚至也不会连续想象，只是瞬间的思维活动，略强于无意想象，它本身并不一定符合客观事物的规律，它只是人们见景生情与主观愿望相契合的想象而已。

　　美国学者悉尼·胡克在其《理性、社会神话和民主》一书中有段话论述了梦想与理想的关系："在马克思主义者的思想中可以使之有生命的东西，就是对一切社会梦想所作的科学批判的传统，由于这些批判，在这些梦想后面的希望都能按照周围联系以及实现梦想的可能性和代价来判断它是合理的或不合理的。只有在那个时候，梦想才成为理想。"[①]幻想进入持续性境地，就有了空想的属性，而一旦使幻想和空想具有现

---

① ［美］悉尼·胡克：《理性、社会神话和民主》，金克等译，上海人民出版社 1986 年版，第 109 页。

实基础和实现可能，就成为理想。

第四节 理想的谱系

理想的谱系要交代理想有哪些样态或种类，把理想作为理想谱系的最上位概念，探索它之下有哪些具体的理想，这些理想之间是怎样的一种关系。这其中，既有一般介绍，也有系统阐释。一般介绍是对理想的一般类别做简单介绍，系统介绍是要对理想的具体内容进行深入分析。就前者而言，用下面的一段文字来简单介绍，之后将比较系统地分析论述。

理想是人类社会特有的精神现象，而社会是由人构成的，因而人类社会的理想也就有了社会理想和个人理想之分。社会理想是一个社会整体对未来社会发展和奋斗目标的构想与追求。社会理想虽然是整个社会的理想，但因其社会构成性而与个人有不可分离的关系。它是来自个人又不是个人简单相加的理想，而是社会全体成员整体性的构想，它可以是社会中一部分人的构想为社会全体成员认可的理想，又可以是根据社会成员每个人的理想概括升华而来的理想。社会理想的确立是一个漫长的过程，而更为漫长的是社会理想的实现。个人理想是个人在生活实践中，基于社会实际需要和个人条件兴趣爱好确立起来的奋斗目标。个人理想的确立离不开社会现实需要和现实条件，从这个意义上说，个人理想反映的是社会理想，个人理想虽然是个人的奋斗目标，但人的目标的选择是根据社会现实需要和自己的现实确定的，并且个人理想的实践过程是在社会之中进而也要在社会中享受理想的成果。个人理想体现着社会理想，社会理想中包含着个人理想。个人理想不过是个人在社会理想之中，对个人奋斗目标的选择。个人不会离开社会，个人的理想也离不开社会所能提供的条件支撑。透过个人的理想追求，我们可以反观社会的理想追求和现实境地。而社会理想的实现，不过是依靠每一个个人在实现个人理想追求中取得的成果来支撑的，没有个人理想奋斗追求及其成果的实现，社会理想就会落空。习近平总书记说，人民对美好生活的向往，就是我们的奋斗目标。每个人都有理想和追求，都有自己的梦想。中国梦是国家梦、民族梦，也是每一个中国人的梦，其道理就在其中。按照实践理想所需要时间的长短，可以把理想分为长远理想和近期理想。长远理想是需要经过很长时间才能实现的理想，近期理想就是最近一段时间所追求实现的奋斗目标。按照性质考虑，理想有崇高理想和庸俗理想之分，崇高理想是符合社会发展规律，代表人类发展趋势并代表人类利益的理想，庸俗理想是指仅仅从自我角度考虑和仅仅追求物质享受的目标。

从具化的角度对理想的谱系进行分析，实际上就是对生活理想、职业理想、道德理想、社会理想及其内在关联进行阐释。尽管理想谱系下这四个具体理想都已经为人们所熟知，但对其位置以及意义确有进一步论述的必要。而就个体的人而言，与四个具体理想的关联度是深入论说的又一个理由。生活理想是人们对物质生活、精神生活和家庭生活追求的奋斗目标。它在理想的谱系中占有特殊的位置，既可以是最基础的又可以是最高位的。在理想谱系的排列中，最基础的表现是生活理想、职业理想、道德理想、社会理想这样的顺序，最高的是社会理想、道德理想、职业理想、生活理想这样的顺序。按说，这种排列并不能说明什么，但也不能说不说明什么，毕竟两种排列都有排列的理由。而笔者认为，在理想谱系的构成中，生活理想既是最基础的也是最高位的。以往在谈论理想的时候，总以为生活理想在理想的谱系中是占据低位的，因为它关注的只是生活，而非职业和道德，更不是什么社会理想，与职业、道德和社会理想相比，并不占据优势地位。尽管人们并没有直接用表示它地位不高的语言，但对生活的忽视导致了对生活理想的忽略。那么，生活理想在理想的谱系中的最基础地位和最高地位该如何理解？最基础的地位是说，生活理想是我们思考理想的起点，我们总是从生活的目标开始勾画职业、道德、社会理想。生活理想是我们思考和追求职业理想、道德理想和社会理想的基点，正是因为有了对什么样生活的追求，才去思考用什么职业，有怎样的道德，在什么社会环境下去实现对生活的追求与构想。我们并不否认生活理想的基点位置和作用，但生活理想又是我们的最高追求和最高目标。新时代以来，关于美好生活和人民幸福的话语成为热门话题。2016 年 12 月 12 日习近平总书记在接见第一届全国文明家庭代表时的讲话指出："国家富强，民族复兴，人民幸福，最终要体现在千千万个家庭都幸福美满上，体现在亿万人民生活不断改善上。"党的十九大报告指出："中国特色社会主义进入新时代，我国社会的主要矛盾已经转化为人民日益增长的美好生活需要和不平衡不充分发展之间的矛盾。"党的二十大报告指出："江山就是人民，人民就是江山。中国共产党领导人民打江山、守江山，守的是人民的心。治国有常，利民为本。为民造福是立党为公、执政为民的本质要求。必须坚持在发展中保障和改善民生，鼓励共同奋斗创造美好生活，不断实现人民对美好生活的向往。"这些讲话和论述，都在强调生活的重要性。人民幸福也好，美好生活也好，守江山也罢，都是把生活摆在了恰当的位置上。我们追求的最终目标共产主义，是物质极大丰富，思想觉悟极大提高，人的全面自由发展，体现的是生活目标和生活理想。人们做什么事都要依赖生活，没有生活的保证，一切都不存在，而我们追求的最高目标也是美好生活和人民幸福。生活既是从事其他活动的基础，也是人类追求的最高目标，我们奋斗的终极目标也是最高目标不是别的什么，就是美好生活这个理想。

职业理想是对未来职业岗位和发展程度的向往和追求，它在理想谱系中占据核心地位。美好生活不是天上掉下来的，是人们奋斗而来的。

没有奋斗，任何目标都是空想和幻想，唯有奋斗才能改造世界，才能实现奋斗目标。怎样奋斗？显然不是天天喊着奋斗就是奋斗，而是必须脚踏实地地奋斗。脚踏实地，就是要有一个具体的岗位，在这个岗位上积极做事，才能实现目标。其一，人的一生总要在一定的岗位或职业中存在，这是由社会分工和追求生活的现实所决定的。人在社会中存在，为了使自己能生存下去，就要在社会中谋得一份工作去做，因为上天没有给人不劳而获的生存条件，一切都要靠自己的劳作，才能换回生活的资料以满足生存需要。国际歌的歌词说得更为直白：从来就没有救世主，也不靠神仙皇帝，要创造人类的幸福，全靠我们自己。我们自己要满足自己生存的需要，只有做事才能满足自己。做事就要有一定的职业和岗位，社会是存在分工的，每个人都在从事一定职业的活动，在社会这个大的场域交换各自的劳动成果，进而相互满足生存的需要。这样自己才能生存下去，社会也才能存在下去。其二，人生的所有追求都要通过职业理想来实现。无论是主观追求还是客观现实，人总是要有一定的职业。显然，追求美好生活必然离不开职业中的劳作，没有劳作就没有幸福生活。人对道德理想的追求，主要是在职业生活中体现的，职业道德是道德追求的核心内容，因为人的职业生活是主要生活内容。人们追求的社会理想，一方面需要人们在各自岗位上的奋斗才能实现，另一方面理想的社会也是人们在各自的职业岗位上敬业乐业。其三，人们追求一种职业理想，体现的是对一种生活的追求。我们常说，选择一种职业就是选择一种生活。假如选择教师作为自己的职业，那就意味着教书育人，为人师表，奉献爱心成为自己的生活常态；选择了人民警察的职业，那就意味着忙碌和维护人民生命安全成为自己的常态化生活；而选择成为一名普通公务员，则必然要把公仆的职能作为自己的价值追求。因而在职业理想中蕴含着对生活理想的追求。其四，职业理想所以为理想的核心，更是因为人们选择理想的时候，首位的选择是职业理想。无论是哪个阶段的人，在选择理想的时候，总是聚焦在职业的选择上。比如高中生填报志愿时，在选择志愿时费尽心思，很是艰难，一方面是因为对自己难以把握，不知道在现实的选择中自己更适合什么专业；另一方面是因为选择志愿就是选择职业，就是选择生活的样态，不知道自己到底需要怎样的生活。其五，理想教育都是围绕职业理想展开的。理想教育是在少年有梦的背景下展开的，初中生正是少年时期，正是有梦的时期，也正是理想教育最佳的时期。我们在理想的启蒙教育中，总是问学生长大了干什么，得到的回答有的是教师，有的是警察，有的是科学家，有的是工人或农民。在进入初中阶段的理想教育时，同样也是以未来职业为轴心的。而高中的理想教育都是以现实选择为导向的，也就是教学内容基本没有相关的理想教育，但高中生必将面临这种选择：一方面根据实际进行的选择，也即根据学习状况的评估进行选择；另一方面基于学习评估对自我兴趣爱好和专长的选择。高中的选择就是结合这样两个因素进行的选择，而无论基于什么做出的选择，一般情况下，就是对职业理想的选择，就是对未来生活的选择。基于如上的几个道理，我们说职业理想是理想谱系的核心。而我们在社会交往中，与一个人认识，首先要判定他是做什么的，在社会生活的舞台上扮演什么角色，之后才去进一步分析了解，以决定是否进一步交往和发展关系。诸如，在婚姻介绍时，最先介绍的往往都是从事什么职业。这诸多的现实向我们陈述的是，职业理想是理想的核心。

道德理想是道德修养境界达到的目标，具体说就是在做人和为人处世方面的追求目标。道德是调整人与人之间关系的一种规范，这种规范最本质的特征是靠社会舆论、良心和风俗来维系而不是靠强制手段维系，这使它更多地依靠自觉来维系。就规范的教育而言，与道德相对应的规范是法律规范，二者共同构成社会的规范体系。法律也是调整人与人之间关系的规范，它具有更大的权威性，它的权威性来自规范性和强制性。道德是内心的法律。法律是成文的道德。法安天下，德润人心，二者都是维系社会秩序、规范社会行为、调整社会关系的手段。道德为法律实施提供道义支持，法律为道德实施提供约束保证。道德被看作人之为人的标志，人之所以为人，就在于人有道德，而道德就是告诉人们什么应该做、什么不应该做的道理。人所以有道德是因为人有理性，理性使人具有共情的能力，理性可以使人之为人，可以使人由己及人，可以使人"己所不欲，勿施于人"，可以使人乐施于人而不求回报。道德是做人的一种标准，通过道德，可以看出一个人人性修养水平的高低。道德是一种人生境界，反映着人们价值追求和精神境界的水平。道德理想首先体现为人能够自觉按照道德规范的要求行动，无论外在的环境如何，自己的行动总是自己内心准则的体现；道德理想还体现为人们追求的精神境界，对待同一事物，人们会有不同的态度和行为，对自己的道德修养，可有不同的要求，而道德理想往往体现为高尚的道德行为。追求道德理想，不仅标志着人们道德修养和道德境界的高低，更为根本的意义在于一个人在社会生活事业追求方面能不能取得成功。因为道德还是社会评价的一种标准，一个人在社会生活中有良好的道德修养水平，就会受到社会的好评并获得社会的正向报答。民间故事的善有善报恶有恶报，社会现实中对道德楷模的褒奖，都印证了社会生活需要道德崇尚道德。一个社会的发展水平如何，不只是看经济发展水平，而且也看人们的道德面貌如何，透过人们的道德水平可以间接观察社会整体发展的水平。一个群体，一个社会，没有了人之为人的灵魂追求，这个群体这个社会就没有了希望。就个人事业成功而言，一个人在事业上取得成功，必然也是道德修养的成功。民间流传的大胜靠德小胜靠智的话，就是对道德价值的肯定和褒扬，同时也是对忽略道德修养单纯追求发展行为的鞭挞。道德理想的追求，体现的是人性的光辉，无论是人的职业理想还是生活理想，没有道德理想的支持和保证，就难以获得真正的实现。而社会理想必然也蕴含着对道德境界的追求。

社会理想是人们对社会制度和社会发展程度的构想。社会理想，从字面上分析可以有两种解释：一种是把社会作为主体，这时的社会理想就是社会的理想；另一种是把社会作为对象，这时的社会理想就是个人对社会的理想。社会理想是社会整体的理想，它不是某个人的理想，而是社会所有人的理想。社会的理想虽然会包括好多方面，但基本上还是对社会本身的理想，诸如社会制度，社会发展水平，其中也包括人自身综合素养的发展等。社会理想虽然不是个人的理想，但它也不是从天上掉下来的，也不是神仙赐予的，而必然是在社会自身中产生的。而从社会自身中产生，也不可能一天早上大家睡觉起来后就都有了同一理想，它必然是社会中的某些个人基于现实和思考以及高度的责任担当精神，设想的未来社会的愿景，由于它的现实性即代表社会发展方向符合社会发展规律和大众意愿而为所有社会成员所接受，进而成为社会的理想。这里的为所有社会成员所接受，并不是指每一个成员都接受，而是社会的所有能够表意的人接受。比如共产主义，比如中国特色社会主义，比如中华民族伟大复兴和社会主义现代化强国等，就是如此。对社会的理想，是指在社会生活中的个体对社会制度和发展水平以及人员素养的构想和期待。社会是宏大的复杂的，虽然每个人都可以有对社会的构想，但个体对社会的构想会是千奇百怪的，不可能全部一致，甚至完全不一致，但总体上也是对社会制度和发展水平的构想，毕竟每个人的生活境况和追求美好是具有共同性的。当社会理想完全表征个体的意愿时，这时社会理想就成为个体对社会的理想，而当个人对社会的理想能够超越社会理想而被社会接受时，就成为社会理想。个体的理想谱系中总会包括社会理想，但理想谱系中的社会理想实际上有特殊的意义：其一是个体构想通过自我的生活理想、职业理想、道德理想等目标的追求，为社会的理想贡献个体智慧和力量，使自己为社会的理想添砖加瓦；其二是个体对社会理想的构想，又具体表现为希望社会能够为个体的生活理想、职业理想、道德理想的实现提供保证。从这样的意义上说，理想谱系中的社会理想，不过是个体为了实现生活理想、职业理想、道德理想的保证条件的目标和期待。这样，也就给理想谱系中的社会理想找到了它应有的位置。任何社会的理想都不简单是个人的社会理想，并且社会理想的实现也不是靠某个人就能实现的，它必须靠所有社会个体的努力才能实现，而个人对社会的理想也必然要在社会诸多个体的努力下才能实现。然而，无论是社会的理想，还是对社会的理想，它们都是理想谱系中生活理想、职业理想、道德理想实现的保证条件和目标追求，因而也属于理想谱系中的社会理想。社会理想虽然不是个体能够建成的，但个体可以用自己的实践去建设理想的社会，为社会理想的实现贡献自己的智慧和力量，同时也可以享受社会理想及其实现过程的美好体验。每一个人为了理想奋斗的过程，都构成社会理想实现的一部分，都会推进社会理想的实现。人的社会性本质，决定了人实现理想不能脱离社会，只有在社会中个人的理想追求才有价值，社会理想的实现必然给个人理想的实现提供保证。

我们在理想谱系的话语之下，讨论了生活理想、职业理想、道德理想和社会理想，这其中既有我们对已有研究成果的借鉴，也有我们自己独立的思考。生活理想是理想的基点也是理想的最高追求，职业理想是理想中的核心，道德理想是理想追求的人格表征，而社会理想则是理想实现的保证条件。

第五节　理想的属性

理想的属性是进一步对理想的内涵和本质进行解读。论述内涵本质，一方面要说它是什么，另一方面要说它与其他事物有哪些区别。理想的属性就是理想这个事物的本质有哪些特别的属性。这个属性有时用特征来表示，有时用属性来表示。只不过，用属性更强调它与事物本质的关联，而用特征更多地体现它所具有的外部特征。在讨论某一事物的本质的时候，人们往往因为对本质和属性认识不清，就用属性来表征本质。同样在定义规律的时候，人们往往因为对规律的概括抽象的难度，而把特征、要求等视为规律。这里使用属性，是想强调理想这个事物基于内在本质有哪些特别的性质，以更能呈现理想事物的本质。

理想具有现实性。理想是关于未来的奋斗目标，它不是现实，但它必须基于现实。现实是理想之根，理想有现实的影子。理想是在现实的基础上构想的奋斗目标，没有现实的生活，就不会知道现实有哪些不足和缺憾，就不知道如何去改变这些现实。现实是理想目标的参照。在理想这个奋斗目标上面，可以看到现实的影子，通过对理想目标的观照，就能看到现实的情景。比如，当人们把自行车、手表、缝纫机、收音机作为生活理想目标的时候，一定会想确定"四大件"为生活目标的人是处于物质极为匮乏的时代；当人们把电视、冰箱、洗衣机、组合音响作为生活理想目标时，一定是看到了社会现实中的发展，物质财富相对丰富了，生产力水平提高了；当移动电话、电脑、汽车和高档住房成为生活理想目标时，用物质非常丰富、人民生活水平极大提高来表征现实一点也不为过。在人们追求的目标中，对象化地反映现实的发展水平状况。从目标中可以清楚地知道现实中人们需要什么，而理想目标就是现实的间接反映。1998 年 10 月 31 日《光明日报》刊登了尚虹的文章《今天，我们怎么梦想》。文章对比了往日的梦想与今天梦想的差距：往日的梦想已成为古旧的历史。过去人的梦想，已经不再是现在人的梦想。20 年前，人们梦想快点实现共产主义，可以不愁吃不愁穿；也有些人梦想能买一台电风扇或者黑白电视机；还有人梦想成为万元户和有一本从来没有见过什么样的出国护照……这些在过去颇有代表性的梦想，对于今天的人们来说，已经有些陌生。统计显示，人们过去的梦想，主要表现在以下几个方面：关于职业：68.9%；关于财富：12.7%；关于出国：9.2%。在过去梦想的职业中，科学家、教师、医生等累计提及率较高。……今天的梦想已从空中回到了大地。统计发现，关于扩大住房空间的平均提及率最高；关于子女教育、健康、前途的提及率占据第二；梦想关于职业的描述列居第三位；关于金钱和健康占第四、第五位。这篇带有调查报告性质的文章表征的也是同样的事实，不同的社会历史发展阶段，人们的实践水平不同，人们的梦想不同。从理想和梦想可以观照现实，是这篇文章的潜台词：现实发展了，人们的梦想也随之发展。

理想具有超越性。理想与现实是一对矛盾，理想是对现实的超越。现实就是现实存在的一切，包括社会的现实和自我的现实。社会现实包括生产力发展水平，社会环境和精神风貌尤其是社会发展的需要，自我的现实包括自我的学历，自我的工作岗位，甚至自己的家庭环境，特别是自己对现实的满足感如何。理想就是在这样的基础上，通过主观能动性的发挥在观念世界中对现实的超越。在观念世界中构想起来的未来的世界，在本质上是对现实的一种发展性否定，因为现实中存在着不足，或者现实需要发展，才有了否定现实的目标。也就是说，理想对现实的超越存在两种：一种是发展性超越；另一种是否定性超越。发展性超越，是对现实中的合理因素给予肯定，并力求在未来获得发展的超越；否定性超越是因为现实已经影响到发展，在现实的框架中不可能再有发展空间，因而要否定现实重新构建目标世界。发展性超越有点类似于心理学中有意想象中的再造想象，而否定超越则与有意想象的创造想象有相通之处。再造想象是在原发想象基础上的想象，而创造想象则是不依赖原发想象而独立创造的想象。当然，理想的超越是与现实具有不可分离的关系的，相似仅是某点相似而已。理想是未来的，现实就是现在的；理想是美好的，现实是有不足和缺欠的，因而说理想具有超越性。

理想具有实践性。人是实践的主体，实践是人的存在方式。说理想具有实践性，首先是因为"理想是人们在实践中形成的"。理想是人类特有的精神现象，其根据之一就在于人是能实践的人，只有能实践，在实践中的人才会有理想。人与动物的区别最本质的特点就在于人能实践，而动物只能凭借本能活动。人在实践中形成认识，又在认识的指导下实践。说人既能认识世界又能改造世界，是指人最本质的特征就在于人能实践。理想作为人奋斗的目标，它也是人在实践的基础上形成的。人只有实践，才能发现现实的不足，发现自我的不足，才能想到如何去改变不足。人不实践，没有实践过程，就不会发现现实中的不足，就不会设定改变和超越现实的奋斗目标。而人设定奋斗目标就是为了实践目标的，奋斗目标不是用来欣赏的图画。毋庸置疑，理想与现实是有距离的，它不过是人们在观念世界中设定的奋斗目标，要把理想目标变成现实，只有奋斗和艰苦地实践。如果人类能够设想不用奋斗和实践就能实现目标，那也就不会有奋斗一说了。事实上，没有奋斗和实践，理想这个未来的目标就不会变成现实。理想是一个目标，这个目标是什么目标？是实践的目标，是奋斗的目标。概而言之，理想是人们在实践中确立起来的奋斗目标，确立起目标的目的是实践目标，而唯有通过正确的实践、艰苦的实践才能实现目标。这应该是理想的实践性的应有之义。越是伟大的目标对实践水平的要求越高，难度越大。

理想具有实现可能性。理想具有实现可能性，这是理想与空想和幻想区别的关键点。我们在强调理想具有实现可能性时，使用的语言是合理的有根据的，所谓合理的有根据的，可以理解为如下三点：一是社会现实需要的；二是符合发展规律的；三是有胜任能力的，现实具备条件的。幻想是不想实现的，空想是不能实现的，唯有合理的想象有根据的奋斗目标才能变成现实。奋斗目标自身具有合理性有根据，但要变成现实，对理想主体有特别要求。既然目标是合理的、有根据的，是能够实现的，那能不能实现就看实践主体在实践中的努力程度如何。努力程度考量的是态度如何，不经过努力奋斗就想实现奋斗目标几乎没有可能，一帆风顺就想实现奋斗目标同样没有希望，只有不懈努力才能达到光辉的顶点。理想能不能实现不只是看实践主体是不是努力，也要看实践努力是不是符合规律，违背规律的努力会适得其反。实现理想目标，也要考虑主客体之间的变化。有的时候实现理想的客观条件发生改变，理想目标的实现会受到影响，而当客观条件没有发生变化而实践主体自身条件发生变化，也会影响到奋斗目标的实现。无论客观条件还是主体条件发生变化，都要根据实际来调整奋斗目标。比如，我们党根据中国特色社会主义进入新时代以来，我国社会主要矛盾已经由人民日益增长的物质文化需要同落后的生产之间的矛盾转化为人民日益增长的美好生活需要和不平衡不充分发展之间的矛盾，就要把解决发展不平衡不充分，满足人民美好生活需要作为奋斗目标。理想是能够实现的目标，在主观条件和客观环境发生变化时，会延缓实现目标的脚步，但不会影响最终曲折实现目标的结果。假设一个人把获得某个地方的职位作为自己的奋斗目标，那可能会发生下列情况：在自己自然条件经过努力都具备的情况下，但有比自己更合适的人选，自己的目标实现不了是有可能性的，这是客观环境有变化；而当自己经过努力自己的自然条件更优越了，又可能会因为年龄的限制而在自身上出了问题，这也会影响目标的实现。前者是客观原因，后者算是主观原因（主体虽然不等于主观，但却是自身的原因），影响了可能实现目标的实现。这种情形虽然是假设，但可能真的存在。"现实生活告诉我们，人总是抱着预期目的进行活动的，但其结果却大不一样：有的能够基本上达到目的；有的只能部分达到目的；有的则达不到目的，甚至事与愿违，搬起石头砸了自己的脚，得到同预期目的完全相反的结果。造成这些不同结果的具体原因固然很多，但根本的原因是两条:一是看预期目的和行动计划是否符合客观事物的发展规律;二是看是否具备了实现目的和计划的必要的物质条件和手段。"① 实现可能性是一个特点,但同时也是一个开放性的判断。

现实性、超越性、实践性、实现可能性是理想作为奋斗目标所特有的属性,认识这些属性,一方面便于深刻认识理想的本质及其内涵,另一方面有助于人们更好地实践理想目标。理想的属性是理想这一事物所特有的属性,只要构成理想就具有这样的属性。

第六节　理想的功用

功用是功能和作用的合称,含有价值的意蕴。理想的功用是指理想所具有的功能和作用发挥,也可以用价值来表征。功能强调它能做什么,作用体现功能发挥有什么效果,而价值则是强调某物的功能属性对主体需要有怎样的满足。因而理想的功用如果换个词汇表达,也许价值最合适。但选用功用而没有使用价值,更多的是强调理想功能作用的客观意义。价值突出表现对主体需要的满足,更多地体现主体性,而功用更突出强调理想所具有的客观性作用。

定向的功用是理想所具有的首位功用。理想是奋斗目标,这个目标是人选定的。人选定一个目标,就是要明确自己要走向哪里;人选定奋斗目标,就是要到达这个目标。人每天都面临选择,甚至一刻也不能没有选择,没有选择就没有行动,就没有方向。选择奋斗目标就是选择走向哪里。人没有目标,就不知道要走向哪里,会随处飘荡,像没有航向的小船一样。人确立起自己的奋斗目标,这个奋斗目标就会成为一个人前行的航标灯,就是自己追逐的一面旗帜,就是自己前进的方向。尽管

---

① 肖前等:《辩证唯物主义原理》,人民出版社 1981 年版,第 132 页。

走向这个目标的过程会有风浪，会有曲折，但只要努力，总会走向这个目标。那个流传比较广泛的"新生活是从选定方向开始的"故事，让目标和方向成为追求和成功的最好注脚。比赛尔人原来没有走出过沙漠，并不是他们不想走出去，而是因为他们没有方向和目标。直到有一天他们找到了北斗星，指引他们走出了沙漠，使比赛尔成为旅游胜地。这是目标的功用价值。在教育历程中，学生把升入上一级学校作为自己的目标，把升入好的学校作为自己的目标，这是机制造成的目标选择。而在进入大学之后，机制的作用弱化了，主体的自由度增大，需要自我选择的空间更加广阔了，所以特别强调目标的意义价值，就是要让人们有新的目标，支撑人们在目标明确的背景下去奋斗。有目标就有方向，有目标才能最终走向目标，实现目标。实现目标的过程是一个指哪儿打哪儿的过程，而不是一个打哪儿指哪儿的过程。

动力的功用是理想的核心功用。理想的动力功用主要体现在三个方面：其一，理想是一种奋斗目标，所谓奋斗目标就是自己确立自己要实现的目标，有了目标，就有了要实现的愿望和行动。人有了明确的目标，就会为实现目标做准备，就会在现实中创造条件去实现它。其二，理想是一种理想的目标。理想的目标就是如意的目标，美好的目标，也是超越现实的目标。人们之所以借助想象设计未来的奋斗目标，并且为了实现这个目标还要经过艰辛的努力，就是因为这个目标比现在的现实要好，它自身就具有美好如意的元素。其三，理想是自己的需要。在理想的本质讨论中，我们明确表述理想是主体内在需要的外化形态。自己的需要就是自己现实中缺乏或者对更高需要的期待。理想的动力功用所以是最为根本的功用，就在于它是自我的需要，自我需要外化的目标，自我必然努力去实现它。为了实现它，为了满足自我的需要，人们会克服一切困难去实现它。目标也好，美好的目标也好，都可以归结在人的需要上，因为需要，人才具有实现它的动力，才有克服困难实现它的毅力，才有破解瓶颈实现它的创造力。人做事，都是因为人的需要，都是为了满足自己的需要，没有需要人们就不会去从事任何活动，甚至没有需要都不会有生命的活动。人们给自己选定一种奋斗目标，就是在挖掘自己的需要，就是在为自己的行动寻找动力。有了目标，有了好目标，有了自己需要的目标，人就会发动内在的一切潜力去实现它，这就是理想动力功用的体现。

希望的功用是理想的最高功用。理想带给人的是希望，希望是理想功用中的最高价值。首先，人有目标有追求才使生活充满希望。奋斗目标是美好的事物，是自己追求和需要的事物。但是，只有有了目标，有了追求，才可能变成现实。人们常常挂在嘴边的"努力不一定成功，但为了成功我们必须努力"，说的就是追求了奋斗了才有可能成功，没有追求没有奋斗永远不会成功。陀思妥耶夫斯基在《死屋手记》中说过："没有理想，即没有某种美好的愿望，也就永远不会有美好的现实。"当人们参加高考把报考某某大学作为自己的目标时，这个目标和自己的行动就带有一种希望，备战高考，参加高考，才有考上的希望与可能。再比如，我们要发表一篇文章，钟情于某个刊物发表以呈现自己的学术成果，只有采取写稿和投稿这样的行动，才会有被刊用的可能，而只有投稿之后才会希望被刊用。没有投稿的行动，就不会期望被刊用。当然，就投稿和发表而言，绝不是写了投了就能发表，这里根本的还是论文的质量。其次，人有目标才会充满希望地去生活。有目标追求，目标在追求中将会实现是快乐的。2022 年卡塔尔世界杯足球比赛，阿根廷国家队获得了冠军，举国欢庆。他们把获得足球世界杯冠军作为一种奋斗目标，通过诸多努力拼搏之后，实现了目标，阿根廷队和阿根廷人包括看好阿根廷队的球迷都快乐至极。这是目标实现后的快乐，是奋斗后达到目标的快乐。人是一个追求目的和目标的动物，而追求目的和目标是一个能动的过程，所谓能动过程就是自己知道自己追求什么，就是知道自己所做的一切与目标实现的关联和意义。

想到为目标的实现而奋斗，想到目标实现所带来的美好，人的生活会充满朝气和活力。人最痛苦的是莫过于不知道自己做什么，不知道自己做的为什么，而理想让人知道了自己活动的意义，知道了自己活动的目的，因而人会充满希望地生活。这也可以表述为，有了理想就会有良好的精神状态。人的生存和生活必然要顺应自然，遵从自然规律，但人如果仅仅是遵从适应自然，那就把自己混同于一般动物，那是本能性的活动，人总是追求对自然的改造，总是要超越现实和自我，追求理想就是追求更高的精神存在。最后，理想是人行为和生活的精神支柱。理想作为一种目标，它是支撑人们生存发展的精神动力和精神支柱。人们为了实现理想目标可以克服困难，可以战胜困境，可以克服自身的不足去实现奋斗目标，没有了奋斗目标，人们的生存和活动就失去了目的和意义。在生活经验中，很多人为了奋斗目标的实现，不惜千辛万苦，克服来自方方面面的困难，最后实现了目标。但在目标实现之后没有新的目标，没有行为的动力，进而使生活空虚，导致放弃生命的例子比比皆是。一位著名的残疾登山运动员，克服超出常人的困难登遍世界所有名山，却在登上珠穆朗玛以后自杀了，理由是他没有了下一个目标，也失去了生存的勇气。这种事实说明，理想目标就是人的生存和生活的精神支柱。中国共产党人的长征其艰苦程度可想而知，最后能走向胜利，不是因为别的，就是因为理想信念的支撑。

关于理想的功用，哈佛大学的一项 25 年的跟踪研究结果证实了这一点。哈佛大学做过一项非常著名的关于目标对人生发展影响的研究，即对一群智力、学历、环境等条件差不多的年轻人进行长达 25 年的跟踪研究。在调查之初发现：在接受调查的人群中，27% 的人没有目标，60% 的人目标模糊，10% 的人有清晰的但比较短期的目标，3% 的人有清晰且长期的目标。25 年后发现：目标状况不同的人，生活状况差异悬殊。那 3% 有清晰且长期目标的人，25 年来几乎都不曾更改过自己的人生目标，他们一直朝着选定的方向不懈地努力，几乎都成了社会各界的顶尖成功人士，其中不乏白手创业者、行业领袖、社会精英。那 10%有清晰的但比较短期目标的人，大都生活在社会的中上层。他们在 25 年后的共同特点是，短期目标不断被达到，生活状态稳步上升，成为各行各业不可或缺的专业人士，如医生、律师、工程师、高级主管，等等。那 60%目标模糊的人，25 年后几乎都生活在社会中的下层，他们能够稳定地生活与工作，但都没有什么特别的成绩。那 27%没有目标的人，25 年来依然没有目标，他们几乎都生活在社会的最底层。他们的生活大都过得不如意，常常失业，需要社会救济，并且常常抱怨社会、抱怨世界。① 这项研究成果清楚地告诉我们，有目标和没有目标，有长远目标和没有长远目标，有清晰的目标和模糊的目标，是不一样的。这也强化了理想目标的功用。

理想的功用，实际上还可以拓展和深化，但基本上还是它定向功能、动力作用和希望或精神支柱价值三个方面。

如上，在理想基本理论的题目之下，讨论了理想的概念和内涵、理想的本质、理想与空想和幻想的区别、理想的谱系、理想的属性、理想的功用这六个问题，算是对有关理想最基本和最本质问题的交代。从相当意义上说，理想的基本理论，就是有关理想的总体论说，而理想的基本理论也可以胜任有关理想的原理的阐述。就本书的题目而言，这也是本书的半壁江山，但毕竟本书重在以此为基础论说理想何以形成、形成受哪些因素影响、理想形成有哪些特征以及理想形成的本质等问题，因而在权重和结构比重上对理想形成机理部分占用的笔墨要多于理想的基本理论。在理想的基本理论部分重点部分是理想的本质，而后半部分，则要以理想形成的机理为核心展开。

---

① 孙云晓：《教育就是培养好习惯》，江苏教育出版社 2009 年版，第 41 页。

第二章　理想形成的基础

研究理想的本质和形成机理，离不开对理想形成基础的研究。因为研究理想的本质和形成机理，正像理想不能离开现实一样，同样不能离开对理想形成基础的研究，这个基础就是它的现实。尽管"前提不是结果，基础不是房间，原料不是成品，土壤不是植物"①，但没有基础和前提条件，就不会有事物本身，因而非常有必要对基础进行阐释。按照一般表述问题的模式，既可以在形成机理中阐释基础，这也是完整结构的需要，又可以对基础单独进行阐释，这样也许是为了保证问题布局的均衡。这里，采取的是第二种样态，即对理想的本质及其形成机理的基础进行单独阐释，为的是整体布局的均衡。

理想是人追求的奋斗目标，这个奋斗目标倾注了人的价值需要和精神追求。理想作为人追求的奋斗目标并不是凭空产生的，它的形成必须建立在一定的基础之上。人的生理、心理、想象的发展，自我实践能力及其发展，社会现实的发展是理想形成的基础。阐释理想形成的基础，一方面有助于对理想本身的认识，另一方面有助于对理想的内在根据的理解，同时更有助于对理想形成机理的把握。

---

① 李德顺：《新价值论》，云南人民出版社 2004 年版，第 67 页。

第一节　理想形成的生理基础

从心理学的角度看理想，理想不过是一种符合实际的想象，而想象则是心理发展的体现，可心理的发展是以人脑机能发展为前提的。"儿童心理的发生是跟儿童在社会生活和教育条件下儿童的神经系统，尤其是脑的结构的发展是分不开的。因为心理不是别的，而是在客观现实的影响下脑的活动的产物。没有脑这个反映器官，就不可能有心理的产生；没有人脑对客观现实特别是社会现实的反映，也不可能有人的心理产生。"① 脑是心理发生的物质基础，没有人脑的存在，没有人脑机能的发展，没有心理的发展，想象就不会发生，进而也就不会有理想的形成。

理想形成的物质基础，就是指人脑这个思维器官的发展，这表现为脑重量的增加、脑结构的发展、脑功能的发展。

脑重量的增加。人的生理的发展表现在诸多方面，本书限于研究内容的关联，不对其他因素进行阐释而只对与理想形成直接相关的脑进行论述。尽管在相关学术领域，诸如神经医学、心理学、生理学等，对脑何以有意识功能，对脑的区域功能存在不同观点，但对脑是心理器官、脑的发展与心理的发展有密切关联、脑的发展一般体现在脑重量的增加这些问题上早已形成共识。心理学和生理学的研究表明，儿童出生以后，大脑在结构上就初步具有成人脑的规模，但是在重量和容量特别是机能方面还远远发展得不够。新生儿脑重量约为 390 克，乳儿期一般指出生后一年的时间，这一年脑重量增长到约 660 克，增加了 270 克左右，这是大脑发育的第一个加速期；2.5 岁至 3 岁是婴儿期，这时脑重量增

---

① 朱智贤：《儿童心理学》，人民教育出版社 2009 年版，第 91 页。

加到 900 克至 1011 克，是大脑发育的第二个加速期，增加了 350 克左右；幼儿期也称学前儿童的年龄是 3 岁到 7 岁，这段时间脑重量达到 1280 克，增加了约 280 克，是大脑发育的第三个加速期；9 岁儿童脑重量为 1350 克，12 岁儿童脑重量为 1400 克。根据心理学和生理学研究的结果，人脑的平均重量为 1400 克。上述可见，儿童长到 12 岁，脑重量的发展基本成熟。所谓基本成熟，也就是说，脑重量的发展已经达到人的一般发展水平，可以承担和胜任比较复杂的思维活动。从经验的角度看，12 岁的人一般进入初中的学习阶段，而初中生可以进行比较抽象的思维活动，并且成人感和独立性表现得突出强烈，这也能从另一个方面反映出脑的发展几近于成人水平。一般来说，人脑的重量与人的智力发展成正相关状态，也就是说，脑的重量越大，人的智力发展水平越高。这可以从人类发展中脑容量的变化和个体人的发展伴随脑容量增加的事实得到证明。尽管存在脑重量多并非智力发展的个别例证，但总体上人脑发展与智力发展呈正相关的态势。脑容量的增加是人能够胜任复杂思维活动的物质基础。

脑结构的发展。脑结构也就是大脑的构成，大脑的所有部位不是都以相同的速度生长。儿童降生以后，主要依靠由皮下中枢实现的无条件反射来保证内部器官和外部条件的最初适应。条件反射是大脑皮质的高级神经活动，是暂时神经联系。条件反射的产生是儿童心理发生的标志，标志着作为个体人的心理、意识的最原始状态。心理的生理基础是条件反射，而不是无条件的、本能的感觉，但无条件反射又是形成条件反射的前提。神经髓鞘的形成，是脑结构成熟的标志。神经髓鞘形成以后，就像电线加上了包皮一样，能使神经兴奋沿着一定的道路迅速传导，而不致蔓延泛滥。神经纤维髓鞘是逐步形成的，人出生后不久，感觉器官和大脑之间的通路已经髓鞘化，大脑与骨骼肌肉之间通路的髓鞘化遵循头尾模式和远近模式，因此儿童逐渐掌握较为复杂的动作。由于皮质各层的细胞在继续增大，神经纤维在继续生长，此时，神经纤维髓鞘化过程迅速进行，大脑皮质机能有了进一步发展。皮质抑制在婴儿期仍然是兴奋过程比抑制过程占优势，与乳儿期比较越来越趋于平衡。就整个儿童时期来说，婴儿期的抑制过程还是很差的，兴奋和抑制过程是不平衡的。学前儿童（即幼儿期，3岁到六七岁）的大脑结构在继续发展，神经纤维特别是大脑神经纤维的髓鞘化基本完成，这使神经传导更加迅速而精确，整个大脑皮质达到相当成熟程度。"4—20岁，脑的发育有两个明显的加速期，也即两个飞跃期：一个在5—6岁，脑的结构已相当成熟，但未达到成人水平；一个在13—14岁，脑的结构基本成熟。从大脑皮质各区成熟的程序看，到学前末期，大脑皮质各区接近成人水平。顺序是，枕叶—颞叶—顶叶—额叶。7岁颞叶接近成人，额叶也相当成熟。"[1]

脑功能的发展。皮质抑制机能是儿童认识外界事物和调节、控制自身行为的生理前提。儿童年龄越小，兴奋过程越比抑制过程占优势，兴奋就特别容易扩散，这也是小儿容易激动的生理上的原因。"一般来说，3岁以前儿童的内抑制发展得很慢，约4岁起，由于神经系统结构的发展，由于生活条件的要求，更重要的是由于语言的掌握，内抑制开始蓬勃发展起来。这就使儿童可能形成复杂、更细致的暂时联系，从而更好地分析综合外界事物，同时也使儿童有可能更好地控制、调节自己的行为，从而使自己的行为更有组织性。"[2] 但不能与学龄儿童或成人相比，从兴奋和抑制两种神经过程的关系来说，抑制的机能还是很差的，因而过久地抑制自己的行动，从事过细的作业活动，常常是儿童所不能胜任的。

学前儿童的高级神经活动的基本过程——兴奋和抑制机能都在不断

---

[1]　朱智贤：《儿童心理学》，人民教育出版社2009年版，第158页。
[2]　朱智贤：《儿童心理学》，人民教育出版社2009年版，第159页。

增强。婴儿期条件反射的形成较慢，随着神经系统结构的发展，儿童的条件反射形成得较快，并且形成后也比较稳定、巩固。学龄初期大脑机能的发展表现在：高级神经活动基本过程的兴奋和抑制机能都有了进一步的增强，诸如对外界事物进行更细致的分析综合，并且更善于调节、控制自己的行为；兴奋条件反射的发展，学龄初期儿童的兴奋条件反射比以前容易形成，潜伏期短，不易泛化，主要是内抑制机能的加强使兴奋更集中，条件反射更准确，且比较巩固；学龄期儿童能更快地形成各种抑制性的条件反射，而且形成得很牢固，从而使儿童能更好地对刺激物加以精确地分析，并能更好地支配自己的行为，学龄初期儿童内抑制的发展，同时也加强了皮质对皮下的控制，加强了儿童的心理稳定性。

在新的更加复杂的生活条件影响下，大脑的机能有显著发展。一方面大脑中的发散性逐渐让位给平稳性，标志着大脑的发展趋于成熟；另一方面把脑的各部分联系起来的联络神经纤维在大量增加，传递信息的神经纤维的髓鞘化已完成，脑神经细胞的分化机能达到了成人的水平，沟回增多、加深，兴奋和抑制过程逐步平衡，言语系统的作用有显著的提高并占据优势地位。高级中枢的髓鞘化提高了少年儿童注意的广度，提高了他们的信息加工速度。大脑结构机能的发展，为复杂的抽象思维的活动提供了物质保障，为思维活动的复杂和抽象活动提供着必要的载体支撑。生理的发展，既是理想形成的物质前提，又是心理产生的物质基础。

第二节　理想形成的心理基础

理想形成的心理基础，是以脑的发展为前提的心理的发展，也即感觉、知觉和思维的发展。心理学认为，儿童出生时不具有心理现象，只有在出生以后，才会发生心理现象。新生儿出生后 15—30 分钟，就能对环境做出强有力的反应（哭和吸吮），主要是靠无条件反射来保证他内部器官和外部条件的最初适应。条件反射是大脑皮质的活动，它是儿童心理发生的标志，是个体人的心理、意识的最原始的形态。无条件反射是条件反射的前提。

人的感觉发展。"感觉是人们通过不同的感觉器官对事物的个别属性的反映，是意识和外部世界的直接联系。"① 上述可见，感觉是心理发展的体现，但感觉也不是先天就有的，而是后天发展起来的能力。人的感觉能力从出生到少年期得到完全发展。新生儿就有无条件感觉反应，乳儿期感觉有比较迅速的发展，这表现在触觉能对刺激表示强烈的反应，婴儿用触觉探求物体以及他人和自己的身体。婴儿的嗅觉、视觉、听觉都有不同发展。学前期儿童的各种感觉（视觉、听觉和触摸觉）都在迅速地完善着，视觉体现在颜色视觉和视觉感受性的发展，听觉感受性随着年龄的增长而不断发展着，触摸觉是运动觉和皮肤觉的结合。"儿童关于物体形状，大小信号的视觉刺激物与关于物体重量信号的动觉刺激物之间形成暂时联系以后，只要看见某物的形状、大小，就可以估计出它的重量。这就有可能从简单的感觉活动过渡到复杂的知觉活动。"② 学龄初期的儿童在教学的影响下，各种心理过程都有了和学前不同的发展，这在感觉方面有明显的表现：一是视觉的发展。学龄晚期儿童一般已经能很好地辨别各种主要颜色，也能知道各种色调的细微区别，但用词来标志这些色调或根据词的指示来选出各种色调的颜色还是有困难的。研究表明，儿童视觉感受性从学前期就有很大的增长，7 岁儿童增长的速度最大。二是听觉的发展。学龄初期的儿童比学前儿童的听觉感受性有一定增长，特别是言语听觉增长比较快（声音听觉和言语

---

① 李秀林等主编：《辩证唯物主义和历史唯物主义原理》（第五版），中国人民大学出版社 2018 年版，第 255 页。

② 朱智贤：《儿童心理学》，人民教育出版社 2009 年版，第 183 页。

听觉不同）。三是运动觉（手的关节肌肉感觉）的发展。学龄初期儿童手部的关节肌肉有显著发展，但还没有成熟，肌肉的力量也在不断增加。由于学龄初期儿童手的骨骼肌肉有了一定的发展，手的关节肌肉感觉也有一定的发展，表现在动作的精确性和灵活性的日益增加上。在初中时期，初中生区别色度的精确性比小学一年级学生增加60%，而15岁前后视觉和听觉的敏感度甚至可以超过成人。区别音高的能力在不断提高，关节肌肉感觉得到高度发展。感觉是事物个别属性在人脑中的直接反映，人发展到少年时期，感觉系统的发展已经成熟，能够胜任对事物个别属性的把握。

人的知觉的发展。理想的形成在心理层面上，不仅要有感觉系统的发展，还要有知觉的发展。知觉和感觉都属于感性层面的东西，理想的形成发展不能没有对世界的感性把握，只有经过对感性世界的把握，才能进入理性的层面。"感觉是通过一定的分析器对事物个别属性的反映，而知觉则是各种分析器的协同活动而产生的复合刺激物分析综合的反映。"① （1）乳儿知觉的发展。乳儿知觉的发展，常常在视觉和运动觉协同发展时出现的手眼协调运动中表现得最为明显，即不仅看见物体，而且摆弄物体，从而认识物体的形状、大小等。有研究表明，刚出生2天的儿童就可以分辨人脸和其他模型，乳儿在两三个月时就能有物体的深度和空间知觉，3个月的儿童能够在空间关系的基础上对知觉的结构分类，如形成"上""下"的概念。"乳儿能分辨声音的大小、高低、持续时间和声源位置。新生儿能表现出这些能力，6个月时敏感性开始提高，婴儿能用声音确定物体的空间位置。研究表明，4—6个月的乳儿能用听觉信息探测相对速度和距离，6—8个月的乳儿能在黑暗条件下指向发声物体的正确方向。"② 婴儿期的视知觉不但深度知觉、客体恒常性

---

① 朱智贤：《儿童心理学》，人民教育出版社2009年版，第111页。
② 朱智贤：《儿童心理学》，人民教育出版社2009年版，第114页。

得到了进一步的巩固和提高，并且发展了颜色知觉。2—5 岁儿童对数的感知有一定顺序：辨数、认数、点数，这也即数的知觉，是指人脑对直接作用于感受器的客体的数量或数目的反映。空间知觉是人脑对物体大小、形状、方位、距离等空间特性的反映，2 岁儿童能按照语言指示选择物体的大小，能用语言说出物体的大小。在形状知觉方面，3 岁儿童可以在 0.1 秒的呈现时间下辨认形状。儿童 2 岁以后已有很多表达时间概念的词汇，到了 3 岁时，儿童的时间知觉开始清晰。3—6 岁儿童的知觉能力随着年龄的增长而提高，诸如对颜色、图形大小、上下方位、时间认知等都在发展。在整个学前期，儿童观察的目的性是发展的。研究发现，3 岁儿童的观察已带有一定的有意性；4—5 岁的儿童的观察有意性有很大的提高，能用语言表达观察目的并组织自己的感知；6 岁儿童的观察更富于目的性，能按活动的任务或完成人的要求来进行，而且能用内部言语支配调节自己的知觉活动。学前儿童对图画自由注视的平均时间随年龄的增长而不同，特别是 6 岁儿童的持续时间有显著的增加。"学前儿童观察的有意性可分为四个阶段：第一阶段 3 岁，不能接受所给予的观察任务，不随意性起主要作用；第二阶段 4—5 岁，能接受任务，主动观察，但深刻性、坚持性差；第三阶段 4—5 岁，接受任务后，开始能坚持一段时间，进行观察；第四阶段 6 岁，接受任务后，能不断分解目标，能坚持较长时间，反复进行观察。"① （2）小学儿童知觉的发展。小学一年级儿童的知觉有学前儿童的特点，无意性、情绪性在知觉过程中表现明显。在教学影响下，儿童知觉的有意性、目的性发展起来，知觉过程逐渐成为儿童所能自觉支配的过程。在教学过程中，儿童必须知道应当看什么，应当听什么，而不是随便地看和听。小学儿童知觉的有意性和目的性发展，不仅表现在选择性上，而且表现在知觉的持

---

① 朱智贤：《儿童心理学》，人民教育出版社 2009 年版，第 188 页。

续性上。（3）少年期学生知觉的发展。首先，知觉的有意性和目的性进一步提高，能自觉根据教学的要求去知觉有关的事物，并能比较稳定、长时间地知觉事物。其次，知觉的精确性和概括性进一步发展起来。最后，少年在知觉上开始出现逻辑性知觉。少年空间知觉发展带有很大的抽象性；远距离空间知觉即宏观的空间观念逐步形成；空间认知能力的结构趋于完善。少年时间知觉发展特点：能够更精确地理解一些较短的时间单位；对于各种事件或现象的时间顺序知觉逐步完善起来；开始理解一些较大的历史时间单位，但常不准确。初中生的观察力发展表现为观察活动更有目的性、计划性和系统性。（4）青年初期知觉和观察。由于学习上的要求，由于抽象逻辑思维的发展，青年学生知觉和观察水平不断提高，知觉和观察更富有目的性和系统性，更加全面和深刻，能够发现事物的本质方面和各种主要细节。知觉是客观事物直接作用于人的感觉器官，人脑对客观事物整体的反映。人的知觉系统发展到青年初期已经完善或者说成熟，因而感觉器官能够完整地反映事物。

注意的发展。注意是对事物的定向活动，是对于某些事物的指向和集中。注意是产生各种心理过程时必不可少的心理属性，没有对事物的注意，就不可能有对事物的认识。无条件的定向反射在人出生后第一个月内就可以出现，约从第三个月开始，由于条件性的定向反射的出现，儿童开始能比较集中注意某一个新鲜事物；从第五六个月起，能够比较稳定地注视某一物体。由于条件反射的建立和发展，记忆能力也初步发展起来，这时的记忆还纯粹是无意记忆，记忆表现首先是再认，五六个月的乳儿能再认妈妈，而后范围逐渐扩大。婴儿期无意注意有了进一步发展，有意注意才刚刚开始萌芽。无意注意是整个婴儿期占主导地位的注意形式，它表现在许多方面："第一，对周围事物的无意注意。2岁孩子可以注意到奶奶家窗户外面有辆自行车没有了。第二，对别人谈话的无意注意。2岁左右的孩子能留心别人的谈话，常出其不意接别人的话茬，2 岁 3 个月的孩子听到大人谈论有关他的话题，会停下来说：说我呢！2 岁的孩子不仅注意到周围不变的事物，而且对事物的变化也很敏感（诸如谁穿了新衣服）。由于语言的发展和成人的要求，也出现了有意注意的萌芽（比如能集中注意看一小会儿电视）。"① 由于儿童注意范围的扩大，因而能记忆更多的人、物和事实。2 岁以前，婴儿的记忆主要是无意记忆，还不能为了特定目的进行记忆，而最容易记住那些印象强烈或带有情绪色彩的事情。2 岁以后，婴儿的有意记忆开始萌芽，同时无意记忆进一步发展。有意记忆的萌芽是和言语的发展、词汇量的扩大直接相联系的。在这一时期，婴儿不但可以记住成人的一些简单的委托，并付诸行动，而且可以记住一些歌谣、故事等，再认的能力也得到进一步发展。在学前期，儿童的无意注意得到了高度的发展，而有意注意还在逐步形成中。在整个学前期，儿童的注意广度由小到大发展很快。学前儿童注意的稳定也有一个发展的过程，它是随着年龄的增长而提高的，但总体水平很低，学前儿童的注意分配和注意转移的能力都很差，处在形成阶段。（1）学龄初期注意的发展。我们知道，注意分为无意注意和有意注意。学前儿童无意注意有很好的发展，有意注意还在逐步形成中。儿童入学后，注意获得了本质上和学前儿童不同的新的发展。在教学的影响下，孩子的有意注意正在开始发展，无意注意仍然起着作用；儿童对抽象材料的注意正在逐步发展，而具体的直观的事物在引起儿童的注意上仍起着重大作用；整个小学期，儿童的注意经常带有情绪色彩。"5—7 岁的儿童能聚精会神地注意某一事物的时间是 15 分钟左右；7—10 岁是 20 分钟左右，10—12 岁是 25 分钟左右，12 岁以后是30 分钟。"② 注意集中性的发展：注意集中性是注意指向一定事物的聚精会神的程度。一年级儿童注意集中性还很差，中年级以上的儿童注意

---

① 朱智贤：《儿童心理学》，人民教育出版社 2009 年版，第 141 页。
② 朱智贤：《儿童心理学》，人民教育出版社 2009 年版，第 282 页。

的集中性有很大进步，高年级学生注意集中性较高（看不到观摩人）。注意稳定性和注意范围以及注意的分配和转移的发展：注意稳定性是指在一定时间内把注意集中在某一事物活动上；注意范围的发展也叫注意广度，是指在同一时间内所能知觉的客体数量；注意的分配即在同一时间内把注意分配到两种或几种不同对象或活动上，注意转移即把注意从一个对象或活动转移到另一种对象活动上。（2）小学儿童记忆的发展。记忆是过去经历过的事物在人脑中的反映，它是以暂时联系形成和留下痕迹，以及这些联系的痕迹以后在脑中的恢复为特点。如果没有记忆能力，就得每次重新去认识那些已经碰见过的事物，就不可能获得任何知识经验。小学阶段有意记忆和有意重现逐渐占主导地位；理解记忆逐渐占主导地位；词、抽象的记忆也在迅速发展。（3）初中生注意的发展。初中生能更加独立地、专心一意地去完成自己的学习任务，能有意控制调节自己的注意集中在必须注意的事物上，不为外来刺激干扰；注意的特性或品质有进一步的发展，这表现为注意的集中性和稳定性不断增长。初中生记忆的有意性进一步发展，意义记忆的能力进一步发展，词的抽象记忆能力进一步发展。（4）高中学生注意的成熟。高中阶段，人的注意已经达到了相当高的水平。注意的集中性、稳定性有了很好的发展，注意的范围已达到一般成人的水平，能够在比较复杂的活动中很好地分配自己的注意。从某种意义上说，这个阶段是人自身发展过程中注意和记忆能力最好的阶段。

思维的发展。思维是人脑对客观事物的概括、间接的反映，是客观事物的本质和规律的反映。它是人在实践活动中，在感知觉的基础上，以表象为中介，借助词、语言和过去经验实现的一种高级的心理过程。儿童刚生下来是没有思维的，他们只有先天带来的一些无条件反射。虽然在整个乳儿期，从心理的产生到心理过程的发展，确实有非常巨大的变化，但从严格意义上讲，还是没有真正思维现象的出现。乳儿期只能说是思维产生的准备期，或者最多只能是逐步出现了思维的萌芽。总之，在儿童出生后的第一年，由于动作的发展，由于感知觉的发展，由于语言的产生和经验的积累，具有一定概括性和间接性的思维活动就开始出现了，虽然只是思维的萌芽！

婴儿时期，即约从 1 岁末到 3 岁，在儿童个体及其环境条件，特别是社会和教育条件的相互作用下，产生了带有一定概括性和间接性的人的思维的萌芽。"婴儿期的思维主要是直觉行动思维。"① 这种思维与儿童的感知觉和行动密切相联系，儿童只有在感知行动中思维。儿童语言的产生和发展，也逐渐加强了这种思维的概括性和间接性。直觉行动思维是在直觉行动中进行的思维，因此，儿童只能借助自己的动作所接触的事物进行思维，而不能在感知和动作之外思考，更不能考虑自己的动作，计划自己的动作，预见动作的后果。婴儿期直觉行动思维中词的概括调节作用是逐步产生的。一般 2—2.5 岁的儿童的思维更多依赖于直观的动作，而词、语言的概括调节作用在 2—3 岁儿童的思维中才比较明显。（1）学前儿童的思维。学前儿童思维是在婴儿期思维水平基础上，在新的条件下逐步发展起来的。学前儿童思维发展有如下特点：第一，具体形象思维和初步抽象概括的可能性。具体形象思维是凭借事物的具体形象和表象，即凭借具体形象的联想来进行的，而不是凭借对事物的内在本质和关系的理解来进行的。思维的具体形象性是学前儿童思维的主要特点，但婴儿期的直观行动思维还没有彻底消失；思维的抽象逻辑性开始萌芽。小班儿童做完事才能在言语中反映出来，中班儿童是一面动作一面语言，大班儿童在行动前可以用言语表达。思维的抽象概括性和对行动的自觉调节作用是人的意识的两个基本特点。第二，最初概念的掌握。儿童最初的概念掌握与儿童最初概括的特点相联系。儿童

---

① 朱智贤：《儿童心理学》，人民教育出版社 2009 年版，第 142 页。

对某类事物进行概括，需要理解事物，要有关于事物的经验，要有相应概括的词。学前儿童概括的内容比较贫乏，一个词基本代表一个或某些具体事物的特征，而不代表某类事物的共同特征；概括的特征很多是外部的、非本质的，大多以功用性来定义事物的概念；概括的内涵往往不精确。到学前晚期，儿童才能掌握比较抽象的概念（如动物、野兽、家具等），5岁左右是学前儿童思维发展的关键期（组合差异）。最初是物概念的掌握。学前儿童首先掌握一些实物概念：小班儿童实物概念的基本内容基本代表了儿童所熟悉的某些事物；中班儿童已能够在概括水平上指出某些实物的比较突出的特征，特别是功用上的特征；大班儿童开始能指出某一实物若干特征的总和，但限于熟悉的事物。学前儿童在口头上会说出各种社会概念的名称，但水平一般。第三，抽象思维逻辑的初步发展（通过概念、判断、推理来解释事物的内在联系，本质联系的过程）。学前儿童的思维具体形象性，学前晚期开始能初步地进行抽象逻辑思维。理解就是认识或揭露事物本质的东西，它以已知的知识为前提，用已有的知识去认识新的事物、发现新的联系。儿童对事物的理解，决定于他们的知识经验水平和思维发展水平。他们从对个别事物的理解到对事物关系的理解；从主要依靠具体形象来理解到主要依靠词来说明理解；从对事物的比较简单的、表面的评价到对事物的比较复杂的、深刻的评价。第四，判断推理的发展。抽象逻辑思维主要是运用概念进行判断和推理的智力活动。判断是概念和概念之间的联系，它反映事物之间的关系（花生是果实）。判断的正确性以其是否与客观事物本身相符合为检验标准。推理是判断与判断之间的关系，是在已有判断的基础上提出新的判断，可以从一般推到特殊，也可以从特殊推到一般。所有的推理，只有当它能揭示事物之间存在的本质和规律性联系的时候，才是正确的。儿童推理表现由低到高三种水平：1级水平的儿童只能根据比较熟悉的非本质特性进行简单的推理活动；2级水平的儿童可以在提示的条件下，运用展开的方式逐步发现事物之间的本质联系，最后得出正确结论；3 级水平的儿童可以独立地运用简约的方式进行推理活动。研究发现，儿童推理过程发展的趋势是：推理内容的正确性、推理的独立性、推理过程的概括性和推理方式的简约性几个方面在逐步提高。(2) 小学儿童思维的发展。人在自己的实践活动中，首先认识事物的个别属性或某些个别事物，这就是对事物的感知。随着实践的不断深入，在感知的基础上，就能进一步认识事物的本质和规律，于是产生了思维活动。思维和感知不同，它概括和间接地反映事物的本质和规律。学前儿童思维的主要特点是思维的具体形象性以及进行初步抽象概括的可能性。"小学儿童思维的基本特点是：以具体形象思维为主要形式逐步过渡到以抽象逻辑为主要形式，但仍然是直接与感性经验相联系的，仍然具有很大成分的具体形象性。"① 在整个小学阶段，儿童的抽象思维在逐步发展，但仍带有很大具体性；儿童抽象思维的自觉性开始发展，但仍带有很大不自觉性；儿童抽象逻辑思维水平在不断提高，这是一般趋势；儿童思维发展是从一个具体形象性向抽象逻辑性逐步转化的过程，存在明显的质变期，即儿童思维发展的关键年龄是 10—11 岁。(3) 初中生思维的发展。儿童进入初中以后，教学活动要求他们掌握概念，运用概念进行合乎逻辑的判断、推理和证明，从而掌握事物存在发展的内在的规律性。初中生思维发展的特点是，抽象思维日益占主要地位，但具体形象成分仍然起着重要作用，在很大程度上还属于经验型，他们的抽象思维经常需要具体的直观的感性经验的直接支持。初中生抽象逻辑思维的发展表现在：掌握更多的抽象概念和概念系统；日益理解事物的复杂性和内在规律性；自觉地作出恰当的判断和进行合乎逻辑的推理的能力在不断发展。思维的独立性和批判性有显著的发展，但易片

---

① 朱智贤：《儿童心理学》，人民教育出版社 2009 年版，第 307 页。

面和表面化（喜欢怀疑、争论、辩驳，不轻信教师和家长以及书本上的权威）。（4）高中生思维的发展。高中生的思维具有更高的抽象性和概括性，形式逻辑思维基本成熟，开始形成辩证思维。高中生抽象思维处在由经验型水平向理论型急剧转化的过程中，他们能够用理论作指导来分析综合各种事实材料，扩大知识领域。只有高中生，才可能初步了解特殊和一般、归纳和演绎、理论和实践等对立统一的思维规律。初中生抽象逻辑思维主要属于经验型，理论思维还没有太大发展，高中生理论型的抽象逻辑思维开始发展起来。高中生的思维具有更大的组织性（有意逻辑分析）、深刻性（从本质上看问题）和批判性（喜欢争论、探求事物的根本原因），独立思考能力高度发展。到高中阶段，人的思维发展已经成熟了。

　　想象的发展。想象是心理学的范畴，而我们说的理想形成则是一个综合概念。从相当意义上说，想象就是理想，但就心理学的角度看想象，它与理想之间还是具有本质差异。想象是心理发展水平的象征，是一种能力，是理想形成的心理的最为直接的基础，而理想则是想象发展的具体指向。如果说想象是理想的形式，那么理想就是想象的内容。认识想象发展的历程，实际上就是讨论理想的形式是如何发展的。婴儿期的想象，也可以看到想象的最初形态。想象是借助词对已有表象进行的带有一定创造性的分析综合活动。"想象就是在人脑中利用原有表象形成新形象的心理过程。"[①] 新生儿没有想象，1—2 岁的儿童只有想象的萌芽，3 岁儿童的想象在游戏活动中开始形成和发展起来。婴儿期的想象水平很低，内容总是非常简单贫乏；想象经常缺乏自觉的、确定的目的，因而总是零散片断。（1）学前儿童的想象。学前儿童的想象进一步发展，这与儿童游戏活动的发展有关。在儿童的游戏，特别是创造性游

---

① 北京师范大学等四院校编：《普通心理学》，陕西人民教育出版社 1985 年版，第323 页。

戏中，要求儿童有丰富的想象。学前儿童想象中的有意性和创造性正在初步发展，但总的来说，有意性和创造性还不占主导地位。表现是，想象的主题容易变化，儿童不能按照一定目的坚持下去，很容易从一个主题转到另一个主题。例如，一会儿喜欢这个，一会儿画那个。想象有时跟现实分不清，不能区分想象的事物和现实的事物。想象具有特殊的夸大性，喜欢夸大事物的某些特征和情节。以想象过程为满足，想象常常并不指向某一一定的目的，而是以想象过程本身为满足，因而富有幻想性。在教育的影响下，学前晚期儿童想象的有意性逐渐增长起来。大班儿童不但想象内容更加丰富，而且想象的独立性和目的性也逐渐增大。想象逐渐成为一种相对独立的心理过程，并能服务于一定目的。儿童开始有可能意识到童话虽然有趣，但其中的人物故事都是虚构的。在整个学前期，创造想象正在发展，但再造想象仍占主导地位。小班儿童想象的创造性很低，基本上是重现生活中的经验。中班儿童开始有一些创造性，如游戏中能通过自己的构思来补充大人提出的主题。大班儿童对教师提出的游戏主题能通过自己的想象加以充实（如开火车游戏能提出情节和角色分配等）。学前儿童的想象是无意想象和再造想象占优势，想象的主题容易变化，想象的内容具有直观性、片断性、模仿性，而且所想象的事物常常不符合现实，以至想入非非。在正确教育的影响下，学前儿童的有意想象和创造想象，以及想象的现实性开始发展，但整个学前期想象的有意性、创造性和现实性都还不占优势。（2）小学儿童的想象。想象在人认识世界和改造世界的过程中起着重要的作用。如果没有想象，人就不可能有创造发明，不可能有任何预见。想象在儿童生活中起着重要的作用。学前儿童在游戏中，在绘画等作业中，都需要有丰富的想象。入学后，儿童要真正掌握教材，就必须有积极的想象（如阅读作文、学习数学）。对于儿童的个性发展来说，想象也极为重要，在信念、理想的形成上，想象是不可缺少的心理因素。儿童进入学校后，想象有了进一步的发展，这表现在三个方面：一是想象的有意性迅速增长。在教学过程中，教师要求儿童按照教学的目的产生符合教材内容的想象，因此，想象的有意性、目的性就迅速发展起来。二是想象中的创造成分日益增多。低年级儿童的想象还和学前儿童差不多，富于模仿性、再现性，想象的内容常常是事物的简单重现。随着儿童的语言和抽象思维的发展，想象中的创造成分便日益增多，想象也更富有逻辑性，尽管水平不高且想象总是简单而贫乏。三是想象更富于现实性。小学低年级儿童与学前儿童相近，想象常常不符合现实，中年级以上儿童在绘画的时候就能注意所画事物的完整性，而且能初步用透视关系来完成表现事物。"小学阶段儿童想象发展具有以下特点：①儿童对想象物的文字与图画描述可以划分为表象的记忆水平（一年级儿童）；表象的再造水平（三四年级典型）；表象的创造水平（五年级以上儿童）。②根据儿童对想象事物的文字描述和图画描述的匹配程度，可以把儿童的想象发展分为三种类型：文字与图形均衡发展型，文字符号型，图形符号型。"[1]（3）再造想象和创造想象的发展。"再造想象是根据某一事物的图样、图解或言语描述而在头脑中产生关于这一事物的新形象。创造想象是人们按照一定目的在头脑中独特地创造某一事物的新形象。再造想象和创造想象虽然都有一定的创造性成分，但是创造想象和再造想象比起来，具有更大的创造性，因此，创造想象是更加复杂、更富有独立性的想象。"[2] 例如，让儿童复述听过的故事是再造想象，而让儿童独立编造一个故事则是创造想象。小学儿童由于表象的积累和抽象逻辑思维的发展，不但再造想象更富于创造性成分，而且以独创性为特色的创造想象也日益发展起来。首先，一般说来，小学儿童的想象，最初具有复制和简单再现的性质，以后独立性和创造性才逐渐发展起来。随着年级的

---

[1] 朱智贤：《儿童心理学》，人民教育出版社 2009 年版，第 335 页。
[2] 朱智贤：《儿童心理学》，人民教育出版社 2009 年版，第 336 页。

升高，儿童的想象中，复制和简单再现的性质就逐渐减少，而对表象的创造性改造就日益明显，日益增多。其次，小学儿童的想象，不论是再造想象还是创造想象，最初都有很大的具体性、直观性，以后概括性、逻辑性才逐渐发展起来。在三四年级儿童所能理解的事物范围内，已经可以很少利用实物来进行想象，这就是说，他们已经可以在词的思维水平上进行想象，想象的构思已具有更大的概括性和内部逻辑性。这样，想象发展就逐步达到一个新的阶段。最后，小学儿童再造想象和创造想象发展的另一特点是：最初想象常常是不精确、不完整、不符合现实事物的，以后精确性、完整性、现实性才逐渐发展起来。（4）幻想的发展。幻想是创造想象的一种特殊形式，是一种与生活愿望相结合并指向未来的想象。很多创造性的活动常常是从幻想开始的。幻想可以是从实际出发的、鼓舞人们向上的，这是有益的幻想。但如果只想象一些荒诞的、引导人们脱离现实甚至歪曲现实的东西，就成了不切实际的幻想，或者叫作空想、梦想。学前儿童的想象由于知识经验的限制，带有较多的幻想的性质，在这种幻想中，常常把现实事物加以夸大或缩小，甚至可以使事物随意变化。而年幼儿童之所以特别喜欢童话和神仙故事，是和心理发展的这些特点有关的。初入小学的儿童，想象仍然带有幻想的性质，仍然非常喜爱童话和神仙故事，但是他们和学前儿童想象的最大不同之处在于：小学儿童虽然很喜爱童话和神仙故事，但是他们日益明确地懂得童话和神仙故事的虚构性。只是随着年级的升高，儿童对童话和神仙故事的爱好才逐步降低，而代之以更富有现实性的或结构复杂、想象丰富的文艺作品。进入青少年时期也就是初中以后，儿童的想象就进入到理想的层面。尽管在心理学层面的想象是理想形成的基础，但这个时候的想象本身就集中在理想上面，或者是发展到了理想的境界。想象作为一种能力的发展，抑或作为一种形式的因素，在事实上是存在的，只是在进入初中之前已经成熟了，无论是再造想象还是创造想象，都是如此。从事实的角度上说，这时理想的发展已经取代了想象的位置，所以这里也就不再进行详细论述。想象与表象也是有关联的，表象是回忆到的事物的形象，"表象既可能是我们曾直接感知过的事物的形象，也可能是我们未曾直接感知过的事物的形象"①。前一种属于回忆的表象，后一种属于想象的表象。人的大脑所以能够创造出未曾知觉过的事物的形象，所以能够进行想象，是因为知觉知觉过其他各种事物，在记忆中保存着这些事物的形象，通过大脑的活动，就可以创造出未曾知觉过的事物的形象。人的想象不仅可以创造出未曾知觉过的事物的形象，而且可以创造出未曾存在过的事物的形象，而这未曾知觉过的形象就是想象。

第三节　理想形成的实践基础

实践是人的存在方式，理想是实践的产物。运动是物质存在的根本方式，这是说只要是物质就有运动，而运动也是物质的运动，说没有运动的物质与没有物质的运动一样荒唐。实践是人的存在方式，实践是人存在的本质，它是人能动地认识世界和改造世界的客观物质活动。人只要存在，就要从事实践活动，所谓的活着，就是人在活动着，也就是在实践着。人的实践活动，无论认识世界也好，改造世界也好，都是为了满足人自身的需要，没有实践活动，就无法满足人作为人的需要。即便是动物，只要存在，就要有活动，只不过动物的活动是本能的活动，不像人的活动有目的、有计划，尤其是可以改造世界服务于人的存在发展因而可以称为实践。理想既是实践的产物，也是以实践为目的追求即在现实中实践和实现它。我们在阐释理想概念时指出：理想是基于现实和

---

① 杨清：《心理学概论》，吉林人民出版社 1983 年版，第 273 页。

想象，确立的指向未来的有可能实现的奋斗目标。这里的现实，就是指现实的实践发展水平和实践能力。理想是实践的产物，理想的形成不能离开实践。理想在本质上属于想象，而想象不过是在现实刺激影响下，在头脑里对旧形象加工改造，形成新形象的过程。所有的根据原有的素材在大脑中形成新形象的过程，都属于想象过程，这是大脑对旧形象加工改造而形成的新形象。理想是以现实为基础，借助想象的翅膀对未来的设计和构想，它以生理的发展为前提，以心理的发展为基础，同时也不能离开实践的基础。想象是在当前实践任务的要求下，在过去感知材料的基础上产生的，想象过程中所产生的形象虽然既不是当前的事物的形象，也不是曾经感知过的事物的形象，但不等于说想象可以离开实践经验和知识基础，不等于它不是客观现实的反映。一个生来就双明失明的人，他不会想象出颜色的表象，生来就耳聋的人同样也不会有声音的表象。洛克的白板说认为，人生来的意识就像白板一样，什么都没有，它的一切内容都是后天经验获得的。想象是后天获得的，是在后天的实践中获得的，是在后天的劳动过程中发生和发展起来的。人们为了满足生活需要，就必须改造周围的环境，在改造世界的劳动之前，必须在头脑中预想出劳动的过程和结果。科学家、发明家和文学作家，他们的大胆假设和新作品的创作，也是从现实生活中取材的，客观现实是想象的源泉和内容，这里的现实既是现状也是现实的实践。生产力发展水平不同，社会实践的广度与深度不同，人们的愿望、追求目标——理想就不一样，这说明生产力的发展水平决定了理想的发展程度，并且也受社会生产关系所制约，不同社会制度决定着人们想象的不同方向和内容。想象作为思维的一种形式，作为人的一种能力，需要在实践的基础上形成素材。没有实践作为基础，想象即理想的能力不能发展，理想的内容也无法确定。

　　理想形成的基础性实践。理想形成的基础性实践，是单指儿童学习过程的实践，把它说成基础性实践，一是强调它是最先开始的实践；二是突出它在实践中的基础地位，诸如人在学前和学龄阶段的学习和生活实践。理想以实践为基础，强调的是理想并非凭空产生，而是要在实践的基础上产生，没有实践就不会产生理想。因为实践是人的存在本质，一方面人不实践意味着人就没有了存在，没有了存在自然就没有了理想；另一方面人不实践也不会提出理想，没有实践就不知道社会需要什么，自己能做什么，自己需要什么。这里的实践，包含着丰富的内容：既有认识世界的实践，也有改造世界的实践；既有自我的实践，也有社会的实践；既有实践能力的提升，也有实践能力的期待。而这些往往都是聚合在一起的，比如，人认识世界的实践和实践能力的提升是一个过程，是在一面认识世界一面提升自己的实践能力。再比如，人是一面提升自己的实践能力一面确立自己的理想并尝试实践自己的理想，人既认识自然的我和社会的我，也认识社会的实践。还比如，认识自然与认识社会往往也统一于一个过程中。因而下面的论述只是相对区分实践的内容。正如上面所述，儿童是通过积极的活动形成和发展着自己的心理，同时已形成的心理又反过来调节以后的活动。人类有意识的活动就是实践，而活动是由动作组成的。人出生的第一年被称为乳儿期，在这个时间里，人类特有的手的动作和直立行走出现，这成为人和动物的本质区别。动物出生后不久，动作能力就有很好的发展，可以自由行动，比如角马出生后不久就要站立、行走和奔跑。而人的动作诸如手的动作、爬和行走的动作，都发展得较晚，因为人的手和行走的动作，是在大脑皮质的直接参与和控制下发展起来的。"儿童大约在出生三个月以后，手就有不随意的抚摸动作（被褥、玩具或亲人、自己的小手），第五个月时，手的动作带有了随意性。儿童出生半年开始，手的动作有进一步发展：儿童逐渐学会拇指与其他四指对立的抓握动作（人类操作物体的典型方式）；儿童在抓握动作的过程中，逐步形成眼和手联合的协调运动，并且会不断发展，但在整个乳儿期，儿童还不能有目的有计划、有预见性地随意动作。"① 儿童行走动作的发展对儿童心理发展的意义非常巨大，民间的三翻身、六坐着、八九个月开始爬就是这个时期的写照，儿童在一周岁的时候可能开始行走。婴儿的行走动作、技巧与乳儿相比有很大进步，一岁半的儿童有些可以走得很好，有些要差一些，但一般都能行走，且走得好是总体趋势。在满 2 岁的时候，儿童就能掌握行走的技巧，在平坦的道路上行走达到自动化的程度。在 2—3 岁的时候，儿童不但学会了行走，而且学会了跳、跑，攀登阶梯，越过小的障碍物等复杂的动作。在婴儿时期，通过成人的反复示范和儿童的模仿，儿童逐步学会了熟练地玩弄和运用某些物体的动作和能力，如用茶杯喝水、用匙子吃东西、自己穿衣服等。这一时期，儿童运用物体动作的能力获得进一步发展，可以掌握更加复杂、准确而灵巧的动作，使手开始成为使用工具的工具，诸如搭积木等；由于儿童能够自由地行动，并且逐步获得了运用物体的动作的能力，因而儿童独立行动的倾向日益明显起来，具体表现在我的意识发展起来，如我要自己吃，我要自己来。儿童在这个时期有了实践活动的萌芽，这具体表现在两个方面：一方面是原始性质的游戏，诸如把布娃娃当作现实中的娃娃喂饭吃，让布娃娃睡觉等；另一方面是劳动的萌芽，这一时期的儿童能够做一些简单的劳动，诸如与自己生活相关和接近的洗手以及用品搬动等活动。从 3 岁到上学这段时间的儿童一般被称为幼儿或者学前儿童，这一时期的儿童在行走动作和运用物体方面的动作都比婴儿期的儿童有很大提高，婴儿期儿童掌握了跑和跳的技巧，幼儿期儿童表现在能够准确地抛出物体并能准确地拿回它和精细动作的协调。微小动作的适应性发展表现在抛物的发展和接球的方法，一般认为 2 岁的儿童开始有意地抛出物体，3 岁的儿童会根

① 朱智贤：《儿童心理学》，人民教育出版社 2009 年版，第 100 页。

据物体大小决定使用的力量，比如在接地滚球的时候早早地伸开双臂等待，而 4 岁的儿童则是球到跟前才伸手接球。精细动作的协调主要体现在绘画技能的发展中，5 岁前儿童绘画是无描述性的或前描述性的即象征期，而 7 岁前儿童这一时期的绘画是描述性的即意象期前期。在象征期的儿童或者是乱画或者是有意表达什么但没有能力；描述性绘画时的儿童可以自如地熟练地绘画而不是胡乱画了，但在比例上还不够协调。在使用筷子的能力上 5 岁前儿童的机能提高迅速。我们一般把社会实践活动分为三种：一是改造自然的活动，人类为了生存和发展就不能仅仅是像动物那样适应自然，因而要在适应的前提下按照自己的需要和能力，努力使自然界服务于自己生存发展的需要，并且尽可能地按照自己的意图进行实践，这也就是改造。"人要生存就需要改造世界，按照人的方式创造世界。"[1] 二是改造社会的实践活动，也就是处理人与人之间关系的活动，也即调整变革生产关系使之适应生产力的发展。三是科学实验，它是服务于前两种实践活动的实践。显然，儿童的实践活动由于身心发展条件的限制，它不属于如上三种实践活动，但它也有自己的形式特点，学前儿童最初只能进行游戏或学习为主导形式的社会实践活动。游戏诸如"机能游戏，即简单重复地移动自己的身体或反复地摆弄某物体；建筑游戏，即为了建成某些东西而对物体进行操作的游戏；假装游戏，即既与现实相似又充满戏剧色彩的游戏活动；规则游戏：按照一定规则进行的游戏"[2]。幼儿也即学前儿童，一般划分为小班、中班和大班，这也是根据实践能力水平进行的一种划分，他们在游戏、劳动和学习活动等方面存在一定差异。比如，小班的游戏主题更多是反映一些日常生活的琐事，诸如运用物体等；中班儿童的游戏经常反映成人的社

---

① 李秀林等主编：《辩证唯物主义和历史唯物主义原理》（第五版），中国人民大学出版社 2018 年版，第 231 页。

② 朱智贤：《儿童心理学》，人民教育出版社 2009 年版，第 165 页。

会生产活动和人们之间一般的社会关系，如过家家、开汽车等；大班儿童的游戏总是力图反映成人活动的意义，如医院游戏等。小班儿童满足于医疗用具；中班儿童则关注护士和病人的关系；大班儿童善于反映社会活动的意义，如医生对病人的关怀。游戏是学前儿童实践的主要形式。学前儿童的劳动有自我服务式的劳动，像穿衣服、洗脸洗手等，家庭和幼儿园的值日和家庭简单劳动，也有浇花、扫地等。劳动一是锻炼儿童的动手和思维能力，二是为认识社会和生活奠定基础。幼儿阶段的学习，主要是故事、音乐、美工、简单计算和拼音写字练习，目的是为学校学习奠定基础，真正的学习是从学校生活开始的。学生进入学校以后，游戏不再是主导活动，游戏的目的是为教育教学服务。学龄初期儿童的游戏有创造性游戏、教学游戏、活动性游戏。学校生活开始后，学习成为学生的主要内容。作为理想形成基础的实践，需要儿童自身能力的发展。从一般意义上说，儿童在进入初中学习阶段后，他们的这种能力基本成熟，欠缺的只是技术上的训练和经验上的积累。也就是说，儿童实践能力作为基础性的发展，在这个时期已经完成。就基础性实践而言，实际上还包括对自然社会的认识，而这个认识，都是在实践中认识的，认识和实践往往就是一个过程，即便学校的学习也是如此。关于一般意义上的生产实践、社会实践和科学实验的实践，笔者都把它列在基础实践之中。由于这里所说的理想的实践基础，是理想形成的实践基础，因而下面的论述主要围绕着理想形成的维度展开。而就实践而言，又包括认识世界和改造世界两个方面，尽管二者往往统一于一个过程中，但为了论述清楚和方便起见，下面的论述还是从认识理想的实践和实践理想的实践两个方面展开。

认识理想的实践。电视剧《幸福触手可及》中有这样一句话：认清现实，才有资格谈理想。认识理想的实践，也就是认识现实，是认识理想的现实；只有认识理想的现实，才能去谈实践理想。认识理想的现实，包括如下几个方面：

其一，认识理想及其意义。认识是实践的先导，认识也是一种实践活动。理想及其意义的认识有两个途径：一是日常的途径，家长、学校在日常组织的带有教育性质的活动中，进行的认识理想及其意义的活动，这往往表现为学习励志互动。二是课堂教学的认识理想及其意义的活动。课堂教学自身又有两种不同情况：一方面是负有进行理想教育责任的思政课堂教学，比如初中一年级和三年级的道德法治课中都有关于理想的内容，这方面的教育主要是认识理想及其意义。另一方面是课程思政教学相关的理想教育，也就是专业课当中的理想教育。专业课堂的理想教育有时是采取隐蔽的方式在不知不觉中进行的教育，诸如专业课中涉及的英雄楷模和先进事迹等，都是潜在的认识理想及其意义的教育。这种认识理想的实践活动，要认识的内容包括理想是什么，它是奋斗目标又不仅仅是奋斗目标，理想为什么也即人为什么有理想，理想对人有怎样的价值。人们确立理想的前提基础，就是不仅要知道理想是什么，人为什么有理想，而且还要知道理想最内在的本质是什么，理想对于人生过程有怎样的意义和价值。认识这些，才可能去确立自己的理想目标，没有对这些的认识，就不会有亲近理想、追逐理想的行动。我们承认，一般情况下，基于人自在的事实，基于人的本性，人也会追逐奋斗目标，但与理性认知前提下确立理想奋斗目标的深度和广度是不一样的。认识理想，还要对理想的种类特点有所把握，毕竟确立的理想是多维的。

其二，认识理想的典型示范。在追逐理想的道路上，总是有成功的典型事例，这对于人们认识理想的意义价值具有重要作用，同时，对于激励人们确立理想进而努力奋斗具有非常重要的价值。人们认识理想的典范，既要认识理想典型为理想目标而奋斗所取得的结果，也要认识理想典型为理想形成的过程，更要认识理想典型确立的理想本身。理想的典型包括成功的、有成果的、有影响的人物，他们成功是因为他们有明确的目标，能够为理想目标的实现而坚持不懈地奋斗，同时他们取得的成果也与他们自身的兴趣爱好及事业的关联度。认识理想的典范作用，既可以在学习认识理想意义和价值中去找寻，也可以单独去发现理想的典型事例。"新生活是从选定方向开始"的故事之所以流传那么广、时间那么长，就是因为它典型地示范了理想所具有的意义，也包括比赛尔人追逐理想的过程。理想的典型也存在负面的典型，所谓负面的典型是指两类情况，一是有理想不去奋斗而影响发展的情况，二是没有理想目标影响发展的情况。还有一种情况就是理想目标脱离自己的实际，尽管也做过努力，但终因目标与自己之间存在较大距离而没有成功。认识理想的典型，无论是正面的典型还是负面的例子，目的都是看清理想对人的意义，有理想有追求才会成功，有理想不去奋斗也不会成功，同时，有理想能奋斗，但如果理想不够现实也是不能实现的。认识理想的典型示范，是为了让典型来激励自己确立理想并为之奋斗。学习别人，认识隔壁家的孩子，是为了激励自己。

其三，认识理想的现实需要。理想的实践基础，从认识理想实践的角度看，要认识理想的现实需要。理想的现实需要，既是指如意的现实需要，也是指现实中需要怎样的理想。理想虽然是个人的理想，但个人的理想属于社会理想范畴，这是由人的社会性决定的。一个人要想确立自己的理想，要想把理想变成现实，最基本的条件就是要知道现实需要什么，在现实的需要中筛选出个人的理想目标。因为人是社会中的人，他无法离开社会，他所选择的奋斗目标一定是基于社会现实所选择的，没有社会现实的存在，他就什么都无法选择。并且，人自己就是社会存在的构成，没有社会存在也就意味着自己也不存在，何谈选择！认识现实需要，就要把握现实，这个现实就是现实生产力发展的水平，现实的精神世界发展水平，只有把握这样的现实，才可以在这个现实中找到现实的需要。"人们总是在一定的物质生活基础上去构筑自己的理想，也总是凭借自己所能掌握的物质力量去实现自己的理想。"① 现实需要是和现实密切相连的，现实就是现实的物质世界的发展水平，现实需要就是在现实的基础上产生的需要，现实产生的需要既是因为现实所需，也是因为现实具有实现的物质和精神力量。这两者是确立理想和实现理想不可忽略的现实。认识现实的需要，还意味着现实中我的现实。我的现实是指在社会现实中自我发展的实际，这个实际就是自己的"生产力"，也即能力素质发展水平。社会的现实发展水平中存在发展不平衡现象，一个社会在任何时候都不会绝对平衡地发展，同样是现代中国，有发达地区、欠发达地区之分，就人群而言，人与人之间由于各种因素和条件，诸如家庭经济能力等，致使有的人发展状态较好，有的人发展水平一般，除社会性因素导致的差异以外，先天和后天造成的人的遗传因素的差异也是客观存在。所以认识现实需要，一方面要把握社会的现实和需要，另一方面要把握自我的现实水平。认识了现实这个基础，才可能去谈未来的现实也即理想。认识现实需要，是认识理想实践基础的重要支撑，万不可以为理想指向未来、超越现实而无须观照现实。

其四，认识自我的追求。认识实践，包括认识客观世界，认识自我。就难度而言，认识自我是最难的了。因为客观世界是客观存在，也是人相对的存在，人有机会有条件去认识它。但认识自我则不是一件容易的事，尤其是认识自我的追求。高考结束后，人们总要面对选择，即要选择怎样的学校怎样的专业。在可选择的范围内，人们在做出选择时往往陷入困境，一方面是自己对学校和专业缺少深入了解，另一方面是对自己到底适合什么喜欢什么产生困惑。不少人在走进大学后发现自己面对的学校和专业并不是自己发自内心喜欢的，以至于引不起学习情趣

---

① 胡潇：《理想与现实的沉思》，湖南人民出版社 1986 年版，第 82 页。

最后不得不放弃学业重新选择。由浙江大学保送到清华大学硕博连读的刘立早，就是因为对自己的追求和能力认识把握不清楚，不得已在硕博连读一年后重新选择专业（重新参加高考）。而现在的应试型的高考，使学生很少有机会思考自己真正喜欢什么，这真是认识理想实践中的一个难题。从这样的角度看，价值澄清理论倒是给了我们启示，喜欢什么、追求什么要在能够选择时多多进行尝试，以便在需要做出选择的关键时刻做出正确选择。做出选择是在独立自由的背景下对自己的未来发展所做出的决定，前提是可以选择，但选择是在一定范围内的选择，不是绝对性的自由选择，只是相对自由的选择，但无论怎样选择，选择的后果都要由选择者自我承担。所以，对于选择者而言，必须认真对待选择。认真就是要知道自己到底追求什么，自己需要什么，自己喜欢什么。这种选择就是要在未来的世界中，把自己塑造成自己选择和设想的人。最擅长的也许就是自己最喜欢的，发现自己哪些方面是优于其他方面的，这是通过在自己身上的比较找出自己的优长发展方向；在与别人的对比中发现自己的追求，人的优秀与否是一个相对概念，是与别人对比中存在的，有时在与自身对比中并不优长的方面才能，或许在与他人的对比中就成为长处，因而与他人对比也是发现自己追求可以使用的办法。当然这两种对比也并非绝对能够发现自己真正的追求，但努力发现自己的追求是认识自我必须面对、必须清楚的问题。

　　实践理想的尝试性实践。有句话常挂在嘴边，这就是"永远在路上"。理想的实践基础，可以有多种理解，其中最重要的是指理想的确立一定是在实践的基础之上。这个实践基础之上，在讨论理想的特性时已经论及过，意即只有经过实践的过程才能确立自己的理想，没有实践的过程为基础，就无法确立自己的理想。为什么确立理想必须经过实践呢？这不是因为别的什么，而是因为理想就是要实践的，只有经过实践的过程才能知道自己需要什么理想，自己能够实现什么理想，社会需要什么理想。在认识理想的实践中，我们论及了认识理想的内容，这里将对理想的实践展开讨论。

实践理想的经验。经验有通过实践过程得到知识或技能的含义，也有经历和体验的意味。这里的经验既有知识的意思，又有经历体验的韵味。人什么时间开始有理想的萌芽，开始追逐理想的，这应该没有一个统一的时间模式。一般都把理想视为青少年的专利，青少年时期是最富有理想的时期，这在教育的体系中能够得到间接证明。在现在的教育内容体系中，理想教育的内容被安排在初中时段，无论是自强要有理想，还是少年有梦中的梦想是青少年的生命主题，抑或放飞理想选择希望人生，我们的梦想与共圆中国梦，都是在初中出现的，这可以印证初中是人生初步确立理想的阶段。这是从课本上，而现实中进入初中学习阶段之后，学习的选拔性就体现出来，因为涉及中考，要经过中考才能进入更高一级学校学习，而小学升入初中不用选拔考试。中考对每一个学生而言，非常具有现实意义，进入好一些的高中，在人们的经验中离进入更高一级学校即大学更近了，如果不能进入理想的高中，面对的前景一般就是职业高中和职业院校。尽管职业高中之类的学校也是具有光辉前景的，但现实是只要存在升学的选拔性，它与中考优势学校的优劣还是非常明显的，尽管有李先俊从重庆大学毕业又考湖北中医药高等专科学校的例子，也有北京大学学生自动转入职业技术学院的事实，但这些都不足以否定升学选择的一般意义。假如不是通过考试而是进行自主选择，那倒能够说明自主选择的意义。由中学三年而后进入职业高中或者优势高中，这一方面证明自己的选择，另一方面印证自己的学习能力。同时，更为现实的是证明人在追逐理想的道路上，自己实践理想的经历和经验。人在经历中考以及高考后，无论是身处何种境地，都清楚自己是怎么走过来的，都经历了什么，在这一过程中必然有自己的经验。即便中考失败后或主动选择就业的人，也会有自己的经历和经验可以总结。一是自己是如何走向现实的，在走向现实的过程中具有理想性质的目标发挥了怎样的作用，自己为了实现目标做了哪些努力，在实现目标的过程中有哪些经验和不足；二是他人是如何追逐目标、实现目标的。"隔壁家的孩子"也是自己最近的同伴，有的实现理想了，有的失落了，他们各自的原因是什么？是缺少目标还是在实现目标过程中奋斗精神不足，抑或是目标奋斗都不缺少只是缺少科学的方法？这些经历和经验对于理想也即终极奋斗目标的选择和确立提供了参考借鉴，有的是强化有的是弱化，强化的是经验中肯定的内容，弱化的则是那些影响前进发展和影响目标实现的不足。当然，这其中的经验也有前面论及的典型示范的内容，他们成功的经验既是现实也是经验借鉴。理想的确立应该是在这样的经验基础之上的，而实际上每个确立理想目标的人都有自己经历过的经验，这是确立理想的核心性基础。

实践理想的能力。能力一般是指实现某种活动某种工作的主观条件，它既指完成已有或现有工作的水平要求，也指在现有工作水平基础上的潜在能力。一般我们说谁有能力，一定是通过他在某些方面有工作或活动成就来证明，而这个能力预示着他可以胜任未来的新的工作。这里的实践理想的能力，就是指人们在确立理想之前的实践能力，是在学习中所体现出来的能力。在实践理想的经验中，在某种意义上隐含着理想的实践能力。比如，升入中学的学生，在经过中考进入高中的时候面临选拔，侧面反映了学习的能力，在这些能力当中可能有综合能力的体现，也有某些专科能力的体现，甚至于还有某些专长能力的体现。尤其是高中阶段的学习，不断的月考、期中期末和模拟考试，呈现的考试成绩，让学生面对各科学业时反观出自己的学科能力，在与同学的对比中来发现自己的能力，在自己面对未来的选择中可见自己的能力。而一般的社会角色选择理想目标之前，总会有自己的实践基础或者实践领域，也就是说现实中总要做事，做事的成效和水平就是自己构化未来的基础。由现实出发，这个现实是什么？这个现实不仅仅是现实面对的形势，更重要的是自己现实积累的基础。任何一个人的潜力都是通过以往的成就所体现出来的，很难想象，一个从来没有做出过成就的人且也没有任何准备和积累的人会一飞冲天。"人们在自己生活的现实中直观现实中的自身，在自己的实践中直观实践中的自身，在自己与他人的相互影响中直观影响他人和受他人影响的自身，实质上是人们在实践中改造现实的过程中，对现实的自己和对自己的现实在观念上的双重总结。人们在这种关于自己和自己面临现实的观念性总结中，必然会做出改造自我和改造外部现实的规划和预想。"① 这反过来的表达就是，人们对自己未来进行规划和构想的时候，必然以自己经验中展示的能力为基础，离开对现实中自我能力的把握，对未来的任何构想都将是空想和幻想。尽管现实的基础未必能够胜任未来的构想，构想的未来也未必与现实展示的能力有多少契合，甚至离题万里，但没有现实的能力支持，对未来的构想一定像高楼建在沙滩一样不可靠。总结经验的意义是什么？就是看我们以往所展现的能力和取得的成就。我们讲的中华民族伟大复兴是什么？就是我们过去有过辉煌，有能力辉煌，我们才自信在未来一定能够复兴。是总结，也是反思！在看到能力的同时，也一定会发现问题和不足。在以往实践中展示的能力，是建构未来理想的能力基础。

实践理想的价值。在认识理想的实践中，论及过认识现实需要，认识自我的追求；在尝试理想的实践中，也论及了实践理想的能力。认识理想的实践是为了实践理想或者确立理想。这里将对实践理想的价值进行论述。尝试实践理想与认识理想的实践，是理想形成的实践基础的两个基本方面，它是哲学上认识世界和改造世界的特殊化表现形式。实践理想的价值意在阐释在尝试实践理想的过程中，自我的能力、自我的需

---

① 胡潇：《理想与现实的沉思》，湖南人民出版社 1986 年版，第 79 页。

要实现的程度对自我及社会的满足程度。无论是认识理想的实践，还是实践理想的尝试，都属于实践范畴。实践就是为了满足需要的活动，而价值就是作为客体的实践活动对主体需要的满足。学习活动、认识理想都是实践活动，而实践理想的尝试也是实践，这种实践活动对实践主体自身和社会有怎样的价值，是说这种实践满足了自我和社会的哪些需要。按照马斯洛的需要层次说，实现自我是最高的需要，这里的实现无非是自我的价值和社会价值。人所做的一切都是为了实现自我的价值，一方面是自我对自我的价值，另一方面是自我对社会的价值。"个人的自我价值表现为他自己满足自己、丰富和发展自己。"① 而个人的社会价值必然是个人对社会的满足和贡献。个人认识和实践理想的尝试，是如何体现为价值实现的？首先，个人在社会现实中追逐理想的尝试，表现为自己在发展进步上取得的成果和成就，这对一般人而言，就是在学业上取得的成就，而对特殊人群来说可能来自工作实践取得的成就。北大女生宋玺护航亚丁湾，既是在学业中，又是在奉献社会实践中实现自我价值。这种成就或成果就现实来说，实现自我满足自我的价值还具有潜在性，但就是这种潜在性也会让自我满足，自己可以让自己的能力得到发挥，使自己具有成就感。其次，是个人在社会现实中取得的成就成果对社会需要发展的满足，使它具有了社会价值。个人在发展的历程中取得的成就具有社会价值，这体现在个人属于社会的成员，个人取得的成就就是社会所期待的、所需要的，那句"青年有理想、有本领、有担当，国家就有前途，民族就有希望"，说的就是这样的道理。每个公民都有成就呈现给国家且都具有社会价值，国家才会有美好的前景。个人的社会价值和自我价值，都体现在个人的发展奋斗中。当自我取得的成就让自己感到满意，会使自己信心满满去开始新的奋斗，个人对社会的

---

① 李德顺：《新价值论》，云南人民出版社 2004 年版，第 154 页。

价值被社会所认可报答，也会强化个人努力为社会去奋斗发展自我。总之，个人努力奋斗取得的成果，让自我满足，让社会满足，对于确立理想奋斗目标，都是坚实的实践基础。

如上从理想形成的基础性实践、认识理想的实践、尝试理想的实践，构成了理想形成的实践基础。基础性实践从基础能力发展和一般实践的角度为理想形成奠定基础，而认识理想的实践和实践理想的尝试则是从理想形成本身的角度展开的论述，前者体现出一般的基础性实践，后者反映了理想形成的具体性实践也即直接关系理想形成的实践基础。这些具体性的实践直接关系到理想的形成。

第三章　理想形成的机理

　　理想的本质及形成机理的研究最核心的部分，就是理想形成机理的研究，论述理想的本质和理想形成的基础，都是服务于理想形成的机理，也即理想作为人追求的终极奋斗目标是如何形成的，它的形成在主观上具有哪些要素，它在客观上要受到哪些影响，它形成的过程是怎样的一个过程。研究理想形成的机理，必须给出一个图式。然而，由于人的多样性，人的理想追求多样性，人形成理想的过程和影响因素都是不一样的。有的人很小的时候就有了自己朦胧的奋斗目标，最后一直坚持形成了最终的理想目标；有的人是大器晚成，很晚才有自己明确的奋斗目标；有的人受到家庭的影响形成了自己的理想目标；有的人或许就是无意间听到了陌生人的一句话形成了自己的奋斗目标；有的人是在正规的学校教育中形成自己理想目标的；有的人是在走入工作岗位之后才确立目标的，诸如初中毕业后就业或者进入职业技校后才确立明确奋斗目标。即便如此，在诸多的形成理想过程及其影响因素当中，必然有形成理想的共同性机理。这些共同性机理，也就是形成理想的一般性原理，它是理想形成机理的抽象概括。认识理想形成的机理，一方面体现为我们对客观事物的探究追求，认识事物的"真面目"；另一方面探究这个形成机理还是服务于现实生活的需要，也即为理想教育和理想的培育奠定基础。

第一节　社会环境制约影响理想目标形成

人的理想形成以社会需要为前提，受社会发展水平制约。人要认识、适应、改造自然。人来到世界上，直接面对的是两个现实：一个是现实的自然；另一个现实的社会。现实的自然，是指自身所处的地理位置、气候条件、资源状况等，这是人必须要面对且无法选择的现实。人只有适应这样的条件才能生存，而且只有首先适应才能生存下去。人是具有能动精神的高级存在，人不能满足于现实的环境条件所恩赐的一切，人要改变环境条件，以使自己不仅生存而且能有更好的生活条件。而要改变，也必须在适应现实、认识现实的基础上进行。人改变自然的过程，实际上也就是改变自我的过程，是改变自我能力、改变自我追求的过程。自然的改造，要遵循自然运行的规律，否则只有失败的结果。人类面对的自然，对人类自身的发展有很大的制约影响作用，历史上形成的"环境决定论"，就是看到了自然对人的影响甚至决定的一面，而忽略了人自身的能动精神。无论如何，人要生存和发展，都要面对自然，适应自然，在适应的基础上寻求发展。只适应不发展，那是动物的生存模式，而人则要改变自然，就要认识自然，适应自然，改造自然。人类发展的历史，就是不断认识自然、不断适应自然、不断改造自然的过程。自然以其强大的力量，限制人类的发展，但人类总是不断打破自然的限制获得不断发展的空间。人要认识社会，适应社会生活，在适应中寻求发展。人不仅要面对现实的自然，而且要面对现实的社会。现实的社会一是指现实社会的生产力发展水平，也就是人类战胜征服自然的能力；二是指现实的社会关系，也即人们如何组织生产和社会生活的。人来到世界上，社会的现实是人直接面对的，这是无法选择的。像人类适应自然一样，人也要先适应社会现实才能生存。任何一个人所面对的社会现实，都是人类社会适应与发展的现实结果。"现实，是人民在社会实践中面对的客观存在，是人类的实践活动和认识活动的客观条件。当它作为人类实践活动的历史产物时，既凝结着前人和今人的理想，又经过人们的实践，制约和推动理想的发展。"① 人在社会生活中的适应过程，是一个不断认识社会、不断认识自我的过程，认识社会和认识自我的目的虽然具有适应的工具取向，但更为根本的是在认识社会现实中发展的需要，认识社会该如何改造自然打破自然界的束缚，实现人的发展；同时认识社会，也要改造人类自身的生产力以及与之相适应的社会关系。人类认识改造自然和改造社会的活动，体现的是人类所具有的主观能动精神，这一方面表现为这种活动的计划性目的性追求，另一方面体现的是人不满足现实超越自我的发展追求。而人类改造自然的现实也好，改造现实的社会也好，都是要在认识自然、认识社会的基础上，遵循自然和社会自身运行的规律，才能达到目的要求。人寻求发展的追求，既是为了让自然和社会给人的生存发展创造更好的空间，让生活更美好；也是为了让自身蕴含和积累的能量得到释放，实现自我超越。这既是需要的呼唤，也是客观的制约，更是现实的影响。人追求理想不能脱离社会现实发展的实际。人确立理想，明确奋斗目标，这是人类改造自然和改造社会的需要，也是改造自然和改造社会的追求。然而，任何改造社会、改造自然的追求，无论多么高尚远大，都要受到社会现实的制约，这个现实的制约就是现实的社会生产力发展水平的制约，也包括现实的社会生产关系所能够接纳的水平。从目标追求的能力上说，人是不可能超越社会现实需要和可能去提出奋斗目标的，也不可能脱离社会生产力发展水平的实际去追求奋斗目标。当我们论及理想

---

① 胡潇：《理想与现实的沉思》，湖南人民出版社 1986 年版，第 1 页。

的现实性和理想的时代性时，强调的是不同时代有不同的目标追求，不同时代的目标追求体现出不同时代的特色。在人们目标追求上，不仅对象着人们的需要和追求，同时也对象着现实社会的发展水平。通过人们的目标追求，可以反观到社会的发展水平。人们追求的目标，一定是以现实为基点构筑起来的奋斗目标。现实需要是一个大的前提，没有需要就没有行动，没有实现目标改造自然、改造社会的需要，就不会有追逐理想的行动。同时，现实也客观制约着理想目标确立的高度。超越现实的需要和现实提供的可能而确立起来的奋斗目标，不是空想就是幻想，也是不能实现的目标。人的理想形成，是人的主观能动精神的体现，是人对象化展现自我能力的体现，但对需要的认识和对现实制约的认识，也是人的主观能动精神的体现。无论是计划性、目的性还是创造性，都要基于现实和可能。在现实和可能之间，还包括自我能力的现实：一是对目标现实性把握的能力；二是自我实现目标能力的判断；三是对实现目标过程意志品质的把握。一个人有没有理想，有没有明确的奋斗目标，有没有实现理想的能力，有没有实现理想目标需要的意志品质，是自我现实的体现，也包含在社会需要和现实发展水平制约当中。毕竟个人是属于社会的，个人的能力和发展水平就归属在社会发展水平之中，并且，个人的理想形成和实践理想的能力，也是社会发展能力水平的体现。从理想形成的个体性角度看，它最终要靠自我在社会中实践才能实现，既是要在社会中实现，也最终是为了社会而实现，进而也只能在社会中实现。把个人胜任理想的能力，纳入社会现实发展水平当中，这既体现了理想形成的社会性，也彰显了社会发展水平的容含量。可见，理想就是现实需要和受现实可能制约的奋斗目标。也就是说，一个人形成自己的理想，一是基于社会的需要，社会需要才是理想形成的根；二是理想是对现实的超越，但又受现实制约，不可能随心所欲地确定自己的奋斗目标。

　　人的理想在生活环境影响下形成。人是社会中的人，人总是生活在一定的社会环境中，而一定的社会生活环境都是由人构成的，不同的人有不同的工作岗位，有不同的职业修养和道德修养，也有不同的人生追求和行为方式，这些就构成了一个人生活的环境。人生活的环境与人的生活密不可分，因而总会对人产生各种各样的影响。历史上"孟母三迁""择邻而居"，是一个强调生活环境对人的影响的经典故事。孟子小时候很贪玩，模仿性很强。他家原来住在坟地附近，他常常玩筑坟墓或学别人哭拜的游戏。母亲认为这样不好，就把家搬到集市附近，孟子又玩起模仿别人做生意和杀猪的游戏。孟母认为这个环境也不好，就把家搬到学堂旁边。孟子就跟着学生们学习礼节和知识。孟母认为这才是孩子应该学习的，心里很高兴，就不再搬家了。现代社会中在关于教育环境的讨论中，有一个"5+2＝0"的说法，意思是说孩子在学校学习五天，接受了良好的教育，但周六周日回家两天，受生活环境的影响就抵消了学校教育的效果，这是让人们认识生活环境对人的影响。"近朱者赤，近墨者黑"的名言，说的也是环境对人的影响，接近好的环境，就会学到好的东西，接触不好的环境，就会学到不好的东西。尽管人们常常指出"久在河边站就是不湿鞋"，"出污泥而不染"的"黑天鹅"，也相信人可以改造环境，但还是忌惮不好的生活环境给人们带来不良的影响。有学者通过调查发现，有些犯罪人群所居住的环境本身就是犯罪发生人群相对较多的地方，不好的生活环境对人的成长发展有不良影响，这是不言而喻的道理。荀子的名句"蓬生麻中，不扶而直"更是把良好环境的影响说得更加清楚，即便是蓬草，如果生长在挺拔的麻当中，也会追逐阳光挺拔生长。生活环境的影响是潜移默化的，是无声的影响，它不像教育是有计划有目的对人的培养活动。问题在于，生活环境是如何影响人的理想形成的。

　　首先是家庭生活环境的影响。一个人最先最长时间受到的影响就是家庭环境的影响，良好的家庭环境对人的成长会发生良好的影响，而不良的家庭环境会对人的成长产生不良的影响，这是一个大的前提。家庭成员的职业和敬业精神以及事业追求乃至现实成就，都会对人确立理想产生影响。一般而言，父母亲在职业和事业上的成就往往成为孩子们追求的目标，这一是熟悉的原因，父母是孩子的第一任老师，父母在职业和事业上的行为，是孩子在成长过程中最先碰到的，同时也是时间最长的影响。他们的职业特点和行为习惯都为孩子所熟悉，熟悉虽然不是喜爱的必然条件，但却是喜爱的一个条件。人们喜欢一个事物或者是好奇或者是熟悉，而熟悉往往超越好奇。二是认识父母职业和事业追求的意义。比如，医生和教师乃至国家公务人员，他们工作的意义和价值，由于长时间的接触，也为孩子们所认识，对意义和价值的认识是人们选择某一职业的重要条件。三是形成了一定的技能。最近媒体报道的前面已经提到的李先俊所以在读了重庆大学的本科后又选择去读医学专科，就是受到父亲乃至父亲的父亲的影响，而他在选择读医学之前不仅受到了影响，并且也掌握了一定的技能本领。父亲和母亲的职业技能和行为在不知不觉中就会影响到家庭成员。四是有一定的发展资源，从发展设计到实践过程，整个家庭环境都可以提供技术能力上的支持。无论什么世家，都有这方面的经验成就积累，这对发展是资源。笔者没有统计有多少人子承父业，但父母在职业上对孩子的影响是一种客观实在。当然，事物的存在发展并非都是绝对的，也有相当多的人有叛逆精神，他们就是要逃离父母所从事的职业。逃离者的存在并不能否定家庭环境对理想形成的影响，这只是从反面证明家庭环境对人产生了影响，或许叛逃者是看到了父母职业的不足，抑或是看到了自己不具备从事父母职业的技能，再抑或是缺少坚守父母职业的意志。总之，正反两个方面，都可以说明家庭环境对理想形成的影响。

其次是周围环境的影响，类似于孟母三迁的境遇。一个人居住的周边有好的环境影响，也会影响到理想的形成。现代人选择居住环境不仅仅看物质环境如何，更根本的是要看人文环境如何，这其中的道理就是孟母三迁的道理。周边的人都踔厉奋发，都有目标追求，也会影响到自我。朋辈群体的影响是周围环境影响的重要表现，有一个初中生在中考的时候，父母亲并不认为她可以考进重点高中，因而也不打算送她进重点高中学习。一方面是父母认为孩子在能力上有一定的距离，另一方面认为女孩有个高中读，能在高考中考一所普通大学就可以了。孩子自己心里也没底，准备听从父母的安排去读一般高中，但是她上两届的一个同学，也是邻居加爸爸同学的女儿，当时就在重点高中就读，给了她一个大大的建议：一定要去读重点高中，才会有好的发展前景（这个同学因为读重点高中，最后考进北京最好的大学）。她选择听取同学的建议，决定去读重点高中。在同学的鼓励下，父母也不再坚持，而听从她自己的安排。最后，这女孩经过努力，踩着最低分数线走进了重点高中，也如约考进了北京的一所国家重点大学，并且最后去读了博士。朋辈群体对人形成理想目标产生的影响是不可低估的，他们之间的交流，思考问题的方式角度，价值认同程度是其他群体不可比拟的。他们可以把内心的想法互相交流，信任度甚至超越父母。在理想形成的问题上，他们是非常值得关注的群体。近年来，出现不少以宿舍为单位的考研成功群体，而且这种现象越来越多，大有超越宿舍的发展趋势。这种现象可以有多种归因，其中不乏"考研神校"激励的作用，但笔者看其中关键一条就是朋辈群体的相互影响，在群体中有积极向上的氛围，会让群体积极进步有所追求，而群体消极也会产生不良影响。具化到考研上面，考研是理想目标形成的一个重要环节，考研可以理解为有追求有目标，在一般意义上，有追求有目标的人才会努力考研。在周围环境影响中，"邻居家的孩子"也是重要组成部分。尽管都市生活抑或城镇化的乡村生活，在某种程度上影响人们之间的交流交往，但不断开放的信息环境，使向上追求和成就展示成为一种风尚，谁居住的小区村镇有了"风光人物"，同样会对人们形成奋斗目标产生影响，人们甚至常常设法交流取经，以邻居家的孩子为追求的楷模也成为一道风景线。周围人的奋斗成就和具体的目标选择，甚至奋斗过程，往往成为人们形成奋斗目标的"压力"因素，这正像荀子所说的"麻中"一样，激励着也约束着人们努力前行。

社会现实对理想形成的影响。社会现实对理想形成的影响，是指社会客观存在对人们形成理想的客观影响，它排除了社会教育和引导的内容。社会现实对理想形成的影响有两个方面：一是社会客观存在对人的理想形成产生的影响；二是由于对社会存在的不同理解而对理想形成产生的影响。前者我们可以理解为积极的影响，后者在某种意义上就是指消极影响。社会对于个人来说，是生存的环境，社会存在决定社会意识的原理告诉我们，有怎样的社会存在，就会有怎样的社会意识。理想作为社会意识，它是受社会存在决定的。理想的时代性和现实性表达的就是不同的社会存在对理想形成的决定性影响。当社会现实具有明确的奋斗目标时，这个社会目标就是一种呼唤，就是一种积极的文化，鼓励和激励人们为社会现实目标的实现而奋斗。"我国'文革'前十七年的青少年，受当时政治背景和社会风气的影响，把'党的需要就是我的志愿'，'到国家最需要的地方去'作为自己的崇高的理想，准备到'天南海北'祖国最艰苦的地方去贡献自己的青春才干。改革开放以后，国家提出科教兴国的战略，提倡全社会形成爱科学讲科学的风气，青少年也大都期望自己成为科技人才和企业家等，为国家的社会主义经济建设做出自己的贡献。这反映了新的历史时期的主体理想。"[1] 范友祥的《青少年儿童理想形成的追踪研究》认为，

_____

① 李晓燕：《青少年理想的形成和发展》，《高等函授学报》1999年第1期。

青少年的理想具有鲜明的时代特色，20世纪60年代初，学雷锋为祖国学科学是当时的主题思想，"文革"中人们丧失了理想或有工作干就行，1981年前后为"四化"作贡献成为主题，青少年理想深受社会现实的影响。① 他们的研究成果也都试图说明社会现实对理想形成的影响。而对社会现实的认知以及社会现实的影响有时也会有不同的反映。最近看到了"一身正气、一身杀气、一身朝气"的全国优秀县委书记陈行甲的人生笔记《在峡江的转弯处》，看到他在优秀县委书记岗位上有辉煌成绩，在届满之后选择辞去县委书记的职务去做公益事业。笔者这里并不是说做公益事业不好，但笔者在思考是什么样的社会存在让一个富有责任感的县委书记辞职，而且辞职的背景还是要提拔！在他的文字里，省委书记对巴东州委书记说"如果我们要用（提拔陈行甲），你可要舍得啊"，州委书记回答说"谢谢您！我们求之不得"。"在巴东工作后期，我和州委州政府个别领导的工作交往中遇到了一些挑战"，"我跳出了和州委州政府个别领导的个人恩怨"②，他也谈到"政治生态"问题。是不是这些社会现实让他选择去做公益事业？毋庸置疑，做公益事业也是对人民事业的贡献，但与他在从政的道路上为人民做事相比其价值可想而知。记得有个中学生说过，自己最大的理想是当一名县委书记。他所以想当县委书记，是因为看到了县委书记手中的权力，在他看来县委书记有着不可估量的权力，可以想干什么就干什么！他想当一个县委书记，把县委书记作为自己的理想无可厚非，但他把县委书记看成想干什么就能干什么，这种想当县委书记的动机值得考量。但是，这也不能不是某种客观存在产生的不良影响。2001年4月3日《中国青年报》报道："湖南省株洲市某重点中学一位语文老师，竟这样教育自己的学生。他的《入学教育课》中有这样

① 范友祥：《青少年儿童理想形成的追踪研究》，《心理发展与教育》1986年第4期。
② 陈行甲：《在峡江的转弯处》，人民日报出版社2021年版，第214、217、220页。

一段话：'你读书干什么？考大学干什么？总之你为了什么？也许你会说，为了实现共产主义，为了社会主义建设。而我要明确告诉你——读书考大学，是为了自己，不是别人。读书增加了自己的本领，提高了自己的资本，将来能找到一个好工作，挣下大把的钱，从而有一个美好的个人生活，比如生活愉快，人生充实，前途美好，事业辉煌，甚至找一个漂亮的老婆，生一个聪明的儿子。所以，我强调读书为自己。'"这个老师是在激励学生为自己努力学习，增加本领和生存资本，强调读书是为了自己，对于学生认识学习的自我价值具有重要的意义，但其站位和境界并不高。读书是为了自己，但更是为了国家、为了社会、为了人类的发展进步。社会环境作为客观存在，对理想的形成具有制约和影响作用。这是由人是社会中的人这个事实所决定的，同时也印证环境能够对人产生影响，人受到环境的影响和制约。

第二节　教育引导理想目标形成

讨论理想形成问题，离不开对教育作用的认识。且不说理想是教育的内容构成，而就理想形成而言，更是离不开教育的作用。理想是人类特有的精神现象，特有的精神现象意味着这是人之为人的重要体现，这种精神现象与人的本质有内在关联。人能实践或者劳动，这是人的本质力量的对象化体现。人能劳动能实践，而劳动和实践本身，根源于人能制造工具。人能制造工具说明两个问题：一是就工具本身的用途，体现了人的能动精神，在人的头脑中形成了构想才能制造工具；二是对工具的功能作用的构想，制造工具的目的显然是预设在生产劳动中的作用。这两方面都体现出人的能动精神，目的性、计划性、创造性构成人的能动精神的基本内核。计划性、目的性和创造性同时也展现着理想的意味。理想从根本上来说，就是人的行动、劳动、实践的计划性、目

114

性、创造性的体现。而理想的形成，正如行动、劳动、实践本身与教育具有同一性一样，它也是在教育过程中形成的。按照教育人类学的观点："制造工具的动作把人的动作与所有动物的动作相区别，开始了从猿到人、从自然界向人类社会的演变，制造工具使人按自己的意志来改造世界，适合人类生存的生活环境，推动人类历史的进化。"① 教育与劳动具有同源性，劳动的教育中包含着理想教育，因为劳动体现的是人的能动精神，理想不过是劳动的内容和劳动的目标，不过是指向未来的劳动目标且只有经过劳动和实践过程才能实现的劳动实践目标。随着人类社会发展进步，教育从劳动中分离出来，但总体上说，教育还是关于实践、劳动、行为的教育，其中的主体能力素养等方面的教育也是为了实践、劳动、行为能力的提升，这也包括对自我自然的改造。教育与劳动分离，但关于劳动的教育中，对理想这个劳动目标的教育强度不断提升。人类在教育中嵌入理想教育，一方面理想教育是关于劳动目标的教育；另一方面也是对劳动目标在实践中的意义的教育。因而，理想的形成过程，必然少不了教育的引导作用。

　　理想的形成是一个复杂的过程，从纵向的角度看，人有自身发展的历程，在这个历程中，人自身要不断发展和成长，要经历很多东西；从横向的角度看，人要受到不同因素的影响，正是在纵横主观客观因素的影响下，人才能形成自己的理想。这里，我们将从横向的角度讨论理想形成问题，而纵向的问题留给后面的单独一章。从横向看理想的形成，它要受到外在因素的影响，因为人是在环境中长大的，社会环境对人的影响是形成理想的重要因素。这里还有一个问题需要交代，即社会教育和社会影响的问题。笔者在这里的区分是，教育是有计划、有目的地培养人的社会实践活动，而社会影响本身则是自然地对人形成的影响。教

---

① 冯增俊：《教育人类学》，江苏教育出版社 2001 年版，第 154 页。

育在理想形成中的作用是引导作用，这是由教育的属性决定的。教育是有计划、有目的、有组织的实践活动，教育的功能属性就是引导，它通过摆事实、讲道理的方式，对人的行为进行引导，而不能通过强制的手段使人去接受。教育的功能是通过教育对象对教育内容的认知、理解、接受，进而成为自己的需要，而产生内在驱动力，去形成目标，进而为目标的实现而努力奋斗。教育与影响的最大区别在于，影响是自在的，教育是自觉的。尽管有些影响是经过精心设计的，但影响本身不具有教育性质，教育是有目的、有计划、有组织的活动。无论是社会发展需要和发展水平的制约，还是家庭环境和社会现实的影响，这都属于自在的客观事实，而教育则是自觉的行动，它是为了一定目的、有计划进行的有组织的实践活动。用现在的流行语就是，影响是隐性的而教育是显性的。教育在理想形成中的作用是引导，而理想的形成不过是奋斗目标的教育。

目标教育的根据。奋斗目标教育，既可以因为教育的内容中包含着目标教育，又可以因为目标形成需要教育引导。而无论是何者，都需要交代目标教育的根据，也即我们为什么要进行奋斗目标的教育。教育的功能属性决定了目标教育在理想形成中具有引导作用，它的根据在于：其一，人需要目标。实践是人存在的本质。人要生存、生活、发展，就要进行实践活动，没有实践活动，人就无法使自己生存、生活、发展下去。动物的生存尽管是凭借本能所进行的活动，但也是活动，没有活动，动物也没法生存。人的活动与动物的活动不同，被我们称之为实践活动，而实践活动就是人类有意识有目的地改造世界的活动，这既包括改造人所面对的客观世界，也包括改造人自身的主观世界。这里的目的意识不是别的什么，而是人的主观能动性的体现，它具体表现为人在实践活动之前要预想实践的过程和实践的结果，这个预想的结果就是行动的目标，也是奋斗的目标。从实践活动的一般意义而言，人们从事实践

116

活动总会有一个目标，总有一个活动的指向，否则也就不能称之为目的性、计划性。也就是说，人的实践活动总是具化为一个目标，指向一个目标，而理想不过是实践活动指向的目标而已。可见，人的实践活动需要一个目标。人的实践活动内容是丰富多彩的，一是由于人的需要有多样性，二是因为人生存和面对的世界丰富多彩。丰富多彩的世界和丰富多彩的需要，自然而然地产生了实践的选择性问题，即在诸多的需要和多种可能的存在中，人需要选择一种实践一种目标。没有选择就没有行动，没有选择就无法行动。人的选择是需要的选择，是行动也即实践的选择，也是目标的选择。在讨论理想的本质时，我们说理想不过是人的内在需要的外在表现而已。尽管人的需要可以表现为横断面的多，也可以表现为纵向的层次结构的多，但人要在这多当中做出选择。如上两个方面的道理说明，人需要目标，人的实践需要目标。人的实践为什么需要目标？这是由目标所具有的功能作用决定的，虽然目标是内在需要的外在表现，但一旦外化为目标之后，就有了为人的行为定向的作用，就有了为人的行为提供动力支持的作用，就有了实现目标满足需要的精神力量。"志不立，天下无可成之事。"这意味着人没有目标方向不明，没有目标就没有动力，没有目标就没有实现目标的可能。人类的共识是没有目标，没有实现目标所需要的意志品质，就不会成就目标。其二，目标的形成需要教育。人需要目标，是要认识行动要有目标，要认识目标需要选择，要认识目标就是要凝练明确自己的需要。而这，就形成了对教育的需要。人类对目标意义的认识，一方面是通过经验实证认识的，在人类的实践中通过有目标和没有目标的实践结果的认识，知道了目标的价值；另一方面是通过人类积累的经验间接认识的，认识了目标对于人的实践活动的意义。教育就产生于人们要把人类的经验传递下来，以使人们的行动少走弯路的实践。而教育的对象主要是未成年人群体，他们接受教育就是接受人类积累下来的知识和经验成果。人们需要教育，就是需要教育把人类积累的经验和知识传递给未成年人群体。人们需要教育，是需要教育让人们认识目标与实践的关系，让教育对象认识实践目标是需要选择的，认识目标对于人类实践活动的意义。教育还可以把目标的意义用典型事例的方式加以阐释从而有助于人们接受。目标需要教育，并不是说没有教育就不会形成目标，而是因为教育可以减少人们摸着石头过河的成本。试想，人类没有了教育的引导，社会会是怎样的一种景象。目标需要教育对于个人来说，其意义和价值在于认识目标实现目标，而目标对于社会而言，其意义更为重大。一方面，社会是由人构成的，社会的生机活力来自社会成员，只有每一个人都有自己的追求，这个社会才有希望，才有生机活力；另一方面，社会有自己的目标，它需要社会成员的分享才能变成现实，在教育过程中，教育的功能就是把社会目标展示给社会成员，让他们认识、分享并为实践社会目标而努力。目标的形成需要教育，这种需要既来自社会中的个人，也来自社会本身。从来就没有什么救世主，也不靠神仙皇帝，要靠人自己。社会目标的实现不是靠神仙皇帝，要靠社会中的人。2013 年 5 月 4 日，习近平总书记《在同各界优秀青年代表座谈时的讲话》指出："中国梦是国家的、民族的，也是每一个中国人的。国家好、民族好，大家才会好。只有每个人都为美好梦想而奋斗，才能汇聚起实现中国梦的磅礴力量。中国梦是我们的，更是你们青年一代的。中华民族伟大复兴终将在广大青年的接力奋斗中变为现实。在革命、建设、改革各个历史时期，中国共产党始终高度重视青年、关怀青年、信任青年，对青年一代寄予殷切期望。中国共产党从来都把青年看作是祖国的未来、民族的希望，从来都把青年作为党和人民事业发展的生力军，从来都支持青年在人民的伟大奋斗中实现自己的人生理想。"这说明，社会理想也是个人的理想，是社会理想中个人分享的理想；社会理想的实现，需要个人理想的实现来支持，个人都努力实现理想，社会才会有美好的前景。其三，教

118

育的使命是引导确立目标。教育的使命是引导确立目标，这有两个含义：一是从教育的内容构成上，有关于奋斗目标教育的内容，这是教育的核心或灵魂性的内容。无论是专业的目标教育，还是融合的目标教育，都把确立奋斗目标的教育作为自己的使命。二是通过教育的结果来引导确立目标。教育具有丰富的内涵，它要引导人们认识自然、认识自然规律和自然运行其中的道理，这集中表现为诸多的自然科学知识。认识自然的根本目的是适应自然进而改造自然，服务于人类的发展。教育不仅要引导人们认识自然，还要引导人们认识为了改造自然而组成的社会，要认识社会运行的原理、过程及规律，认识社会是为了更好地去改造自然，其中包括认识自然中的我。教育所进行的一些列活动，都是针对所有社会个体的，教育呈现的客观结果是，社会运行的不同职业，总会在社会现实接受教育的人当中选择一部分人作为某个职业的从业者，而接受教育的人根据接受教育的程度总是要选择一定的职业岗位。而社会和个人的双向选择的结果，无非是体现为一种奋斗目标。因为，社会选择的从事某种职业的岗位，就具体体现为一种目标，自我的选择也不能超越这种现实的目标。所以，教育的使命，就是引导人们确立奋斗目标。在内容上体现更多的是主观追求，在结果上更多地体现着客观性。教育要告诉人们很多的道理，比如遵守社会规范，要学会做人，要孝敬父母，但从社会发展的维度，如果能够确立起自己的奋斗目标，那就是最大的成功。简单的道理就是目标的价值或者目标确立对人生的价值。对于一个人来说，知道自己的价值追求，知道自己的奋斗目标，这是非常重要的。因为知道了自己的追求，知道了自己的目标，就会为了实现自己的目标而积极努力。而为了实现目标就会主动积极地去做很多事，在这些事当中必然有社会的要求和民众的希望。假如一个人真的树立了自己的目标，确立了自己的价值追求，假如一个人树立了真的奋斗目标，确证是自己的价值追求，通过积极的努力实践，离成功就不会很远。他会围绕自己的目标去展开实践，他会克服困难去实现目标。因而，我们说教育的首要使命就是目标教育。我们大学一年级第一门课是基础课，第一章就是谈理想目标，这都充分体现出理想目标在人生在社会生活中的特殊地位。从一定意义上说，如果我们的教育能够很好地引导对象确立现实的奋斗目标，也就完成了教育的一半任务。衡量我们的教育是否成功，甚至可以用对象有没有理想目标作为标准。记得当年德国人在遭受二战失败的时候，竟然有人在地下室里养着花。这被人们视为看到了德国民族的希望，因为在那种环境中还能那样富有生活的激情，证明了内心的希望。今天，当我们观察世人的时候，能否对生活抱有理想和希望，这就是他们未来有无希望的预兆。

家庭教育是最早的目标教育。教育在理想形成的过程中发挥着奠基性作用。家庭教育虽然不能纳入教育体系，但家庭教育在儿童成长中的作用不可忽略。有不少学者研究了单亲家庭和留守儿童的教育问题，也有学者在研究父母关系对孩子的影响，这些都在试图说明家庭和家庭教育对孩子成长的作用。父母是孩子的第一任老师，这话表明孩子来到世界上，最先看到父母，在父母的抚养下不断长大。父母的所作所为，一举一动，都会在日常的生活中潜移默化地影响到孩子。父母的职业生活，同样会影响到孩子的认知，使孩子逐渐熟悉父母的职业，进而爱上父母的职业，上面谈及的世家之类的，就属于此。父母在目标教育上影响孩子未来的发展，父母或者让孩子亲近自己从事的职业，或者在生活中让孩子去从事自己喜欢的职业，这在日常生活中会传递给孩子。[①] 有一个大学学习建筑专业的女孩，其实她并不喜欢建筑专业而是喜欢医学，但作为中学老师的爸爸对建筑专业感兴趣，希望她能从事建筑设计，因为建筑行业有前途、有趣、风险比学医风险小。结果她就听了爸

① 沃建忠：《承诺成就未来》，北京航空航天大学出版社2010年版，第4页。

爸的话，选择了建筑专业。但她一直到大学毕业都不喜欢建筑专业，还是喜欢医学专业，并且经过专业测试认为自己的潜能特点、人格特点和兴趣特点都适合学医，这让她后悔不及。这其中，有的接受了父母的传递，按照父母的意愿选择目标，这是家庭目标教育的结果。现实中也存在孩子并不接受父母的选择式诱导，认为父母的目标理想并不能代表自己的志向，有的不惜用生命来捍卫自己的理想。但是，无论如何，在客观上家庭是孩子最早的目标教育场所。心理学家威廉·戴蒙在他的《人生观培养》中，把培养青少年的目标感看成是父母的重要使命。家庭的理想教育并非像课堂那样，它只是随机性的对儿童进行的教育。比如告诉孩子要有出息，要给家庭增光，要当个什么什么等，有时甚至还通过表扬和赞赏有出息的孩子来激励自己的孩子成就大事业。除此之外，还有父母通过本身的成就和追求来引导儿童的成长。这种方式的教育，在孩子读小学和学前期比较有效果，孩子能够接受这些潜移默化的教育，尽管不是所有的儿童都能接受这些教育。在进入独立期叛逆期的初中阶段，这种教育模式就没有那么好的效果了。家庭教育发挥作用的时期，虽然在理论上说可以贯穿在儿童的整个学龄阶段，但学前和小学阶段是它发挥作用突出的阶段，在初中以后家庭教育虽然也有作用，但基本让位于学校的教育。在理想教育的作用上，家庭的影响和作用主要是在小学阶段和中学前期，其他阶段的理想教育自然要让位于学校的教育。

学校是理想教育的主要阵地。学校是理想教育的主要阵地，这是由学校的地位作用以及学校教育的内容决定的。学校教育是一种陪伴，原始的教育是陪伴开始的，现代社会的教育也是陪伴。人都是在学校的陪伴下长大的，如果从幼儿园开始也就是从 3 岁开始计算，到小学、初中、高中、大学这一共有 20 年左右的时间，就算初中毕业参加工作，也要在幼儿园和学校生活 12 年时间，如果是高中毕业走向社会就是 15 年时间。这么长的时间，学校陪伴着学生长大，家长把孩子送到学校就是要学校陪伴孩子长大。家长是没有时间和精力来全程陪伴孩子的，因为生活和生产使家长全程陪伴成为不可能。假如每个家庭都有专人在家陪伴孩子，发展的成本难以承受。学校教育要承担社会化的任务，让学生在学校生活中认识社会、适应社会，诸如生活规则、生活经验等，使其逐渐成为社会合格的成员。学校要传播传递科学知识和社会知识，让学生接受科学知识和社会知识，这是由人的发展和社会发展需要决定的。这些科学知识和社会知识是人类实践经验的总结，学习接受这些知识可以有益于发展。学校教育的最高使命是为社会培养建设者和接班人，培养有理想、有本领、敢担当、能吃苦、肯奋斗的人才。学校教育的时间长度，对学生的陪伴、教育引导，总要有一种价值理念，这就是培养对社会有用的人才，培养对社会发展有用的人才。而人才不过是能胜任某一方面工作并能促进工作发展的人，也就是说人才是某一方面的人才，全面发展并不是要求一个人什么都能做，而是德智体美劳全面都发展。某一方面人才，既有社会需要，也有自我选择的问题，而学校教育担负的使命责任就是培养出能胜任某一方面工作的人才。学校教育从一定意义上说，就是在培养能胜任某一方面的人才，学校的教育引导和教育实践在客观上就是在做这件事，而这说到底就是理想教育。

学校教育引导人们确立理想目标，有按照使命要求的应然模式也即理想模式，也有现实中实践操作的实然模式。理想和应然模式代表着设想和应该，实然体现了现实我们是怎么做的。这里对应然和实然两种模式分别进行陈述。

学校引导学生形成理想、确立理想的应然模式。

其一，让学生认识社会中的不同职业。如果说儿童在家庭生活中可以知道父亲母亲等家庭成员的职业是一个自在的过程，那么学校的教育引导则是一个自觉的过程。学校教育是自觉的过程，但校园生活认识职业也有自在的成分，诸如老师、医生、警察、司机、保洁员等甚至校园生活的管理者"教导处"，这些都是校园生活过程中认识的。学校生活自觉认识职业，一方面是通过识字的过程认识的，这是由语文课来实现的；另一方面是通过认识职业实现的，比如通过与老师互动来认识社会生活中都有哪些职业，除上面说的自在认识部分外，诸如解放军、飞行员、科学家等都可以在课堂教学中实现。当然经验观察也是其中的一部分，同时也是社会化的内容。认识社会生活中有不同的职业，不单单是解决认知的问题，也是给学生未来的选择奠定一个选择范围的基础。认识社会生活中的职业，看似与理想形成的关系不大，但它会启发学生对职业的思考，诸如社会中为什么会有不同的职业，这些职业是由什么决定的，这些职业有哪些特点，从事不同的职业有哪些不同的要求，这些问题可能是潜在的并不一定十分清楚，但它总会随着自我发展的不同水平而有不同程度的思考。理想的形成，在实质的意义上说，就是对社会现实职业的选择，就是在自我发展水平上对社会职业的选择，就是在对社会职业认知对自我发展水平认知基础上，根据自我的需要兴趣所做出的选择，而社会现实中的职业就是可供选择的范围场域。教育对理想形成的引导何以认识社会中的不同职业？这是因为理想的核心是职业理想，其余的道德理想、社会理想乃至生活理想，都要通过职业理想来实现。一般而言，所谓的理想形成就是形成关于职业的理想。所以教育引导要从认识社会职业开始。

其二，让学生认识英雄模范典型人物。不同时代有不同的英雄人物，不同人物有不同的模范事迹，诸如科技、国防事业、教育事业、医疗卫生、社区服务等方面的不同角色不同岗位的典型人物，这些人物有历史的也有现实的，有中国的也有外国的，有大国工匠也有道德楷模，有自强不息的也有默默奉献的，有身残志坚的也有勇于攀登的，有老当益壮的也有少年有为的，有飞天英雄也有种地大王，有科技大咖也有普通民众。让学生认识英雄模范典型人物，一方面让他们知道不同的岗位、不同的角色都可以做出优秀的成绩，都可以成为英雄楷模典范，所谓"三百六十行，行行出状元"，就是这样的道理；另一方面从英雄模范人物典型人物的被肯定褒扬甚至奖励，让学生看到国家社会的价值导向，即国家都肯定哪些人物、哪些英雄、哪些模范、哪些楷模，他们都有怎样的事迹。在认识这些英雄模范典型人物事迹的同时，学生也可以看到他们光环背后的故事即脚踏实地做事。认识这些在不同岗位扮演不同角色的英雄模范典型人物，可以让学生认识无论什么岗位都可以做出成绩，都会受到社会的肯定，同时也会让学生认识社会生活中的岗位职业都可以满足社会需要，本身并无不高低贵贱之分，能够区分高低的是在岗位上角色扮演中对社会作出哪些贡献。认识职业岗位为人们未来的选择奠定基础，而典型人物的事例可以坚定学生的认知，做什么都可以为社会作贡献，都可以得到社会的肯定，这就为学生未来的理想目标形成确定建构了坚实而宽厚的基础。

其三，让学生思考自己喜欢怎样的职业。选择理想目标有三个基本的规约，也可以说是三个基本原则：一是要根据社会需要；二是自己真实地喜欢；三是自己具备实现的条件。这三条前面不同程度涉及过，后面的论述可能还会涉及。就理想形成或者选择确立而言，这里最为核心的东西就是自己是否真正喜欢，因为个人的理想必然是自己要去奋争实现的，自己是否喜欢决定了自己需要的程度和动力水平，前面说到的李先俊和那个不喜欢建筑的女生都从不同侧面不同程度地说明了这个问题。在学校的教育历程中，不同阶段可以有不同的方式来认识和思考这个问题。比如小学阶段，往往是从你的心愿、你将来做什么、你喜欢什么开始思考，甚至有时也直接用你长大了将来做什么，你的理想是什么。这种情形在小学阶段比较少见，一般都是替代性、潜在性、隐性的表述。而且不同发展阶段的学生可能会有不同的回答，但也有始终如一、比较坚定的回答。前者，是由于对社会需要对自我能力以及自我兴趣点的认知变化而有所改变，因为社会是发展的，人是发展的，人接受的信息以及自我测定都会影响人的改变。后者，可能自己的选择在开始的时候就具有客观现实性，也就是说自我对社会需要的判断，对自我能力的认识。在思考自己喜欢的职业过程中，引发学生思考的不仅是自己的喜欢，而且更多的是思考胜任喜欢的能力，如何在发展中积蓄喜欢的力量。这其中最深层次的是自己喜欢的根据，为什么自己喜欢，喜欢的理由是什么。关于这一点，现在在校的学生虽然在生理和心理方面的发展未必成熟，但他们维护自己的权益维护自己爱好的意识是不断提升的，他们知道自己的喜欢是自己的喜欢，更知道自己的喜欢不是别人的喜欢，也知道别人的喜欢不是自己的喜欢，包括自己父母的喜欢、老师的喜欢，抑或以自己名义下的别人的喜欢，都不属于自己的喜欢。这种现象对于理想形成和理想实现来说，都是好事。出现这样的结果，是社会发展进步的体现，是社会现实的体现，同时也是教育发展的体现，更是学生自我意识、自我能力发展的体现。这种变化虽然是悄悄的变化，但却代表着引导目标教育的方向，既符合理想本身的规约，也符合社会发展的方向。

其四，让学生认识如何才能把自己的喜欢由想象变为现实。这对于学校的引导来说是非常关键的一步。对于受教育者而言，他们能不能实现自己的目标，把自己喜欢的事变成现实，有理想、有目标、有爱好、有追求，这都是必要的条件，而最为根本的是，无论选择怎样的喜欢，没有实践的环节都是空谈。让学生认识这个关键，对于学生确立目标和实现目标都非常重要。就确立目标而言，如何根据实现目标的难度来确立目标具有现实意义，量体裁衣可能就体现在这里。对于实现目标而言，有了目标，就要努力争取去实践它，而把理想变成现实的根本路径除了实践别无他路。对于引导教育的关键而言，引导人们确立符合社会需要的理想，符合自己兴趣爱好的理想，自己能够实现的理想，这些都是重要的，但更为关键的步骤是让学生认识理想不是空谈，不是空喊口号，而必须是实在的行动。对于引导对象而言，他们面对的是学习任务，可以说学习就是他们的一切。他们的角色使命是学习，他们的现实任务是学习，如何把想象变为现实，实际上就是在学习生活中如何把学习任务有效完成，只有学习好了，掌握更多的知识，掌握更多的技能，具有更好的思维和学习习惯，才能实现自己的目标。认识如何才能把喜欢变成现实，就是给人们指出实现目标的路径，也是唯一的路径。离开努力或者努力不够都无法让理想变成现实。需要特别指出的是，在制约理想实现的三个因素即社会需要、自我兴趣、胜任能力中，符合社会需要是理想变成现实的根本要素，个人理想融入社会现实需要，与社会和国家需要融合才能变成现实，这一点也是必须清楚的。理想变为现实或者把喜欢变为现实，前提是社会需要、自己喜欢、自己能行。我们讨论过刘立早，与刘立早相近的还有周浩，就是那个从北京大学生命科学系转到北京工业技师学院的学生。刘立早消耗了五年时间重新读同是清华的建筑系，而周浩则是选择在北大退学去技师学院。他们的共同点是对自己原来的专业既没有兴趣也缺少能力，最根本的是缺少对原来专业的兴趣。周浩喜欢机械和实践操作类的工作，为了家人的希望而去了北大，原本他自己想去北京航空航天大学，但家人和老师都说可惜了高考理科全省第五名的好成绩。结果是放弃了自己的爱好，困扰了三年时间，才重新找到自己的最爱，在技师学院参加全国数控技能大赛获得冠军（周浩2008年以青海理科第五名660分的成绩考入北大，2011年从北大退学转入北京工业技师学院）。自己喜欢在前提条件中是最为核心的、最为根本的。

　　以上四点是学校引导理想形成的应然模式，但理想引导的理想模式与现实中的理想引导还是不同的两个概念。应然的理想引导是理想化的构想，现实中的引导则是面向现实，看看我们是如何引导的，这也即学

126

校教育中是如何引导人们确立理想的。不过，现实的过程是经验性的，它未必是合理的但却是客观存在的，这种客观存在就是我们教育实践是如何引导人们形成理想的。

一是职业启蒙进行引导理想形成的教育阶段。小学阶段的理想教育是带有启蒙性质的教育。这可以从两个方面来看：一方面看国家对小学理想教育的要求和安排。在《关于深化新时代学校思想政治理论课改革创新的若干意见》中，在思政课程目标上，规定大中小学循序渐进、螺旋上升地开设思政课，引导学生立德成人，立志成才。大学阶段重在使命担当，高中阶段重在提升政治素养，初中阶段重在打牢思想基础，小学阶段重在启蒙道德情感。在课程内容上，强调要遵循学生认知规律设计课程内容，体现不同阶段特点，研究生阶段重在开展探究性学习，本专科阶段重在开展理论性学习，初中阶段重在开展体验性学习，小学阶段重在开展启蒙性学习。习近平总书记在对少年儿童的多次讲话中，既强调少年儿童从小就要立志向、有梦想、爱学习、爱劳动、爱祖国，德智体美全面发展，长大后做对祖国建设有用的人才；又要求教育工作要教育引导广大少年儿童树立远大志向、培育美好心灵，让少年儿童成长得更好。可见小学阶段也要有立志成才教育、立志成才教育是什么？立志成才教育就是理想教育，就是要确立理想目标，成为国家需要的人才。但是，儿童的发展水平实际，决定小学阶段的理想教育只能是启蒙性的教育。现在使用的《道德与法治》（人民教育出版社 2017 年版）中，一年级有"爱"什么，"我最喜欢"，"心愿"；二年级有"计划"，"挑战"，"种子""收获"；三年级有"本领""理想""潜力"；四年级有"制造""中国创造"；五年级有"四大发明"，有远大志向的"宗悫（què），王进喜、李四光、邓稼先、袁隆平"和"改革创新"；六年级有"中国公民""为国家富强、民族复兴"作贡献，"和而不同"，"责任"。这些内容没有直接从理想的维度展开，但又都与理想有着某种联系，所以说是理想的启蒙教育。

二是从认知有梦进行理想形成的引导教育阶段。初中阶段所以是理想形成的引导教育的认知开启阶段，是由初中的几个实际决定的。一方面是初中生的生理心理发展实际，他们能够进行初步抽象思维活动，能够理解一些抽象的概念；另一方面是他们经过了自身学业发展的拔高阶段，由小学进入初中是一次飞跃；再有就是他们要在初中学业结束后面临新的选择和选拔，或者就业或者升学是他们将要面对的现实；而更为根本的是他们到了富有理想的年龄，这个期间他们最大的特点就是善于构想未来，是人生成长的关键期，在学业上有"一年级不相上下，二年级七上八下，三年级天上地下"的说法，说明初中阶段的发展和理想形成对于人的一生来说极为重要。因而在教育内容的设计上，理想的内容成为这个阶段的重要构成，并且是明确地提出理想问题而不像以往的启蒙那样。2016年版初中的《道德与法治》相比于《思想品德》最大的优点是，在七年级上册第一单元第一课"中学时代"中就安排了"少年有梦"的内容，用梦想来标识理想的内涵。在"少年有梦"一目的下面，让学生根据幼儿园的小波长大想当警察，三年级的小美长大要建更大更好的大棚，初中生小文想做环保志愿者的梦想的判断，来说出自己的梦想是什么。在"有梦就有希望"的阐释中，指出"编织人生梦想，是青少年时期的重要生命主题"，并对梦想的内涵及其意义进行阐释。梦想是对未来美好生活的愿望，它能激发生命的热情和勇气，让生活更有色彩。有梦想就有希望。梦想与现实有距离，有时甚至不切实际，但人类需要梦想，有梦想人类才能不断进步和发展。少年的梦想与人生目标密切相连，明确的人生目标犹如前进中的灯塔，使茫茫大海中前行的人有方向。梦想与时代相连，要与国家梦和社会的梦密切相连，才能梦想成真。梦想需要坚持，需要在行动中不断努力，只有追逐梦想的行动才能实现梦想，才能改变生活改变自己。这册第十课的"绽放生命之花"中的"感受生命的意义"和"活出生命的精彩"中，提到"我该如何创造我想要的生活"，"期待自己到 16 岁时将会是怎样的"。八年级上册第十课中的"天下兴亡 匹夫有责"，九年级上册的"中国人 中国梦"中，提出"梦想就是对美好生活的向往，有梦就有前行的力量"，"实现中华民族伟大复兴是近代以来中华民族最伟大的梦想：国家富强、民族振兴、人民幸福"。九年级下册第三单元"走向未来的少年"的第五、第六、第七课，既是总结初中学习生活，也是对未来开始的思考，是理想形成的关键中的关键。初中即将毕业，新生活就要开始。这里提出"少年的担当"要为人类发展和世界进步贡献自己的智慧和力量，"少年当自强"，"青年兴则国家兴，青年强则国家强。青年一代有理想、有本领、有担当，国家就有前途，民族就有希望"，要"志存高远，脚踏实地"创造精彩人生。在"我的毕业季"中总结学习经验，为多彩的职业做准备，养成敬业精神。在"从这里出发"中，回望成长有哪些收获，认识结束与开始。在"走向未来"中总结自己实现的目标、如何实现的目标、还没有实现的目标及其原因。在"畅想未来"中，面对初中毕业的几种选择，让学生畅想自己的未来。这就是关键期有关理想形成的教育引导。应该说，初中阶段关键期的引导，内容是丰富的，时间安排在开始和结束两环相扣，发挥了理想形成的实际引导作用。但不足是并没有在理想的名义之下而是在梦想的旗帜下进行的，这或许是时代性的体现，抑或是对循序渐进的具体体现。初中阶段关于理想形成的引导，在基础教育阶段既是关键性的也是核心性的内容。因为小学是启蒙阶段，而高中基本上是实践性的理想教育，在教材内容上几乎没有涉及理想教育。这种安排，也是具有现实基础的，一方面我们是普及九年义务教育，另一方面是初中毕业有些人确实选择就业，要走向社会，而进一步发展也需要对理想目标有充分的认识。所以，对基础教育中形成理想的教育引导，必须要格外重视。

　　三是以价值选择引导为主的高中理想形成教育。高中阶段在人生的发展历程中，是一个承上启下的环节，如果忽略启蒙阶段的教育，那初中阶段是打基础的阶段，而高中阶段就是在初中的基础上提升学生的综合素养，为升入更高一级的学校学习做准备。在教育内容上，与学生发展和选择密切相关的如何实现人生价值问题摆在每个人的面前。怎样的人生有价值，也可以理解为人生的意义在哪里，人应该追求怎样的价值目标，怎样才能实现自己的价值目标，这一系列问题既是困扰也是应该思考清楚的问题。从一定意义上说，这是对初中阶段的理想和梦想在新的阶段进行的更深层次的思考。在《哲学与文化》（人民教育出版社2019年12月版）的教材中，回答了价值观是："人们在认识各种具体事物价值的基础上，会形成对事物价值的总的看法和根本观点"，它会"直接影响一个人的理想、信念、生活目标"，"对人们认识和改造世界的活动有重要的导向作用"。价值观既影响人们对事物的认识和评价，又影响人们行为的选择和改造世界的活动。而价值的根本来自人的创造性活动，劳动创造价值，没有劳动就不会有价值实现甚至于没有价值，劳动产生于人的需要，有劳动的需要进而有了劳动才有了价值和价值实现。而要实现人生的价值，就要有理想和信念，只有坚持正确的理想信念，才能实现人生的价值。高中的理想教育在认知层面上是如何选择价值、如何在有梦的前提下选择怎样的梦或怎样的理想，而在实践层面上的教育也是这个时期的一个特点。由于高中生实实在在地面临选择，即选择怎样的具体目标，选择怎样的学校和怎样的专业，而在现实意义上的励志教育更为突出。就实践的层面而言，一方面高中的励志教育是督促学生努力学习，争取把每一个学生的潜在能力水平释放出来，努力学习提高本领；另一方面高中的励志教育中内含着价值选择和理想选择问题，要根据自己的学业水平和内在心意去选择自己的未来。诸如"为了成功我们必须努力，尽管努力不一定成功"的口号，也有不少学校请优秀的毕业生回校进行立志和励志教育。学校的倒计时，月考模拟考试甚至竞赛等，都在不同程度、不同方面激励同学们努力拼搏。如果说最有实际意义最能发挥作用最能铭刻在心的理想教育，可能就属于高中阶段的价值选择教育和现实的价值选择也即确定理想目标的教育。尽管高中的理想教育体现在价值选择的认知上，尽管体现在现实的奋斗和选择中，尽管总体文字和现实的话语不多，但具有更加现实的意义和价值。

四是认知选择实践的综合的大学理想教育。大学阶段的理想教育是一个综合性的理想教育。大学的理想教育所以是综合的理想教育，是因为大学的理想教育就理论维度看，大学四门思想政治理论课都不同程度有理想教育，就实践的维度看日常的思想政治教育也非常重视理想教育，诸如生涯规划、就业指导等。更为实际的是，大学的理想教育内容涉及认知、选择、实践调整完善。《马克思主义基本原理概论》中的社会主义理想和共产主义理想；《毛泽东思想和中国特色社会主义理论体系概论》以及《习近平新时代中国特色社会主义思想学习纲要》中的建设社会主义现代化强国、中华民族伟大复兴的中国梦；《中国近现代史纲要》中的为新中国而奋斗，社会主义的建设发展和改革开放，以及新时代中国特色社会主义等，都有理想信念方面的论述，这属于理想教育的内容，而在理论上对理想教育进行系统全面展开的是《思想道德与法治》。在《思想道德与法治》中，对理想的内涵进行了阐释："理想是人们在实践中形成的、有实现可能性的、对未来社会和自身发展目标的向往与追求，是人们的世界观、人生观、价值观在奋斗目标上的集中体现。"认为理想有超越性、实践性、时代性的特征，理想具有昭示奋斗目标、催生前进动力、提供精神支柱、提高精神境界的价值。在理想与现实的关系上，认为理想与现实是对立的统一，对立是说二者是应然和实然的两种存在，统一是说理想受现实的规定与制约，是在对现实的认识基础上发展起来的，在现实中有理想形成的因素；理想也包含现实发

展的因素，又包含着有现实转化为理想的条件。实现理想的重要条件是
艰苦奋斗，没有艰苦奋斗，理想就不会转化为现实。实现理想是一个长
期性、艰巨性和曲折性的过程。越伟大的理想实现的时间越长，过程越
复杂。这些，就理想教育而言，从什么是理想、理想有怎样的特性到理
想有怎样的价值，从理想与现实的关系到实践理想的过程条件，都完整
地系统地呈现了。而就理想教育的综合性而言，除去上面论及的涉及其
他学科和日常的生涯规划就业指导的因素外，大学的理想教育核心是实
践。一方面，大学生的理想是自己经过高中生活的洗礼自己选择的目
标，无论是专业还是学校，是自己根据自己的学业成就以及自己的现实
兴趣做出的选择，这既有主观性又有客观性。主观性是在客观性面前体
现了自主性，这是相对的，客观性是说自己发展的实际水平决定和限制
了自己的选择。大学生的现实，从责任和归因的角度看，是自己主观和
客观统一选择的结果，是自己对自己选择责任的一种承担。既然选择
了，进入大学就要为自己理想目标的实现做直接性准备。这个准备，在
现实性上，就是要把自己的学习任务完成好，增长自己实现目标的本
领。尽管大学不光有专业学习，但学习却是学生的天职。只有学习好，
才能实现自己的理想目标，无论你选择什么目标，都要围绕目标进行学
习。另一方面，大学理想教育的实践性，体现在与小学阶段的职业启蒙
教育，初中阶段的少年有梦教育，高中阶段的价值选择教育相比，它进
入了实践的环节。选择了什么方向和目标，在大学就进入某个方向和目
标的学习，就是为选择的方向和目标做准备，而过去的学习都是基础性
的学习，可能基础教育就源于此。高等教育与基础教育相比，最大的特
点或者本质特点就是专业化的学习，这个专业化专门化的学习就是在实
践自己的理想目标。这个实践过程是非常现实的，有的人在自己的专业
方向或理想方向上如鱼得水，可以集中于一个大的学科方向，使专业才
能得以展现，因为相比于基础教育的高中和初中所涉猎的科目而言，大

学的学科都是在一级学科范围内开展学习，虽然还有公共课和专业交叉学科方面的课程，但总体上是不会超越学科规约的。按照理想的模式，在自己的专业或选择的目标方向之内，每个人都在"实践"自己的具体的目标理想，这是实践性的又一个内涵。

大学的理想教育还是一个现实的以问题为导向的教育，这就是如何认识大学在目标实现过程中的意义问题。在现实中，有一些人把考上大学进入大学校园开始学习生活理解为理想已经实现，没有了新的奋斗目标，导致最后荒废学业甚至不能按期毕业。造成这种现象的原因之一，就是人们对考上大学的认知出现偏差。有相当一部分人认为考上大学就是实现了自己的理想，因而放松了自己的学习，导致出现不良后果。有的人几进几出大学，多次参加高考，多次在校园学习，耽误了自己发展的脚步，影响了自己实践理想的进程。其主要原因就是认为升入大学就是理想目标的实现，而没有认识实践理想这个新的目标。这是大学把理想教育摆在突出位置的重要原因。再有，有些人也是认真实践自己的理想，学习也很努力，但就是学不到好处，甚至难以继续学业，一方面可能是因为自己的能力不具备实现理想目标的条件，另一方面可能是因为学习兴趣点不在这里。周浩从顶尖大学转到技师学院，刘立早离开硕博连读的学业重新读大学本科，李先俊从重点大学毕业又重新考医学专科学校，都反映出理想选择的调整与完善问题。这里的前一种情况是没能很好实践自己的理想目标问题，后一种情况是努力实践自己的理想，但就是不能完成实践目标的问题。前一种情况可以有好多原因，但很重要的一条就是在基础教育阶段有一个不合适的激励或者说有一种不合适的理念，即考上大学就是实现目标了，就可以自由轻松了，这甚至成为基础教育中励志的一个手段。不仅老师这样激励学生，家长也会这样依附吆喝。这让学生形成了一种不正确的认知，即考上大学等于实现理想目标，大学是轻松自由的，大学就该是放松自己的，所以高中生进入大学会有"报复性自由""享受性自由"的心理驱动而放松学习。对于后一种，反映了两方面问题：一是对自己的目标认识不清；二是对自己的能力认识不清。这才造成在实践理想目标的过程中出现不适应，努力不见成果的现象。这两种情况，属于理想实践过程中的完善调整问题，也是理想形成引导要面对的问题。在教育实践中，大学生活开始的时候即讲授理想问题，目的之一就是要解决这样两个问题。当然，在大学新生活开始的时候，基于大学生是生力军和堪当民族复兴大任的时代新人，应该有理想追求，因而要把理想的引导和强化摆上特别重要的日程。

学校的理想教育所以是理想教育的主阵地，在于学校生活是连续的，时间长，在学习过程中认知发展和认知自我以及对社会需要和报答的认知，更加系统。不同学段不同学科都在承担着实际的理想教育，而伴随着知识增长和思维拓展，认识的深化和责任担当的自觉，使学校的理想教育显得格外重要，学校系统本身的阶段性和层级性现实，也更易于让学生认识理想的价值和意义。尤其是每门学科都有追逐理想的典型示范人物，这是人们学习的榜样和追逐的动力。

社会主导着理想教育的风向。在理想教育和理想形成的问题上，社会同样也发挥着重要的作用，在社会环境影响那部分涉及社会的制约和影响问题。但笔者认为影响和教育还是客观存在和主观追求的问题，社会环境是客观存在对人发挥着类似于自然环境一样的影响，而社会理想教育则不同于一般意义上的社会环境影响，社会理想教育虽然不像学校的理想教育那样有计划、有组织地系统进行，但在它担负着主导理想教育的职能。社会理想教育是指除家庭学校之外由社会组织所进行的有关理想方面的教育。社会所以承担理想教育的职能，首先是因为社会有社会的理想，当然我们现在所说的社会教育，不是原始社会而是在国家管理下的现代社会，实际是代表国家或者承担国家职能的社会组织所进行的教育。社会有自己的理想也就是国家有自己的国家理想，比如我们的国家理想是共产主义，在当下就是新时代中国特色社会主义的理想，具体化表现是建设社会主义现代化强国，实现中华民族伟大复兴的中国梦。国家有理想要通过每个人的理想实现来支撑，国家的理想要变成个人的理想才能变成现实，因为国家的理想不是空想，它要通过人的实践才能实现。一方面国家的理想引导着人民的理想形成，另一方面人民要把国家的理想变成自己的理想。因而社会要进行理想教育。问题在于社会如何进行理想教育，或者说它与学校和家庭的理想教育有哪些不同的特点。一是宣传弘扬社会的理想。明确社会的理想是什么，论证社会理想的科学性和价值性，比如中国梦怎么符合社会发展方向和人民的愿望，阐释中国梦的实现会给人民的生活带来哪些福祉，诸如国家富强、民族振兴、人民幸福等。这种宣传客观上是动员人们为社会理想的实现而将个人理想融入国家和民族事业当中。事实上，中国革命取得成功，社会主义建设取得伟大成就，改革开放不断发展，新时代中国特色社会主义由富起来到强起来，既是社会理想的感召下人民群众不断为社会理想实现努力奋斗的结果，也是发挥社会理想动员人民群众努力为社会理想贡献力量也即积极实现自我理想的过程。二是宣传践履社会理想中实现个人理想的典型。典型人物是社会发展的风向标，引领着社会风范，在他们身上可以看到时代的精神和时代的呼唤，他们是各种各样的人物，如科技领军人物、道德楷模、大国工匠等，有在尖端事业上为国家作出贡献的英雄，也有在平凡岗位上为国家事业作出贡献的普通公民。他们所以取得辉煌成就，一方面是心中有祖国，时刻装着社会理想和国家需要；另一方面是在具体的实践领域攻坚克难，有明确的奋斗目标。宣传他们的事迹，就是在进行更加广泛的理想教育。三是社会进行理想教育的路径是各种新闻媒体等工具。报纸广播电视新闻，各种事迹报告团和表彰大会等，一切宣传舆论工具都是进行社会理想教育的有效工具。社区在理想教育中也发挥着重要的作用，它可以用身边的人和事，通过社区平台进行理想教育，诸如对成功成才的青少年进行各种形式的奖励等。社会进行的理想教育，发挥着社会风化和风俗感染的作用，在潜移默化中成为理想教育的主导力量。它的主导，体现在通过国家舆论工具代表国家进行理想教育，其受众之多权威性之强是其他教育形态难以比拟的。

理想教育是理想形成的核心因素。一方面是教育陪伴人长大，教育是人成长过程的理性因素；另一方面是教育一直在不同程度地诠释理想的意义和价值，让人们认识理想是什么、有什么用，如何确立适合自己的理想，如何把自我的理想与社会理想紧密结合，如何通过积极的艰苦奋斗的实践去实现理想。就教育构成来说，家庭教育是最早的理想教育但也是最具渗透性的理想教育。学校教育是理想教育的主阵地。而小学阶段的理想教育是启蒙性教育，启蒙的理想教育主要是通过职业的认知来实现的，这与他们的成长发展水平相关联。初中阶段的理想教育体现在少年有梦的情境中。少年有梦，是说少年是一个善于有梦想的年龄，尽管这种梦想常常不切实际，但却是有梦的开始阶段。初中阶段的理想教育是理想教育的基础阶段，这个基础阶段在于对理想的概念内涵作用等都做出了较为清晰的阐释，这与他们对科学文化知识学习的基础性同步，而更为现实的是初中阶段要面对理想的作用，要认识理想怎样才能实现，对理想较为全面的认知是初中阶段理想教育的显著特点。不仅如此，初中阶段的教育既体现在刚刚进入初中的学习阶段，又在毕业前的时段重提理想问题。而进入高中阶段的理想教育，更多的是面对现实选择而进行的理想教育。一方面在价值层面上认识价值选择的意义和价值，另一方面要回应在现实中如何选择价值和理想问题。他们正处在对终身奋斗目标进行选择的艰苦过程，在学习中他们要判断自己的学业和发展水平，同时也要发现自己内在的需要和真实的追求。而无论是理论上还是现实的选择，都构成了高中理想教育的价值选择性。理论上提出问题，现实中就要做出选择，这是高中理想教育的特殊性。而大学的理想教育更多地体现了实践性，因为经过高中的选择之后要在大学里实践理想，要开启实践理想的真正准备阶段。在这个阶段中，理想教育要面对实践理想中的两种情况：一是以为进入大学就实现了理想的可怕想法，这种想法导致学生荒废学业影响发展；二是有些人在实践中发现怎么努力也适应不了已定理想的能力需要，有的是无论如何也提不起对自己选定的理想目标的热情。这两种情况属于实践理想中的问题，归属于实践理想教育的整体图式之中。学校阶段的理想教育的每个阶段都有鲜明特点，但它们共同构成了完整的学校理想教育的图景，共同发挥着理想教育的引导作用。社会理想教育从总体上实现着对理想教育的主导，虽然社会教育的辐射性和强大的感染力不像学校那样系统，但其作用不可否定，它在客观上映射着社会的需要和导向。

第三节　自我超越决定理想目标形成

相对于社会环境制约影响和教育引导来说，自我才是理想形成的决定性因素。因为理想是自我的理想，是自我能力支撑的理想，是自我选择的理想，是自我超越的理想，更是要自我实践的理想、自我享受的理想。自我超越决定理想目标的形成，既是强调与教育引导和社会环境制约影响的外在性相比，自我才是理想形成的内在根本，又是突出自我的理想、自我的能力、自我的选择、自我的超越、自我的实践、自我的享受。

理想是自我的理想。理想是基于现实和想象，确立的指向未来的有可能实现的奋斗目标。人们形成和确立理想目标，从社会环境制约影响的角度看，是对制约影响对象的制约和影响；从教育引导的角度看，是对教育主体也即教育对象的引导；从最后形成和确立角度看，理想的形成是自我的超越。社会环境对人的理想形成具有制约和影响作用，这种制约影响更多的是以社会现实对人的理想形成产生制约和影响，当我们说理想是基于现实的时候，就是强调现实社会实际对人的制约和影响，人们总是在现实的基础上来形成和确立自己的理想的。教育作为有计划、有目的且系统地对人的认知、思想和行为进行引导的活动，它的存在是它能对人的行为产生引导，人们能够接受这种引导。教育对人的认知、思想和行为引导的有效性强化着教育的引导作用，尽管人们清楚知道教育并非万能，但教育的有效性无可否认。教育的有效性自然牵引着教育要引导人们的理想形成。但是，教育的有效性和教育的引导作用，以及社会环境的制约影响作用，最后都要通过和落实到教育引导和制约影响对象自我才能形成理想。社会环境制约影响是客观存在的制约和影响，而教育引导则是有计划、有目的的引导行为。教育引导的目的是要让教育对象有理想、有社会需要的理想、有教育对象自我追求的理想。而教育的过程就是通过一系列内容和经验，引导对象自我认识理想的意义价值，认识选择理想要遵循怎样的原则，认识确立形成理想如何才能把想象的目标变成现实。而教育引导所追求的效果就是教育对象自我认识了理想及其意义，确立形成了基于社会现实和社会需要的自我理想，认识了理想唯有通过实践和艰苦奋斗才能实现的道理。理想教育引导的效果，不在于教育目的多么高尚伟大，不在于内容多么丰富，而在于教育对象自我对理想及其意义的认识，在于教育引导对象自我确立了基于社会现实和需要的自我理想，把实现自我的理想的追求变成了实际行动，对实践理想的艰巨过程有充分的准备和坚强的意志品质。无论社会怎么制约、怎么需要，教育怎么引导，没有实现教育对象自我形成自我的理想，社会需要和引导就失去意义。这正如我们日常的教育实践中教育理念的变革一样，以往我们把教育对象理解为教育客体，意味着他只是教育引导的对象，唯有教育者才是主体，主导着教育过程，而现在我们认为教育对象不单单是客体，他像教育者既是教育主体也是客体一样，教育对象既是教育实践活动的客体，同时也是教育的主体。这里，我们把教育对象理解为教育主体，这不只是说教育对象具有人所有的尊严和能动精神，还因为教育就是围绕教育对象展开的，教育对象在这里就是目的。所有的教育活动都是为了让教育对象自我有所改变、有所成长、有所发展。教育引导与教育对象自我理想形成，就是教育一般理论和实践的迁移，教育引导下的理想形成，形成的是教育对象自我的理想，这也是教育实践活动的归宿。社会环境制约影响和教育引导下形成的理想，是教育对象自我的理想，而不是别人即教育者和其他人的理想。理想不是环境的理想，也不是教育者的理想，而是被制约被影响者被教育引导者的理想。

理想是自我能力支撑的理想。理想是基于现实和想象确立的指向未来的有可能实现的奋斗目标。在理想的概念阐释中，我们可以看到理想的形成是内含着条件限制的，这种限制意味着理想并非在社会环境制约影响和教育引导下就必然形成自我的理想，而是具有条件限制的。这个条件限制表现在三个方面：一是人能想象才能设计未来。理想是关于未来的想象，而人具有想象能力才能想象未来并构建起有关未来的奋斗目标。人认知世界的能力是发展的，人通过理性对人的实践活动进行设计的能力是不断发展的过程，人只有发展到一定程度，即生理的、心理的和实践的能力都得到发展，才能想象设计规划未来。动物是凭借本能适应自然界的，它没有规划设计自己未来的能力，至少现在的科学不能证明动物具有人一样的能动精神。人能设计想象未来并通过实践活动把这种想象变成现实，是人与动物区别的根本标志，是人自身不断在实践中发展的结果。人类能够想象设计未来并在实践的旗帜下进行认识世界和改造世界的活动，把人从动物世界提升出来，进入人的世界。人类的实践即有目的、有计划的活动，也是追逐理想的活动，从一定意义上说，追逐理想是人脱离动物世界的标志。就个人而言，只有自身发展到能够想象未来的时候，才会形成自己的理想，这是人的胜任能力。二是人独立才能设计自己的未来。人在社会中追求的最高目标和最高价值是自由，而自由的前提是人的独立，人不独立就不能自由，就会受到诸多条件因素的限制，只有独立才有自由，进而才承担行动的责任。法律规定公民在年满十八岁时就有完整的公民权，就是一个在法律规约内可以自由行动的人，自己做什么都由自己决定，别人的意见只能是参考而不是决策和决定意见，只有自己才能决定自己的意志行为，同时承担自己自由选择的责任。在没有完全独立以前，人的自由是有限制的自由，因为他不是完全独立的个人。在理想形成的问题上，如果人不是完全独立的，就不是自由的，那么他的选择就会受到各种因素的限制。当然，在选择理想目标的时候，未达到十八岁也是有自由选择权的。这是因为，理想是个人的理想，是个人要通过自我的实践去实现的目标，如果选择和形成的不是自我的理想，或者是别人的理想，那就很难或者根本不能够实现；理想是自我的理想，因而应该由自己来支配自己的选择权，别人无权对他人的理想做出干涉，尽管可以提出参考建议。人不独立不自由，就无法选择自己的未来，就无法选择自己奋斗的目标。那些以自己是"为了你好，为了对你负责"为由头的对别人理想形成和确立的善意干涉，是值得深思反省的。毕竟理想是人家自我的理想，是要自己去实践的理想，是自己要享受的理想。三是人不满足现实才能追求理想。理想是基于现实构建的未来的奋斗目标，这意味着对现实不满足才构建有关未来的奋斗目标。我们在思考人为什么有理想的时候，最基本的答案就是不满足现实的生活才追求理想和未来。人一旦满足了现实的生活，就不会有新的追求，就不会追逐理想。前面谈到的只有认清现实才有资格谈理想，认清现实一方面是说对现实有所把握，另一方面是对现实做出价值判断，自己是不是满足于现实的生活，只有对现实不满足，才能去追求理想的生活。从人类的发展历程来看，人类在不断发展的过程中，一刻也没有停下前进的脚步，从来就没有满足于现实的既得，人类的进取精神推动着人类社会不断进步，既在改造自然界中取得丰硕成果，又在改造自我的过程中能力得到提升。具化到一个个人，只要还有希望，还有追求，没有被现实的满足缠住双脚，就会不断前行，就会去追求理想。反之亦然，一个人一旦满足于现实的既得，就不会有追求，就不会有理想。人设定理想是基于人的理性和实践能力，基于人对现实的不满足，正是因为这样两个因素，人才设定理想。古今中外，古往今来，人类创造了诸多的奇迹，不是因为别的什么，而是因为人的理想追求。没有人自身不满足和理性这两个因素，人类既无法使自己与动物区别开来，也无法创造今天的世界。我们可以假设人类发展到某一天、某一个程度就停止了追求，那么社会将是什么局面？当我们面临环境污染困扰的时候，当我们面临人类资源匮乏的时候，我们试图停止发展的脚步，但这些话或者是梦呓，或者是说给邻居的假话。人类从诞生的那一天开始，就没有停止过追求。追求的代价或许是最终没有了追求的可能，但不追求或许现在就没有了发展。而且，谁不去追求，谁就会成为有追求者的猎取对象，甚至追求的结果不尽理想，也会出现这样的结果。当我们在生活中发现有谁放弃了追求的脚步，我们会理直气壮地攻击和抨击他：没有希望的人。而当一个民族和国家放弃了发展和追求，它的处境是可以想象的。因而，无论理想和追求面临什么样的挑战和拷问，人都不会放弃对未来的追求。

　　理想是自我价值的选择。社会环境制约影响着理想的形成，这就是说，人的理想形成不能超越社会现实发展和社会现实需要，社会发展水平，社会发展需要，社会为理想形成乃至实现的条件，都在制约着人的理想形成。理想教育无论是社会的教育还是学校的教育，都要服务于社会的需要。社会有社会发展的需要，这些需要凝聚为社会发展的目标，而社会发展的目标有近期发展目标和远期发展目标，社会远期的发展目标构成了社会的理想。而无论是社会发展的近期目标还是远期目标，都是要靠实践活动才能实现的。没有实践活动，任何目标任何社会理想都不能实现。社会的目标和社会理想怎么实现，靠谁实现？除掉不能靠神仙皇帝之外，也不能跑到社会之外去乞求他人，唯有依靠社会中的人才能实现社会发展目标。社会中的人来实现社会发展目标，这既是社会力量的来源也是社会成员对社会所担负的责任。就社会成员而言，他要通过为社会服务的手段才能实现自我生存发展的目的，他要在社会的目标中和社会理想中选择自己所需要的并且自己可能实现的目标。社会需要和社会理想的实现需要社会成员来实现，社会成员自己的生存发展需要在社会需要中选择自己的需要、自己的目标、自己的理想。社会和学校教育的一个核心任务，就是把社会需要的目标展示给社会成员，对社会发展目标的客观性、科学性和价值性进行论证，以求社会成员能够以饱满的热情去选择社会需要的目标，进而实现社会发展目标。社会发展目标是一个丰富多样的目标体系，涉及社会发展和社会生活的方方面面，这个目标既是体系化的也是层级化的，这个体系化、层级化的目标为人们不同的需要不同的个人倾向提供了多样的可能性空间。每个人都可以在社会需要社会发展目标这个大空间，根据自己的兴趣和自己的能力去选择自己奋斗的目标。社会需要每一个人都能在社会丰富需要的空间中找到自己的点位，找到自己能够发展自己、实现自己需要的奋斗目标。社会既期待每个社会成员都有目标，也希望社会成员能够找到适合自己发展、满足自己需要的目标，毕竟每个人由于生存环境、家庭影响、教育资源等方面的影响，在价值选择上是有差异的，有些人认为是好的需要别的人却不一定认同也不一定合适。更为关键的是人们自己选择的目标、自己的需要，自己更有动力去实现它，这不仅使社会目标的实现有更好的保障，同时也会使社会成员因为有自己喜欢自己胜任的奋斗目标而有良好的精神状态，进而使整个社会呈现出向上、奋斗、和谐、幸福的美好愿景。理想是什么？理想就是自我在社会需要的大圆盘中选择的自我奋斗的目标。只有自己选择的目标才有动力，那个没有选择考大学不喜欢读书但却成功的李想，对中国的教育进行过反思。我们看看他是如何看待这个问题的，或许能够从一个侧面帮助我们解决疑惑难题。"我其实从来没有质疑过大学教育，我最质疑的其实是高中教育，因为很多时候，我们的思想、信仰、信念、上进心是在高中毁掉的，所以在一个最关键的16到18岁形成重要的人生价值观的阶段的时候，然后被毁掉了。""我觉得我能看到很多父母是好心在害孩子。比如说孩子都20多岁了，父母还要帮着他去找工作，然后帮着他去考虑这个，帮着他去考虑那个，我觉得这些父母最大的问题就是，剥夺了孩子自己去成长负责任的能力；通过他们的付出，去削弱孩子本应该自己拥有的能力和责任，这个是非常可怕的。在中国是大多数家长所表现出来的一种状态。另外一方面其实反映出家长的一个现象：家长也是不自信的，家长不自信自己的孩子有这个能力，而且当家长不自信孩子有这个能力的时候，从来不会去鼓励孩子，一方面是把孩子圈养着；另外一方面不停打击这个孩子，我觉得这是大部分家长的一个普遍现象。""家长也没有什么明确的一个方向，他也是觉得听别人说哪个方向好，就把孩子往哪个方向去推，孩子也习惯了：反正父母推吧，推完了以后，这个工作父母帮我找，然后没钱花的时候，父母每月还给我零花钱，到时候再给我买套房子，结个婚就完事儿了。这样的现象很多，同时呢，我觉得其实父母要做的，不应该是给孩子那么多额外的帮助和帮孩子做那么多选择，而应该更多给孩子鼓励。"① 李想的几段文字诠释了他自己的成功和自己的选择：做自己喜欢的事，才有动力。我们的教育和理念的确值得思考，我

---

① 《80后CEO李想：我不会逼着自己上大学》，凤凰网，http：//edu. ifeng. com/special/chenggong/content-2/detail_ 2010_ 07/23/1820244_ 1. shtml，2010年7月23日。

们无视教育对象自己的喜爱，用一个应试的标准去要求所有的人，造成有相当多的人做着自己不喜欢的事。这怎么能有动力，怎么能创新？就自身的因素来说，发现自己的爱好兴趣，发现自己的价值追求，才是我们最应该重视的地方。这也是我们强调理想是自我价值选择的理由和根据。

理想是自我超越的追求。理想具有超越性，这体现在三个方面：一是理想作为一种终极性奋斗目标，它是指向未来的，它不是现时空的而是未来时空的事物，要在未来才能实现，不是现在就能实现的，这表现为理想是未来时空对现在时空的超越，体现的是时间的维度；二是理想作为终极性的奋斗目标，它是基于现实对未来的想象，是对现实的不满足才有了对未来的想象，这种想象比现实要美好，它是美好的未来对不满足的现实的超越，这体现的是内容的维度；三是理想作为终极性奋斗目标，它要变成现实不仅具有时间的距离感，不仅具有实践过程的要求，尤为突出的是要有把它由想象变成现实的能力和坚强的意志品质。理想的超越性本质根源于人的主观能动精神和实践能力。人能够借助于想象设计未来，站在今天的世界预想明天的世界，这种能力被我们自诩为区别于动物的根本属性，人类取得的伟大成就就归属于人类能够用理性的力量对自我的未来进行设计。人的超越性本质不仅在于人能预想和设计未来，更为根本的在于，人能凭借自己的实践能力实现理想，把预想设计的未来变成现实。对于一个人来说，确定了理想就是实现了自我超越，理想体现了自我超越的追求。理想体现自我超越的追求，首先是目标发展的超越。人的发展过程可以有游戏的目标、符号的目标，可以有萌芽和初步形成的目标，也可以有不同阶段的目标，但这些都不足以被标识为理想，因为理想不是一般的目标，而是终极奋斗目标。从终极目标本身来说，这可以是有目标和没有目标的超越，而就目标体系而言，是高级和终极目标对低级目标的超越。人的发展可以划分为如下几个阶段：婴幼儿期、儿童期、少年期、青年期。在这些发展阶段中理想的表现方式也是不同的，每个阶段都有每个阶段的特征。婴幼儿时期，是人的理想的游戏和符号阶段，这个阶段明显的特点是在游戏中扮演着一定的角色，或者记忆复述父母他人传递的自己不懂的符号，诸如我要当司机……，我要当飞行员等。进入儿童期，开始接受正规的学习训练，理想问题在教育的启发和引导下，开始朦胧地在幼小的心灵中有了一丝阳光，但确切的含义还不真懂，不断变化的目标，不解其中意蕴的目标，可能会因为一时冲动或者某个外在的影响改变自己的目标。所谓萌芽，就是朦胧地感觉到了目标喜爱之类的东西，不理解、不确定。相对于懵懂的幼儿阶段，这是了不起的超越。一个没有了父亲的小学二年级学生，在完成老师布置的《我的理想》作业的时候写道："我的理想——阿爹还没走（当地人的死为走）的时候，他对我说，你要好好学习天天向上，长大要做个科学家；妈妈却要我长大后做个公安，说这样啥都不怕。我不想当科学家，也不想当公安。我的理想是变成一只狗，天天夜里守护在家门口。因为妈妈胆小，她怕鬼，我也怕。但妈妈说，狗不怕鬼，所以我想变作一只狗，这样妈妈就不怕了。"[1] 就孩子的理想本身来说确实最为感人了，为了给妈妈守护家门口，甘愿做一只狗。如果就其理想外在的角度，这个理想真的伟大感人。可如果从理想的本质角度来看，这个理想又不能称为理想了，因为人不可能变成狗，变成狗也不是人的理想啊！从这样的角度看，小学阶段的理想还真是处在萌芽阶段！进入中学的少年时期，伴随着幻想和模仿的存在，伴随着知识视野的开阔，伴随着生理和心理的相对成熟，开始形成自己的理想目标。这个形成并非最后的形成，也并非最终意义上的形成，只是知道了自己的人生要有一个奋斗目标，并且尝试着寻找自己喜欢的目标，浪漫天真

① 蔡诚：《世界上最感人的理想》，金城出版社 2012 年版，第 5 页。

依然存在。对目标的意义和自己选择的目标的意义，都有了较为明晰的把握。相对于萌芽阶段的善变的理想目标来说，形成阶段的理想具有更为实质性的超越。而当社会阅历和自我的发展进入更加成熟的确立理想阶段，对自我、对目标、对社会需求、对未来希望，都会更加成熟，对比于形成阶段的理想，完全实现了质的超越。这种超越，首先是发展过程的超越，是由没有理想到确定理想目标的超越。超越就是一种发展，就是一种进步。而就理想目标确立的意义来说，它在最本质的意义上实现的则是未来的设想对现实的自我的一种超越。就理想目标来说，有和没有，模糊到清晰，未来对现在是超越的表征，其中最核心的是有与没有的超越。是啊，人能够有一个明确的目标，有一个自己可以终生为之奋斗的目标，相对于没有目标，盲目地打发自己的日子的人来说，的确是一种不可小看的超越。其次是发展水平的超越。发展水平体现在奋斗目标上，是说理想作为未来的奋斗目标，是基于对现实发展水平的不满足，才有了对未来发展目标的追求。在未来的奋斗目标上，体现着对现有发展水平的超越，这种超越实际上是对现实的否定，是基于现实又超越现实的发展追求。这与不满足现实的心理渴求有直接关系，假若对现实的发展境况感到满足如意，也就不会有对发展的追求。再次是发展能力的超越。由现实向未来进发，去实现超越现实的目标，并非仅仅靠设想就可以完成，它是需要经过实践才能实现的，它不仅仅需要一个实践过程，而且对实践过程、实践目标的能力有特殊要求。有什么样的目标，就要有什么样的能力要求。人们选择目标超越自我，就体现在自己要超越自己现有的能力，要把自己的能力提升到实现目标需要的水平。人们在选择目标时慎之又慎，左顾右盼，是因为目标实现是需要能力的，与其说是设定未来的奋斗目标，倒不如说是设定自己发展的能力水平。因为从奋斗目标上面可以对象着人们实现目标所需要的可能的能力，而目标变成现实，对象的就是人实现目标的能力。最为重要的是，

146

人一旦设定了自己的奋斗目标，就是在挑战自己，因为在目标与现实之间存在着距离。设定目标，就是要靠自己的拼搏奋斗去消除目标与现实之间的差距。这个差距的消除，绝对不是靠语言，它要靠实践，靠耐力和意志，靠智慧和才华。尽管在设定形成理想与实现理想之间存在着距离，但能够有勇气和魄力来确定目标，实实在在就是一种超越。自我超越的过程在实质上是自我追求的过程，超越表现着追求，追求的结果是超越。最后是精神境界的超越。人选择一种终极的奋斗目标，就是选择了一种要奋斗的生活，就是选择了有希望的生活，就是选择了通过奋斗去追求希望的生活，这是一种精神境界的提升与超越；人选择一种终极性的奋斗目标，就是选择了一种职业生活，因为人的终极奋斗目标都是通过承担社会角色、扮演社会角色实现的，而选择了一种职业就是选择了一种生活方式，就是选择了一种生活模式和规范要求，认可了一种职业，就在精神上认可了一种价值追求，就是实现了一种职业上的超越，是这种生活而不是那种生活。总而言之，人选择一种终极性的奋斗目标，就是选择了一种物质生活模式，同时也是一种精神生活模式，它是自我精神追求发展的超越。

通过上面的论述，我们清楚地看到，理想是在社会环境制约影响和教育引导下，个人自我超越中形成的。因而可以说，在社会环境制约影响和教育的引导下，个人自我超越，这就是理想形成的机理也是理想形成的一般原理。理想形成的机理告诉我们，社会环境对理想的形成有制约影响作用，教育在理想的形成中有引导作用，而理想的形成最根本的是人实现的自我超越，人实现自我超越才最后形成理想。也就是理想形成的落脚点，还是教育对象自身。金兹伯格等认为理想的形成和确定受现实因素、教育过程、个体应对环境的情感、个体价值观的影响。[1] 理

---

① ［美］塞缪尔：《生涯发展理论》，顾雪英等译，上海教育出版社 2010 年版，第 21 页。

想形成的过程是教育作用下确立理想的过程，理想形成是社会影响下的价值选择过程，理想形成的过程最为根本的是自我超越过程。无论是社会的教育还是社会的影响，相对于自我来说，都是外在的条件，他们只能通过内在的自我生成和发展超越才能发挥作用。没有自我的生成，没有自我的成长与发展，没有自我的超越，就不会形成理想。自我超越的前提是有自我的生成和存在，没有自我的存在，就没有前提。自我存在还要有发展的环节，没有发展的自我也没有了什么价值。只有自我的生成、发展过程超越了自我，才会有理想的形成。具体来说，理想形成是自我超越的过程，是有理想和没有理想的超越。那个小学二年级孩子想当狗的理想虽然不是真正的理想，但他内心确实是有了萌芽的理想。当人的心理、生理发展到一定程度，人的社会实践经验积累到一定程度，尤其是思维的发展接近成熟后，就形成了具有理想内涵的理想，相对于萌芽的理想来说，也是一种超越。进入高中学习阶段，思维、心理、生理的成熟，以及社会实践经验的丰富，使他们能够最后从完整意义的角度上确立起属于自己的富有社会内涵的理想。因而，当一个人有了真正的终极性理想之后，就是实现了自我发展的超越。

在承认理想形成的机理和一般原理的前提下，有两个问题特别值得思考：一个是理想形成的模式问题，在理想形成的经验中，有的人是在明确了终极奋斗目标也就是形成了理想，在理想目标引导驱动下发展，最后实践理想目标的；有的人则是走着另外一条路，他看起来没有明确表示有终极性奋斗目标，只是一步一个脚印做好当前的事，最后一步一步走向了一定的高地。前一种模式是理想模式也是大众化模式，后一种虽然不具有大众性，但实际占有份额也不少。实际上有一种模式是在每一个小的脚步选择中，就有了自己的意向，只不过是让它淹没在潜意识当中了，一旦小的目标完成之后，就又朝向下一个目标，并且是尽其所能，这类型的人的口号是"走一步看一步"，或者是"做好当下的事，再考虑长远发展"。客观上他们内心把远大目标隐蔽起来，在逐步实现。从这样的意义来看，二者殊途同归，但在操作模式上有所不同。做好当下事，同时瞄着未来，这也属于理想目标的驱动作用。

另一个问题是环境影响的问题，同样的环境影响为什么不同的人会有不同的选择，其中的密码是什么？诸如三个小孩要去北京看天安门，偷搭火车却走错了方向，火车工作人员发现后问清原因，并没有责怪他们，并告诉他们，可以通过努力学习去北京看天安门啊！三个孩子中的一个记住了这句话，并且靠努力学习三次去北京。让我们思考的是，另外两个孩子为什么忘了这句话，为什么只有一个记住了并且努力做了？尽管我们没有明确答案，但这也告诉我们好的社会环境对人的理想形成是有积极意义的。有的时候，人们无意间听到一句话，说话者也许是无意的，但听到这话的人却认真起来，把他人说的话作为自己的价值追求并努力奋斗而走向成功了。有个被老师负激励的学生，老师说不好好学习只能开出租车，他认为老师看得准，就真的去开了出租车，后悔已经来不及了。那个机甲大王，别人都说他不能成功，但他就是执着走向成功了。这类问题，虽然现在找不到确切的密码，但它提醒我们，积极向上、鼓励奋进的环境无疑会有助于人们理想的正向形成。

通过对理想形成机理的分析，我们认识到，社会环境制约影响和教育引导，对人的理想形成具有积极的作用，但根本上还是自我的超越性发展决定理想的形成。

第四章　理想形成的阶段

　　理想的形成是一个发展过程，因为人自身的发展就是一个过程。人的理想是伴随着人自身的发展形成并且最后确定的，认识理想形成过程的发展阶段，可以使我们更好地把握理想形成过程的机理。关于理想形成的阶段，目前研究的成果并不是很多，根据我们的了解，对理想形成阶段进行研究的有朱智贤，其代表性成果是《儿童心理学》中的想象和理想形成的特点；韩进之的《青少年理想的形成和发展》；范有祥的《青少年儿童理想形成的追踪研究》；李晓燕的《青少年》中的理想的形成和发展。

　　朱智贤并没有明确划分理想形成的阶段，只是概略地描述了人在不同发展阶段的特点：新生儿没有想象，婴儿期的想象水平很低，内容总是非常简单贫乏。学前儿童想象中的有意性和创造性正在初步发展，但有意性和创造性还不占主导地位。小学儿童的想象，再造想象更富有创造性成分，而且以独创性为特色的创造想象也日益发展起来。小学儿童只有一些比较模糊的对未来生活的想象，可以说还没有真正的理想。只有从少年起理想才真正形成和发展起来。少年的理想表现为两种形式：一种是以某些具体的人的形象作为自己的理想，这是少年时期主要的理想形式；另一种是以代表个性道德品质的综合的概括性的想象作为自己的理想。少年的理想大多是一些具体形象，而青年的理想更多的是一些概括的形象，少年往往模仿他理想中的具体人物，而且常常模仿一些外部特点，青年能够对他理想中的人物特点加以分析，并把它们综合成一个概括的形象。少年的理想常常只在一些特殊场合和现实生活相联系，而青年的理想能够经常和现实生活相联系。未来生活道路的选择常常在青年理想上产生影响，面临毕业的青年学生，一般都关心未来的前途。韩进之把青少年理想的形成从心理学角度划分为三种水平：具体形象理想、综合形象理想、概括性理想。范友祥在韩进之的基础上，把青少年理想形成的过程划分为四个阶段：模仿阶段、感知兴趣阶段、爱好职业理想阶段、社会理想发展阶段。李晓燕把理想的形成划分为：理想发展的准备阶段、生活理想阶段、职业理想阶段、道德理想和社会理想阶段。如上成果，朱智贤描述的是理想形成的特点，韩进之概括的是理想形成的思维特点，范友祥基本是从理想类型做出的划分，而李晓燕完全就是从理想的种类展开的划分。这些成果，固然对理想形成的阶段划分具有奠基性和开创性价值，但对形成阶段的划分多有不够严谨之处。实际上，理想的形成就其个体来说，主要是围绕职业理想来展开的，或者以职业理想为轴心展开的构想，并且理想的种类是平行的不是纵向的；以心理发展为特点的理想形成特点描述，同样不能把理想形成的过程具体形象地表述出来。描述理想形成的过程，必须从理想本身的形成特点展开，既不能从理想的种类也不能从思维的特点展开。笔者通过阅读儿童心理学和发展心理学的著作，通过阅读有关理想的著作和文章，通过阅读记述理想成长的带有回忆录性质的文章，其中包括与理想形成有关的著述，通过对问卷调查的分析综合，通过对如上所有材料的综合整理提炼，加上自己的思考，得出了自己的理想形成过程的图式。笔者把理想形成的阶段划分为符号游戏阶段、萌芽阶段、初步形成阶段、确立阶段、完善调整阶段。与这几个阶段相对应的是学习发展中的阶段：游戏符号阶段对应的是学前幼儿阶段，萌芽阶段对应小学阶段，初步形成阶段对应的初中阶段，确立阶段对应的是高中阶段，而完善调整阶段对应的是大学及其以后的阶段。

第一节　理想形成的符号游戏阶段
（学前幼儿阶段）

理想形成的符号游戏阶段诠释。理想形成的阶段，可以依据不同的标准做不同的划分。这个标准，由于是人自身规定的，因而必然带有主观性。不同的研究者，可以根据自己的角度有不同的划分标准。尽管这个划分标准在确定之后就具有客观性，但规定什么为划分的标准，难免不带有主观性。把符号和游戏作为理想形成的一个阶段，就是笔者根据自己对理想形成过程的现实，所做的一种划分。同时，也是笔者根据自己内在的标准所进行的划分。当然，这种划分，也带有客观性，这个客观性就是符号和游戏现实的客观存在，而主观性的表征则是把这些客观存在的东西作为一个阶段提出来。理想形成的符号游戏阶段，是指学前阶段的具有符号性质和游戏性质的理想形成阶段。符号和游戏，实际上是指两个不同的问题，但它同属于一个阶段。符号是什么？符号是事物的标记。我们认识事物，总是通过符号来记忆和认识事物，由于某些符号就代表着某些事物，而记住了某个符号，似乎就记住了某个事物，但却未必理解事物。理想形成的符号阶段，指儿童只能记住有关理想的符号，但不能理解符号内容的阶段。比如，幼儿阶段，幼儿只能记住或记忆某些符号，对于符号的内容是什么则并不清楚。最为典型的是在2012年春节联欢晚会开头念歌谣的小邓子，他能把黄梅戏的内容唱得非常熟练，但对戏词的内容却一点不懂。戏词中的亲家母，他不知道是什么，而当干部的干部，他同样不知道内容所指，这是典型的符号记忆。游戏是什么？游戏就是一种娱乐和玩耍的活动，带有戏剧的性质。游戏的特质就是非真实性，在游戏中，扮演任何角色的人都是虚假的。游戏一般为儿童所享有，儿童在成长过程中，总是通过游戏来扮演角色，理解角色，进而来理解生活，游戏的另外一种取向就是通过扮演角色而实现娱乐。而就游戏本身来说，它是不真实的，所谓的过家家就是如此。理想形成的游戏阶段，指儿童在游戏中通过扮演一定角色，通过领会角色来体会理想，或者把理想就看成一种游戏的内容。理想形成的符号和游戏阶段，特指儿童在入学前这个阶段理想形成的特点。由于儿童自身发展的水平状况，使他们不可能有什么理想的形成，只能有一些符号性质和游戏性质的理想。从严格的意义上讲，这个时期不能算什么理想形成，也不具有理想意义。但之所以把它列为一个阶段，考虑的因素有两个：一是从人的成长过程来看，这个阶段是不可缺少的且具有相关性；二是符号和游戏中的带有理想意蕴的东西，对未来理想的形成和发展具有某种意义。因而，我们把它作为一个特有的独立阶段加以论述。

儿童心理学的支持。我们的这种主张，首先获得的是心理学的支持。心理学的支持表现在对想象发展阶段的论述上面，而想象则是为理想的形成提供心理的支持，或者说它是理想形成的心理基础。想象是借助于词对已有表象所进行的带有一定创造性的分析综合活动。心理学认为：新生儿没有想象，1—2岁的儿童只有想象的萌芽，实际上还说不上想象，最多只是一种生动的重现而已（拿布娃娃时，重现妈妈穿衣服和喂饭的情景）。3岁儿童，随着经验和言语的发展，逐渐产生了带有最简单主题和主角的游戏活动。诸如把布娃娃当主角，给它穿衣服、洗脸、喂饭等。在这种游戏活动中，想象也开始形成和发展起来。婴儿期的想象水平很低，内容总是非常简单贫乏；想象经常缺乏自觉的、确定的目的，因而总是零散片断。由于儿童活动的复杂性、儿童言语的发展和经验的扩大，他们的想象进一步发展，这与儿童游戏活动的发展有关。学前儿童想象中的有意性和创造性正在初步发展，但总的来说还不占主导地位。在整个学前期，创造想象正在发展，但再造想象仍占主导地位。小班儿童想象的创造性很低，基本上是重视生活中的经验。中班儿童开始有一些创造性，如游戏中能通过自己的构思来补充大人提出的主题。大班儿童对教师提出的游戏主题能通过自己的想象加以充实（如开火车游戏能提出情节和角色分配等）。这是心理学对儿童想象的观点或者结论，它告诉我们学前儿童只能进行再造想象，而再造想象与理想相距甚远。

虽然学前阶段不会有什么理想的形成，但具有符号性质和游戏性质的理想还是存在的。这里所说的符号理想，是指在家长的教育引导下，孩子仅仅从符号的角度说出自己的理想是什么，至于这种符号的意义是什么，他们根本不知道。一般来说，在家庭教育中，大人往往告诉孩子长大要干什么，于是孩子就能说出长大要当什么家之类的话。孩子记住和复述的是符号，而这符号是父母对孩子的一种游戏性质的理想教育，孩子记住的东西就是一种符号。理想形成的游戏阶段，是说理想在这个阶段的游戏中形成具有游戏性质的理想。比如，孩子们在游戏中扮演的角色，幼儿园老师的诱导性追问：当飞行员、当医生等。科尔伯格的道德发展理论，把儿童的道德发展分为三个时期六个阶段，第一个时期是前习俗时期（9岁以下），这个时期分为两个阶段：必罚服从取向，相对功利取向。第二个时期是习俗道德时期（10—20岁），这个时期分为两个阶段：寻求认可取向，遵守法规取向。第三个时期是后习俗时期（20岁以上），这个时期分为两个阶段：社会法制取向，普遍伦理取向。其中的必罚取向和寻求认可取向，虽然是出在不同时期和不同阶段，但这种现象在学前阶段都存在着。这个时期，家长往往采取游戏的方法，让自己的孩子记住某个符号性质的理想，比如长大要当科学家、当警察、当大学生等，孩子可以记住这些符号。孩子所以能记住这些符号，是因为孩子刚刚才学会记忆东西，把这个符号作为记忆内容或素材来记忆，这是其一。其二，记忆这些东西，是会使大人高兴的事。尽管孩子在这个时候还不会功利地博取家长的欢喜，但潜在地懂得了这个符号是大人喜欢的，是让大人高兴的，因而就学会记住了这些符号的内容。大人还是有自己独特的强化的方法，让孩子记住这些符号，这本身是一种游戏性质的。孩子记住的符号，不是孩子自己理解和喜欢的，而是家长理解和喜欢的。这个时期，孩子还无法分辨自己喜欢什么，还无法辩驳自己喜欢和不喜欢的东西，因而只能接受。黄全愈的《家庭教育在美国》（广东教育出版社2001年11月版）第42页中，谈到了培养孩子的兴趣问题。他提出，培养孩子的兴趣要分清是孩子的兴趣，还是大人的兴趣，不要用大人的兴趣取代孩子的兴趣。这个问题不仅学前有，在孩子成长的道路上一直存在这个问题，最为典型的就是选择大学的专业的问题，有不少家长用自己的兴趣取代孩子的专长，最后导致不理想的效果。这个阶段的理想虽然是符号的，但符号的理想指向的不是现在而是未来，尽管父母提出这个符号的时候，是基于一种游戏，但其中总是伴随着自己的愿望或者美好的愿望。与此相比，游戏性质的理想则体现着现实性的人物扮演，在游戏中，孩子可以扮演不同的人物，代表不同的形象，这些人物或者形象起着某种理想的作用，憧憬和想象以及体验人物，在实际上发挥着理想的作用。孩子的想象是和游戏联系在一起的，我的28个月的小孩（2012年10月4日），在搭积木的时候说到给妈妈盖一个大房子、新房子，然后搬进去住。孩子说这话的时候，我们全家人都惊讶了！我们无法猜测他内心的活动，但直观感受到的是他在搭积木的时候，想到了住房子的事，而且还想到了盖新房子、盖大房子，让妈妈搬进去住的事实。孩子的直觉行动思维，是即时性的，游戏可以促进孩子的想象发展，并且这种想象很难说不在记忆的图式中留有痕迹。

　　人们一般都认为幼儿阶段没有理想，但幼儿阶段儿童的关于未来的带有游戏性质的理想是客观存在的。2010年第14期《视野》刊登了署名小鱼儿的《00后孩子的惊人理想》的文章，记叙的就是幼儿理想的情况："我小时候，身边的孩子都会说，长大了要当科学家、老师、医生等。那么，2000年以后出生的这些所谓的00后孩子，他们的人生理想会是什么呢？我央求在幼儿园当老师的堂姐，让他带我去和孩子进行面对面的人生理想探讨。不料，孩子们的理想让我大吃一惊。一个孩子说：'我长大了要当歌星！'一个孩子说：'我长大了要当刘翔！'一个孩子说：'我长大了要去跳舞，穿漂亮的衣服！'一个孩子说：'我长大了要当好大好大的官，你们都要听我的！'一个孩子说：'我长大了要当军人，拿着枪谁都不敢欺负我！'一个孩子说：'我长大了要赚好多钱，然后给那些小朋友，让他们能上学。'……我诱导了一下这些孩子，我说：'难道你们就不想当老师、医生或者科学家？'孩子们强烈反对，理由也是相当令人震撼。一个孩子说：'我妈妈说当老师太辛苦！'一个孩子说：'我爸爸说当科学家赚钱少！'一个孩子说：'我奶奶说当医生没有出息！'一个孩子说：'我妈妈说当科学家就是书呆子！'一个孩子说：'我爷爷说这些人没有权力，管不了人！'"作者的意图非常明显，就是想说明00后孩子的理想与过去人的理想不同了，过去都选择当教师、科学家、医生，现在都是与权力和钱有关的理想了。但是，作者的描述，客观地说明了一个道理，在幼儿阶段，儿童也可以有这些在别人启发诱导下的理想。我通过网络认识一个从事幼教的老师，求她帮助我调查一下幼儿的理想情况，结果大同小异。幼儿自己并不能有自己明确的理想，游戏符号也是在别人提及或是在游戏中才会有联想。

　　回忆懵懂的理想。理想的符号和游戏性质，不能仅仅靠推理性的论证获得证明。除掉理性论证之外，还应该有经验的证明。我们听听成人对学前这种符号游戏性质理想的回忆："当我们小的时候，躺在妈妈怀里听着青蛙王子的故事，希望以后做那位幸运的王子或公主，那时候，我们的梦想停留在童话故事里。"① 这类似于最感人的理想中想当狗看门的那种理想，王子或公主与狗同样，都是虚幻不可能的。"刚懂事的时候，就听长辈们谈起北京大学，说那是中国最著名的高等学府，言语之间流露着对我的殷切期盼。从那时起，北大就成了我心中的象牙塔。"② "儿时的我，天真幼稚，听到村里人经常谈论谁家的孩子考上了大学，每每都有赞许之意。于是我便跑回家里向父亲喊道：'爸爸、爸爸，我也要上大学。'父亲听了，眼光中流露出几分高兴之色，便说：'好啊，不仅要立志上大学，还要上一流大学，要上清华。'清华，从此便深深地刻入了我的脑海！"③ "听爸妈说过，童年的我比现在的我可要聪明得多。三岁时，我就表现出了惊人的学习天赋，100 以内的加减法对答如流，常用汉字几乎都能识别并写出。亲友们因此常常和我开玩笑：'能能，你可不要辜负爸妈给你的聪明大脑，以后一定要考上北大啊。'我总是笑着点头，虽然并不知道北大是什么，但从长辈们的口中可以判断出，她绝对不是一般的不愿奋斗的人能够企及的。北大在我身边一次次地掠过，却并不能在我的心中留下划痕。那时的我，还很懵懂。"④ "记得小时候，父母给我取的乳名叫北清。懵懂之时我并不理解这其中的真正含义；北清是父母的一个心愿，是对我的一份期待。"⑤ "第一次接触到北京大学，是在上幼儿园时老师出的一道脑筋急转弯题：读完中国的最高学府'北京大学'需要多少时间？正确的答案是一秒钟。当时我没有答出来，但北京大学这四个字却深深地印在我的脑海里了。也正是因为如此，考上北京大学就成了我童年的梦想。我那时很小，一脸稚气的

---

① 沃建中：《承诺未来：掌握自己的梦想》，世界图书出版社 2011 年版，第 40 页。
② 刘明利：《追梦北大》，北京大学出版社 2008 年版，第 11 页。
③ 赵江鹏：《清华状元是怎样炼成的》，吉林大学出版社 2009 年版，第 248 页。
④ 刘明利：《追梦北大》，北京大学出版社 2008 年版，第 151 页。
⑤ 赵江鹏：《清华状元是怎样炼成的》，吉林大学出版社 2009 年版，第 15 页。

笑容，并不知道追逐这个梦想有多么艰难，需要付出多少努力，需要挥洒多少汗水。"① 上面这七个人的回忆，告诉我们的道理是学前时期儿童的理想还很懵懂。

学前儿童的理想是未定的，他们所有的是符号的和游戏的性质，这种游戏和符号性质的理想用另一个词语表示，可以叫做懵懂。这个阶段的理想还不能称为理想，只是理想形成的一个影子而已。但是，这个影子、符号、游戏、懵懂在人生历程和理想形成过程中，不能不是一个阶段的标记，也就是说，人的理想形态在这个阶段就是这个样子，而我们研究理想形成不能少了对这个阶段的描述。从另外一个角度说，虽然是符号和懵懂的理想，但对整个人生理想形成来说，并非没有任何意义。从构成特点的角度来说，它在这个阶段就是如此的，而从作用的角度来说，它或许从影子就萌芽发展成为后来的理想。上面张江羽的《往事并非如烟》说的就是这样的道理，小时候的事并非一点意义没有，懵懂的北清后来不就成就了北清的梦吗？胡世能的"那时的我还很懵懂"，面对"一定要考上北大啊"的激励，谁能说它对成就后来的理想没有价值？尤其是那些在艺术道路上奋力攀登的人，在学前期尽管懵懂、尽管对当时做的事并不懂其真正的意义，但随着自己艺术道路的发展，随着自己年龄的增长，逐渐就会明了其中的蕴涵，就会在条件合适的情况下，把懵懂变成萌芽、向往、追求的目标，并且也会把它变成现实的此岸。

无独有偶，最近翻阅过往的杂志，2001 年第 15 期《中国青年》杂志上魏雄文的《我的人生不能没有理想》的文章进一步印证了我的观点。他对童年的理想、少年的理想、青年的理想的描述正是我要找的证据，只不过童年的理想在我看来正是学前阶段的符号和游戏阶段："童

---

① 刘明利：《追梦北大》，北京大学出版社 2008 年版，第 167 页。

年的理想：只是一次智力考试，无关理想本身。在我小的时候，大人们常摸着我的头亲切地问我长大以后要做什么之类的问题，那时的我总是挺起胸膛大声说，长大以后要当科学家或当一名光荣的人民解放军，之后大人们便高兴地夸我有志气。老实说，那时的我并不确切地了解科学家或解放军究竟是怎样的一种职业，只是幼小的心里明白，一个想当科学家的孩子必定是个好孩子——书上不都是这样说的。大人们也不明白，和一个世事不通的孩子讨论长远的志向是多么不切实际。我不知道别的孩子是否和我一样，然而在我，严格地说，少时是没有什么远大理想的，如果有，大约也只是简单到——只要爸爸妈妈喜欢、老师喜欢就行了。当我渐渐长大，我终于明白，科学家原不是那么好当的，大人们似乎也不曾放在心上。童年的影子渐渐淡去，那些崇高得近乎可笑的理想被我放置在抽屉里。然而严格地说，那些算不得我童年的真正理想，我原本没有当科学家的野心，无非是众多小孩在孩提时都必须面临的一次智力考试，无关理想本身，真正的理想是以后才有的事。"心理学的研究对这个道理的印证："学前儿童在入学以前还很难说有什么理想，但他们在父母的不断教导中，也会产生模糊的不稳定的要做个好孩子的愿望。而他们心中的好孩子则是非常具体的，不和别人打架的孩子是好孩子，不骂人的孩子是好孩子，不吵闹大人的孩子是好孩子。"[①] 2012年春节联欢会开场的小邓子邓鸣贺，扮演成红孩儿的模样，但不知道红孩儿是怎么回事；他可以把当干部如何的戏词说得很熟，但被问到干部是什么的时候，却不明白了。这些都在一个方面印证了学前儿童理想处于游戏和符号阶段。小邓子在回答为什么和怎么就唱戏了的时候，说爷爷喜欢他就喜欢所以就学了唱戏。这个时期最典型的表征是：只认识符号，但不知道符号的意义；或者是在游戏中扮演角色，或者是把做什么

---

① 韩进之：《德育心理学概论》，上海人民出版社 1986 年版，第 165 页。

当作游戏来理解。如果把游戏符号阶段的理想再明确表述，所谓符号和游戏阶段，就是儿童可以在游戏中有自己符号性质的理想，但对于符号中的内涵是什么却不清楚。这是游戏符号的典型特征。

　　需要再次说明的是，符号和游戏阶段能否称为理想形成的一个阶段问题。前面有所交代，在幼儿阶段，本没有什么理想，即便是小学阶段也只能是萌芽阶段，那为何又有个理想形成的符号游戏阶段呢？幼儿阶段从人生的角度来看，是一个重要阶段，而就教育的角度来说，它在事实上也构成了一个重要的学段。目前的幼儿教育逐渐呈现出纳入教育体系的趋势，无论这个学段所教授的内容是什么，但它构成一个特殊的教育学段是毋庸置疑的，这是我们把它作为一个阶段的一个理由。再有，就是幼儿阶段的游戏和符号性质的活动，确实有着理想的某种元素。符号作为指向未来的符号，本身具有某种希望和渴望的成分，它既是成人的一种愿望和期望，也潜在的是儿童自己的期望和希望。这就是说，这种符号和游戏性质的东西，完全可能被后来长大的儿童变成自己的追求和向往。邓鸣贺是受到爷爷的影响而去唱剧的，但难说他长大后不把戏剧作为自己的职业意向。为什么？因为在一直唱的过程中，逐渐就熟悉起戏剧的内涵和乐趣。就像我们爱什么有很重要的因素是熟悉它。那么多子承父业的人，就是因为由熟悉走到了热爱的境地。我们的教育，无论是家庭教育还是社会教育，都非常重视幼儿兴趣的培养，就是因为这些兴趣不仅丰富着幼儿的生活内容，而且也往往成为走向未来职业目标的开始。在经验中，我们可以发现有相当多的一些人，都是由兴趣走向未来的目标的。而这种现实，从一定意义上说，是具有普遍性的行为。

　　游戏，虽然是现实中的角色扮演和模拟，但它给幼儿以充分的想象空间。扮演什么就会思考什么，就会揣摩所扮演角色或者情景模拟的情景，一方面，这种现实会促使人们去思考角色和情境，进而会拓展想象的空间，把想象的事物限度拉长；另一方面，这种游戏或模拟还会以记忆的方式存留在思维中，所扮演的角色或许因为某种因素就成为自己一生的追求。正是基于这样的思考，才把游戏也纳入理想形成的幼儿阶段。游戏是幼儿阶段的典型活动内容，它在幼儿未来成长中有重要影响。记得，《中国大学生》曾经刊登过相关文章，说某些成功人士在谈论规范问题时说，是幼儿园教会了做事要懂得规矩的道理。而幼儿园的规矩往往就是通过游戏实现的，游戏就要有游戏的规则，在游戏之前要接受认识规则，在游戏中要遵守规则，没有规则就无法运行游戏。规矩可以在幼儿阶段形成，而且是通过游戏形成的，我们完全有理由说，游戏会为人的理想形成刻下重重的一笔。

上面，我们对符号游戏的概念内涵进行了诠释，对儿童心理学对幼儿阶段的想象特点进行了概括，并把它作为幼儿阶段的符号和游戏理想形成阶段的心理支持。对符号和游戏的论证和推演，是在纯粹的角度对符号和游戏阶段的理想形成进行了分析。在这样的层面上，我们从经验的角度，对理想形成的符号和游戏阶段的表征进行了展示。这些人成功了，但他们回忆起自己在幼儿阶段的那些符号性质和游戏性质的活动中，有关理想目标的点滴。他们直接描述的就是幼儿阶段那些关于理想目标的具有符号和游戏性质的活动，他们的回忆，虽然未必那么准确清晰，但轮廓地展示了幼儿阶段富有理想特点的符号和游戏。更为关键的是，他们那个幼儿时期记忆中的符号和游戏，在他们的成长历程中发挥着不间断的动力作用。幼儿的符号和游戏内容与未来的理想还有距离，这个距离不仅是实现过程的距离，而本质的差异是符号和游戏在当时来说可以归结为兴趣和爱好。爱好和兴趣虽然可以发展为理想，但理想与兴趣和爱好的本质区别在于，理想是进入价值层面的爱好和兴趣。从相当意义上说，幼儿阶段的符号和游戏，主体还未发展成为有意识的价值主体。当我们说理想最后形成的时候，这种兴趣和爱好就和社会现实需要的满足联系起来。它不再是简单的兴趣爱好了，而是这种兴趣爱好能够满足我的某种需要。就最后能否实现，能否具有实现价值的时候，兴趣爱好呈现为理想。符号和游戏的兴趣爱好意蕴，让我们从另外的一个层面理解理想及其形成阶段的差异。

第二节　理想形成的萌芽阶段（小学阶段）

萌芽的两种意蕴。小学阶段，儿童的发展有了飞跃。这种飞跃表现在儿童开始系统接受教育，理想也开始带有萌芽的性质。所谓萌芽，也就是在人们的意念中刚刚发生有那么点意思，还没有长成。发生了，但没有长成或形成，这是萌芽的典型特征。刚刚发生的理想，可能直接指向最终的目标，也可能只是流动的浮云。儿童心理学认为：儿童进入学校后，在教学的影响下，想象有了进一步的发展。这表现在三个方面：其一，想象的有意性迅速增长。在教学过程中，教师要求儿童按照教学的目的产生符合教材内容的想象，因此，想象的有意性、目的性就迅速发展起来（阅读，要求儿童讲述生动、表情朗读；作文根据主题构思；绘画设计美感构图）。其二，想象中的创造成分日益增多。低年级儿童的想象还和学前儿童差不多，富于模仿性、再现性，想象的内容常常是事物的简单重现。这种情况和儿童的抽象逻辑思维水平很低这一事实密切相关。在教学影响下，随着儿童的语言和抽象思维的发展，想象中的创造成分便日益增多，想象也更富有逻辑性（如写秋景：低年级内容简单贫乏，中、高年级儿童细致、丰富且有逻辑布局）。当然，在整个小学时期，儿童想象的复杂性、概括性、逻辑性的水平还是不高。他们由于缺乏必要知识经验或不熟悉的事物，想象总是简单而贫乏。其三，想象更富于现实性。学前儿童的想象常常不符合现实，或不能确切地反映现实。小学低年级儿童也有这个特点，如学前儿童用几根线条画人、动物、房子或树，而学前晚期和小学低年级就能简单布局突出细节。但限于知识经验水平的限制，画的事物不完整，比例失调。在教学的影响下，中年级以上儿童在绘画的时候就能注意所画事物的完整性，而且能初步用透视关系来完成表现事物。研究表明，小学阶段儿童想象发展具有以下特点：①儿童对想象物的文字与图画描述可以划分为表象的记忆水平（一年级儿童），表象的再造水平（三四年级典型），表象的创造水平（五年级以上儿童）。②根据儿童对想象事物的文字描述和图画描述的匹配程度，可以把儿童的想象发展分为三种类型：文字与图形均衡发展型、文字符号型、图形符号型。萌芽的经验证明。最能切中萌芽命题的是胡世能的文字表述，他不仅表达出萌芽的意思，而且还能用明确的萌芽来表述这段的梦想："进入小学后不久我渐渐得知，北大是中国的最高学府，只有全国最优秀的人才能上北大。我开始天真地想象着自己也能成为其中的一员。有时，我会不禁发笑，认为这一切都不大实际，只是自己暂时凭空想象，饱一下心福而已。那时的我只是告诉自己，努力吧，不要让父母失望，如果真的有机会，我也要上北大，踏入这块神圣的地方。北大在我心中已经萌芽。"我们可以从多个萌芽的记叙来说明萌芽，下面这段文字虽然显得繁杂，但我非常珍视这些资料，不忍在这里删掉它，并且这些文字也是在叙述萌芽的意蕴！"记得小学将要毕业时，母亲朋友的来访，说她的孩子考上了清华大学，看她说得那么兴奋，我便忍不住问了一句：清华是什么？来访的阿姨只是尴尬地一笑，便没再说什么。等她走后，母亲对我说，中国有两个最好的大学，清华和北大，只要能进这两所大学，就证明你很优秀，而且你将来会很有出息……那时听到很有出息这几个字，就兴奋极了，于是傻傻地说，既然阿姨的孩子上了清华，那我就上北大，我也要有出息。"[1] "小时候，我

---

① 刘明利：《保送北大》，北京大学出版社 2008 年版，第 179 页。

的梦想是做一名伟大的科学家，然而那只是出于自己当时对科学殿堂的敬畏而产生的不知深浅的美丽愿景，不出于对自己兴趣及实力的思考。"① "小学合唱时，稚嫩的童声唱起'水面倒映着美丽的白塔，四周环绕着绿树红墙'，霎时，我像那蓦然回首的路人，发现自己无意失落的红豆已长得一树嫣然。北大原来一直存在我心底，悄悄地含苞，暗香浮动。那时不到十岁的我决定：一定要上北大。"② "望着录取通知书上'北京大学'四个大字，我仿佛又见到了十年前，那个不满 8 岁的我。那是我第一次走进北大的校园，第一次在燕园学习生活，第一次在未名湖边留下我小小的脚印。那时的我或许还不清楚北大之于中国学子的意义，但在我的心中却已经深深地留下了这个有茵茵草坪、清清湖水、巍巍古塔的神秘的燕园。虽然这一次我只在这里生活了 10 天，但那个炎炎夏日中，对她的记忆却好似一缕清风，吹走了我的燥热，留一片清凉于心底，陪伴我整整 10 年。她伴我走过十载春秋，在我的心底播下了一个种子，种下了一个梦，一个神秘而美丽的梦。"③ "小学毕业时，我得到了父亲的一份奖励——到北大参观。当我走进这所百年学府的时候，立刻被浓厚的学术文化氛围和沉着端庄的精神气质所吸引，一如我刚刚走进书法殿堂那样，懵懵懂懂而又十分好奇，心中装满了憧憬与向往。短暂的游历，使我暗下决心，一定要到这里来读书。自主招生面试的时候，我第二次来到了北大。"④ "还在我刚上小学的时候，我就知道在遥远的北京有一所清华大学，那是全国最高学府，聚集了全国最优秀的人才。从我知道清华大学的第一天起，我心里一直藏着一个美丽的梦想：今后一定要考上清华大学，一定要成为国家的栋梁之材。"⑤ "11 岁

---

① 刘明利：《牵梦北大》，北京大学出版社 2009 年版，第 254 页。
② 刘明利：《牵梦北大》，北京大学出版社 2009 年版，第 97 页。
③ 刘明利：《牵梦北大》，北京大学出版社 2009 年版，第 280 页。
④ 刘明利：《牵梦北大》，北京大学出版社 2009 年版，第 232 页。
⑤ 赵江鹏：《清华状元是怎样炼成的》，吉林大学出版社 2009 年版，第 185 页。

的我定格在了方寸大小的胶片上。站在典雅的北大西门投下的阴影之中，一手抚着威严的石狮，我笑得很是灿烂。稚嫩的我猜测这金琉朱闼拥有神力，能将灵气聚集到燕园之中，又不会泄出丝毫。不曾想，这短短几秒钟的思索，竟在我的脑海深处烙下了不可褪去的印记。每当灵魂迷失在无垠的荒原上，总有一个声音告诉我遥远北方的一扇门才是我魂牵梦萦的精神归宿。"① "12岁，豆蔻初放的年龄，我来到了燕园。当那扇堂皇的红漆门打开的瞬间，我的眼前出现了一番别样的天地。……我的心中萌生一个信念——执燕园之手，度大学时光。"② "1999年，我第一次来北大，是伴随着共和国五十周年的军乐声来的。这一次独特的经历，让北大的情怀像春天的种子般在一个五年级少年的心中深载。"③ "记得小时候，第一次来到北大，湖光塔影中的北大校园就像一幅美轮美奂的风景画进入了我的视野里。……从那时起，一个梦想在我心中如鹤而起。我知道，今生今世我将和北大有一种抹不掉、挥不去的缘分，有一个说不出、理不清的约定。成为北大人，就是我一直不变的梦想。"④ "自从小学到初中我一直是以清华为目标的。记得我八岁时从父母口中听说了清华、北大是国内顶尖的两所高等学府。由于那时消息闭塞，绝大多数人都以为清华偏理，是科学家、工程师的摇篮，北大偏文，培养了一批批文学家、艺术家，我家也不例外。……于是从小就立下了向清华进军的志向。"⑤ "第一次听见北大这个名字，早已记不得是在多遥远的过去。母亲的朋友仿佛都是最伟大的教育家，他们的孩子总是北大清华的骄子。十年前那个夏天的傍晚，家里来了一个客人，正是他，在我心中深深刻下了北大的名字。……叔叔对我说：'北京有最好

---

① 刘明利：《保送北大》，北京大学出版社2008年版，第143页。
② 刘明利：《追梦北大》，北京大学出版社2008年版，第81页。
③ 刘明利：《追梦北大》，北京大学出版社2008年版，第83页。
④ 刘明利：《追梦北大》，北京大学出版社2008年版，第101页。
⑤ 刘明利：《追梦北大》，北京大学出版社2008年版，第57页。

的大学——北大，还有清华，像你这么聪明的孩子难道不想读北大吗？'
我用稚嫩却坚定的声音说道：'在福州，我也能上北大！我要上最好的
高中，最好的大学。'"① （小学二年级）"刚懂事的时候，就听长辈们
谈起北京大学，说那是中国最著名的高等学府，言语之间流露着对我的
殷切期盼。从那时起，北大就成了我心中的象牙塔。"②

　　理性的分析。上面是作为过来的人自己谈小学阶段的理想形成阶
段，他们自己的记叙可能会因为时间的久远而缺乏准确，但不失真实。
仅仅有自我的记忆和描述，还不足以说明小学阶段的萌芽，我们还可以
通过研究者的研究成果来看看小学阶段理想形成的观点："小学低年级
以前的儿童，身心发展水平还很低，在认识活动中，他们的智力特点是
第一信号系统占优势，直观形象记忆比逻辑记忆发达，机械记忆的能力
很强，思维具有较大的具体性、形象性，抽象思维的水平低，同时，集
中注意力的能力也比较差。这一阶段的儿童，还谈不上自我认识，也无
所谓理想，属于简单积累是非观念素材的理想发展准备阶段。处于这一
阶段的儿童，其行为特点主要是：大量的行为表现通常不是观念指导的
结果，而是环境影响的产物，往往把家长和教师的要求当作自己的理
想。因此，对他们的教育应以行为训练为主，同时辅以一定的说理教
育，重在培养他们良好的文明行为习惯，使外在的要求逐步内化，促使
他们的自我认识健康发展，为树立远大的社会理想打下坚实的基础。"③
范友祥的调查显示："学生七、八岁时，啥都想干，不知干啥好的为
63%。学生七、八岁时，缺乏理想占总人数的50%。"④

　　为了研究不同发展阶段理想的形成，我们通过问卷的形式在两所学

---

①　刘明利：《追梦北大》，北京大学出版社 2008 年版，第 18 页。
②　刘明利：《追梦北大》，北京大学出版社 2008 年版，第 11 页。
③　李晓燕：《青少年理想的形成和发展》，《高等函授学报》1999 年第 1 期。
④　范友祥：《青少年儿童理想形成的追踪研究》，《心理发展与教育》1986 年第 4 期。

校进行了调查研究。这两所学校都是从小学一年级到高中三年级，包括了基础教育的三个阶段的所有年级。小学阶段虽然包括六个年级，期间差异也比较大，但调查结果基本能够反映出这个阶段理想形成萌芽阶段的特点。(以后的初步形成阶段和确立阶段不再单独解释。)

　　根据本课题2011年6月关于理想问题调研的结果显示，小学三年级以下学生的理想很多都是模糊不清的，好多东西他们都是一知半解的，而四到六年级的学生理想还是不成熟的，因为他们大多数以教师和英雄人物作为榜样，且很多人的理想基本是一样的。在一所小学发放的284份调查问卷中，学生的理想主要以老师、画家、医生、飞行员、军人、科学家以及钢琴家等为主，在这些理想当中老师的比重占的是最大的，达到了28%；其次是医生，约占总人数的14%；再次是科学家，约占总人数的14%；再往后军人占9%，钢琴家6%，飞行员占5%，警察占4%，歌手占3%；其他理想占17%。通过分析可见，教师在小学生的心目中占有很重要的地位。因为学生们走出家门，接触的第一个地方就是学校，而接触的第一个人就是老师，通过老师的讲授，学生们慢慢地接受老师，并且认同老师，逐渐地老师在学生心中的地位占比越来越大，从而取代了父母在学生心中的地位，以至于有的学生就是喜欢某一个老师，所以才要当老师。小学生想当医生和科学家的总和刚好和当老师的理想持平。一个学生是要当医生还是当科学家，这些都是由于社会上的一些英雄人物的影响，或者受到家庭的影响，有一些学生的理想是当医生就是受到了医生救死扶伤的事迹的影响，认为医生这个职业是个光荣的职业。当科学家这个理想往往被同学们理解成为高深的职业，持这种理想的学生，最主要的理想来源就是受到科学家的英雄事迹的鼓舞，或者是科学名人的故事等，从而使孩子认为科学家是如何的伟大，以至于把当科学家作为自己的理想。而当军人的理想，则是由于孩子在电视上看到了解放军的光辉形象，或者说家里有人在部队，灌输军人的思想，这才使得一些小学生向往军营生活。至于钢琴家、飞行员、警察、歌手等这些理想很多也是源于现实的，在调查问卷中有一些孩子向往警察这个职业，是因为他们认为警察可以抓小偷等。但是以上所说的这些理想，仅仅是小学生们被动地受到各种教育的结果。因为小孩具有极强的模仿能力。因此，说理想是在小学的时候确立的是不科学的，小学生的理想仅仅是大人的复制，自己没有独立思维，也没有判断是非曲直的能力，一般是没有理想的。另一所小学调查的结果是，小学生的理想是当老师的人数居然占总人数的40%，想成为医生的人的数量占25%，想成为科学家的人数占15%，想当军人的人数占11%，剩下的9%的人的理想就又很丰富了。比如说飞行员、歌唱家、老板、游戏玩家等理想仅仅占9%。可见多数小学生的理想都是当老师，而且当老师的原因也是很简单的，有的人是受到了学校的教育，有的人本身的愿望就是当老师。想当医生的同学多数都是由于自己家庭的影响。

萌芽阶段具体表现是有些人有了意识，尽管是不断变化的，但想到了或者知道了这个问题，只是还不能真正理解；不排除有些人有了一个目标，但对目标的理解还朦胧，不知道目标的意义价值，对自己所希冀的内容只有在后来发展中才能理解和明确。"小学儿童只有一些比较模糊的、对未来生活的想象，真正的理想可以说还是没有的。只有从少年时期起，理想才真正形成和发展起来。"[1] 小学阶段的理想处于萌芽阶段，这在现实的小学课本中能够得到辅助证明，在小学关于品德的课本中，没有直接谈及理想的，只是引导孩子喜欢什么。这个时期最典型的表征是：知道了符号的意义，但还不能理解理想目标的价值。金兹伯格等把理想形成过程分为"幻想期、实验期、现实期"，认为幻想期在10—12岁，主要特征是儿童选择的任意性、武断性缺乏现实导向，这主

---

[1] 朱智贤：《儿童心理学》，人民教育出版社 2009 年版，第 408 页。

要反映在这个时期儿童表现出来的职业偏好上。① 教育和成长的因素，使这个时期的儿童能够理解符号本身的意义，但不能理解理想目标的意蕴。概括地说，萌芽阶段的理想是这样一种状态：他们知道某个目标的具体含义，比如对工人、科学家、军人、医生等都能知道他们是干什么的，但就是不能清楚知道理想本身的意义及其在生命中的地位，并且也没有自己真正的理想。他们多端变化的理想目标，证明他们开始思考这个问题，可由于不能真正理解理想的含义进而形成自己的理想，因而只能是萌芽状态。简单地说，理想萌芽状态的典型特征是：知道具体目标的含义，也有了自己想要做的事但不稳定，不能理解理想本身的含义因而也没有形成自己的理想，这也即萌芽了还没有长成。

理想的萌芽发生在小学阶段，与教育的影响因素有关。幼儿阶段虽然也是一种教育，但幼儿阶段的教育主要是游戏娱乐，从相当意义上说，幼儿阶段的教育不过就是哄住孩子的教育，它的本质就是代表家长看孩子。这是指幼儿阶段经受幼儿园的教育。幼儿园的存在，是社会福利的一个表现，是社会生产力的一种解放，也是社会化大生产的一种体现。每个家庭一般只有一个孩子，而现代家庭结构典型的是三口之家。父亲和母亲都要劳作，都有自己的职业。孩子问题需要有人来照顾，仅仅是父亲或者母亲看一个孩子是一种资源的浪费。家长要解放出来，就需要有社会服务机构的产生，所以才有了幼儿园。一个文明的社会，应该为幼儿阶段的孩子提供看护的条件。同时，也存在一个单独放养的孩子如何适应社会性发展的问题，它的另一方面就是多人的方便管理。即便如此，幼儿园的孩子主要还是看护中的游戏和娱乐。无论是竞争机制的引入，还是对儿童发展的追求，反正现代社会有在幼儿阶段加大知识教育含量的现象，这引来了社会上的争论。有的主张孩子在幼儿园要学

---

① ［美］塞缪尔：《生涯发展理论》，顾雪英等译，上海教育出版社 2010 年版，第 21 页。

习一些基础知识和进行基础性的训练，以为上学打基础；有的则认为在幼儿阶段不宜进行知识性的教育，主张培养孩子的快乐心情和好奇心就可以了，而这些则只能在游戏玩耍和故事中实现。描述这些，目的在于引出幼儿阶段的教育不同于小学阶段的教育，小学阶段的教育是正规的教育，是基础教育的起点。

　　基础教育的第一个阶段是小学，在小学阶段教育的内容都是最基础性的知识。基础知识的学习，基本技能的训练，生活常识和生活规则的把握，生活习惯的养成，这是小学阶段的基本任务。孙云晓写的《教育就是培养好习惯》，我想就是写给小学教育的。文明的习惯，遵守规则的习惯，学习的习惯，等等，都是小学阶段应该养成的。在小学阶段的教学内容里，并没有直接关于理想教育的内容，但怎么有了理想的萌芽呢？这是我们应该讨论的问题。课本中没有直接讨论理想问题，因为理想问题本身显得比较抽象，儿童还不能理解，因而在课堂和课本教学中并没有直接涉及。我们知道，在学校的教育体系中，尤其是品德性的教育是分为两个部分的：一是课本的教育；二是日常的教育。尽管日常的教育和课本的教育基本是相适应的，但二者还有许多不同。课本不能涉及的问题，日常教育可以涉及；课本的教学任务比较规范，而日常的教育比较灵活；课本的教学必须按照课本进行，而日常的教育则要有灵活性和情境性，也就是教师可以根据学生学习和生活的情境，以及自己对时机的把握，进行相关的启蒙教育，诸如故事、人物介绍等。小学阶段，老师的日常教育完全可能有"好好学习，将来考好大学的"话语，甚至能够举出某个人物考上大学而且是好大学的例子。记得有不少小学，或许是为了招生扩大宣传的需要，或许是为了鼓励在校学生学习的需要，在学校的某个显著位置，都把出自这个学校的有好的发展前景的校友照片或名字陈列在那里。告诉人们，我们这个学校培养的学生考上某某大学，成了什么什么家等，这事实上就是在进行理想的启蒙教育。

即便是课本中，也多少涉及理想问题，尽管并不直接，但具有理想教育的味道。比如，小学一年级的课本里有"喜欢""愿意"的字样，二年级的课本里就有"你的心愿""喜欢谁"的内容，三年级有"向谁学""徐虎的故事"，四年级有"张海迪的故事""飞上蓝天的梦想"，五年级有"伟大的先人：孔子、司马迁、李时珍、司马光、贾思勰"，六年级有"为了中华民族的崛起：孙中山和共和国的缔造者，我的成长足迹"，等等，都是具有理想启蒙教育的因素。这两种教育元素，虽然不是直接的理想教育，但确实发挥着理想的启蒙作用。前面介绍的家庭中关于萌芽的事迹，都能说明萌芽的道理。

综合上面的文字，小学阶段的儿童在理想形成上处于萌芽阶段。萌芽的具体呈现例证就是这个时候朦胧地有了关于未来目标的看法，尽管关于这个目标是怎么回事还说不清楚，也就是归结到萌芽的概念上面，有了关于理想目标的影子但还没有形成明晰的认知。形成这个现状的因素是学校教育中的日常教育的直接点拨，课堂教学的启蒙，还有家庭教育的期望。当然，最为根本的还是儿童自己在这个阶段的发展，思维和想象能力的发展。小学阶段的理想形成是潜在的还不明显的，因为这个时期的教育是基础教育的基础，按照常规的要求和理解，这个阶段的学生就是成长和发展，还不能进入到未来的设计问题。有人主张，这个阶段就是培养孩子的好奇心、想象力和注意力，为未来奠定基础。在网上看到一则消息，说小学在课堂里学到了0，被家长起诉，原因是破坏了孩子的想象空间。而另外的报道显示，中国学生的想象力低、创造力低而计算能力强。仔细推敲小学的教育，我们能够看到这样的倾向，规范教育、品行教育占到主要的部分，这可能是应了培养习惯的要求。与此相比较，我们的小学阶段的教育虽然在理想启蒙上有所体现，但还远远不够。小学阶段应该在关注规则习惯基础的同时，注意引导儿童的兴趣爱好发展，要让他们在基础阶段形成自己未来爱好兴趣的发展基础。事实上，所谓的萌芽阶段的理想形成，不过是为理想的形成奠定了基础。因而，从一定意义上说，理想的萌芽就是理想形成的基础阶段。需要格外强调的是，无论萌芽还是基础，都是刚刚有了关于理想的意识，还没有形成明确的目标意识和目标，这就是萌芽或者基础阶段的特征。

萌芽阶段的理想有了萌芽但还没有形成，虽然没形成，但难说后来不变成现实。从事特殊行当的人，在小学阶段往往就有了自己的目标并且也是在半梦半醒之间，但后来走上原来道路的大有人在。不仅如此，即便不是从事特殊行当的人，也有这种情况。张鲁镭发表在《语文教学研究》2010 年第 12 期的文章《我的理想》，描述的就是自我理想形成的历程："那还是小学的时候，大概三四年级那样，有一天老师发给我们每人一张白纸，让大家在上边写自己的理想，对于一个十来岁的孩子来说，理想这个概念有点抽象。啥叫理想呀？理想吗就是你长大了想干什么？噢，原来是这么回事，这就好办了。同学们都兴致勃勃地写起来，有的要上天开飞机，有的要当警察抓小偷，还有人要到冰棍厂当工人。我长大了做什么呢？让我好好想想，我这个人天生胆儿小，开飞机当警察的事干不来，去冰棍厂也不成，我身材瘦小还有点懒惰。我希望长大以后能像老爸单位同志那样（文联），轻轻松松逍逍遥遥的不正常上班。对，我的理想就是不用一天八小时死守着，不正常上班。不过当时我好像没敢把自己的真实理想写在纸上，我担心大家笑话。不过从那时起，这份理想就在我心灵深处埋下了一粒种子。后来我长大了，老爸跟我探讨的不是理想，却是就业问题。我说我挺喜欢文联的，不用正常上班。老爸当时居然把豆眼瞪成杏眼说，你没病吧。我们单位那都是人间精英，都是有一技之长的，音乐美术写作，就你？？我说，音乐美术恐怕来不及了，干脆写作得了，我作文还成。……经过不太漫长也不算短暂的努力，我终于梦想成真了，现在我只需要每周去单位开个早会就

172

成，其余时间全归自己。亲爱的朋友，只要你肯努力，不管梦想理想，都会在前边不远的路上等你，快行动吧。"作者的短文，主旨是有理想，只要努力就能够变成现实。我在这篇短文看到的则是，小学萌芽阶段的理想，本来未必能实现，但她实现了，她一直把萌芽的种子呵护长大了。尽管小学阶段的萌芽不具有长大的普遍性，但不是没有。

第三节　理想的初步形成阶段（初中阶段）

研究者的共识。所有研究理想形成的人，都使用青少年理想形成的字样，看来，少年和青年阶段是理想形成的阶段应该是一个共识：一方面是说青少年阶段是富有理想的阶段，在青少年阶段人们都有理想；另一方面是说在青少年阶段形成和确定了自己的理想。因而，说人的理想是在青少年阶段形成是有道理的。笔者考察了人民教育出版社的思想品德教材，发现初中阶段是唯一通过课本明确对学生进行理想教育的阶段（见教育影响确立目标部分），并且在一年级进行具体的教育，三年级进行抽象的理论上的教育。而小学六个年级中只有兴趣爱好愿望之类的教育内容和英雄成功人士的事迹，高中在课本里没有了理想的字样和内容，这些能够帮助我们理解初中阶段在学生理想形成中的地位。

金兹伯格等认为这个时期是理想形成的试验期，他们具体把试验期又划分为兴趣期、能力期、价值期、转折期四个阶段。"儿童开始思考职业时，通常问自己对什么感兴趣？喜欢做什么？但是很快，他们会意识到，他们做有些事情比做另外一些事情做得更好，因此，他们开始收敛无边无际的幻想而更关注能力。随着他们逐渐长大，他们发现有些活动比另外一些更具有内在或外在的价值，他们会把这种感觉作为第三种因素放进职业中。在这个时期，他们开始进入整合阶段，度过转折期，进入最后一个大的阶段，即现实期。"① 试验期的观点，对于认识理想形成的过程和阶段，具有很直接的参考价值，尤其是兴趣期、能力期、价值期的说法，更显示出研究者的细致和缜密态度。

初步形成理想的初中阶段。理想是在青少年阶段形成的，但少年和青年是一个界限比较分明的阶段。笼统地说，理想是在青少年阶段形成的，还不能说明问题。我以为，理想在少年阶段初步形成，而在青年阶段才确立理想。彭定光在《理想论》中把个人走向成熟的历程分为三个阶段，即"自然个体阶段、社会个体阶段和成熟的个人阶段"。② 自然个体阶段是人从出生到三岁左右这个时期。在这一阶段，人的行为动力是来自生理的需要，他一心一意要满足自己的生理需要，而对他的行为的控制主要是依靠外界力量的惩罚。在这一阶段，人产生了最原始、最为简单的自我意识，它是个人对自己身躯的认识，包括占有感、支配感和爱护感。由于这种自我意识的存在和影响，人所表现出来的行为是以自我中心的，以自己的想法来解释外界的现象，认为外部世界是为他而存在的，以他为中心。社会个体阶段是个人走向成熟的第二个阶段，它是从三岁左右到十三四岁的这段时期。处于这个阶段的人，虽然仍然生活在家庭之中，但是，他开始从家庭中走出，有较多的时间生活在同龄朋友、幼儿园、学校之中，也常常与其他的成人进行交往。由于处在社会关系之中，他的自我中心的思想和行事方式逐渐被社会的要求和义务所取代。在自然个体阶段，他可以不做甚至拒绝做某事，而在社会个体阶段，他必须做符合社会要求的事。社会赏罚方式，迫使个人去担负社会责任，设法履行义务。正是在承担责任、履行义务过程中，个人逐渐把社会要求人格化、个体化，并在行为中努力遵循这些社会规范、符合社会要求。正是在这一阶段，"个人由于受到社会要求和自己所扮演过的社会角色的影响，就开始幻想起来，幻想成为自

① ［美］塞缪尔：《生涯发展理论》，顾雪英等译，上海教育出版社 2010 年版，第 22 页。
② 彭定光：《理想论》，中国青年出版社 2001 年版，第 63 页。

己曾经扮演过的和成人所称赞的科学家、警察、宇航员或探险家等。不过，这种幻想虽然也是人的向往、憧憬，但是，它却不是理想。因为个人只是处于模仿、效仿或者兴趣才产生幻想，他既没有深刻地认识客观现实，又没有准确地评价自己的能力，还没有真正地理解自己所效仿的榜样的价值意义，所以，对于大部分这种年龄层次的人来说，他们并不会把幻想化为坚定不移的追求。幻想是个人走向成熟的伴生物，它既是个人不成熟的表现，又是个人走向成熟的条件。在这个意义上说，幻想是对人的发展有利的"①。

在彭定光看来，个人走向成熟的第三个阶段是成熟的个人阶段。这个时期是从青春期开始的，时间的长短因人而异。成熟的个人是从社会个体阶段发展而来的，它是扬弃和超越社会个体的结果。成熟的个人就是具有成熟的自我意识的个人。成熟的自我意识是在自然个体和社会个体阶段基础上发展起来的，既包括生理的自我和社会的自我又超越它们，从未来和完美的角度上来审视一切的自我意识。一个人的自我意识所以能够成熟，是因为他参与了社会实践，处理了个人和社会的关系，并在现实生活中形成了新的需要和明确了自己对社会发展的新的责任。"由于具有了成熟的自我意识，一个人就能够确定我能够做什么，我应该做什么，我应该成为一个什么样的人，也就是确立了一定的价值目标和理想。"② 彭定光的观点也得到了别人的认同："少年的理想真正属于自己，那是自己生命的全部。我想，无论是伟人也好凡人也罢，理想大约都是建立在兴趣之上的。有一段时间，我发疯似的迷上了绘画，我几乎用父母给的所有零花钱都买了和绘画有关的东西，每天我都花上大部分的时间练习绘画。我老早就知道达·芬奇画蛋的故事，于是我也学着把一只鸡蛋放在桌子上，进行锲而不舍的描摹。我梦想着有一天能和

---

① 彭定光：《理想论》，中国青年出版社 2001 年版，第 65 页。
② 彭定光：《理想论》，中国青年出版社 2001 年版，第 67 页。

达·芬奇一样，成为伟大的画家，我的作品也能作为稀世珍品被人们收藏。终于有一天，我将我画的一只'蛋'拿去参加县里的少年儿童绘画比赛，我梦想我会和达·芬奇一样因为一只蛋而成功。然而在大赛揭晓的那天，我在县文化馆那一幅幅展出的作品中寻了一个上午，也没有找到我那只心爱的'蛋'。我彻底失望！于是我怀疑起评委的公正，我怀疑达·芬奇是否真因为画一只蛋而成为一名著名画家，最终我怀疑自己是否有绘画的天赋。于是，我有生以来的第一个真正属于自己的理想就这样破灭了，如今想来不免觉得有些可笑，然而，在那时简直就是我生命的全部，当然我现在知道达·芬奇不是仅靠画一只蛋成功的；而这是我少年时代所不理解的。"① 魏雄文以自我的经历和体会，说出了少年阶段的理想是属于自己的理想。那么，到底少年阶段怎么就成为理想的初步形成阶段呢？他人的论述和经验是有说服力的，但我们还是要给出自己的道理。关于理想问题，儿童教育专家孙云晓有一段话："中学阶段是人生中立志定向的关键期。且不说古今中外的杰出人物，大都是少年立志成才，即使再普通的人也需要确立人生的理想和目标，因为理想是人生的太阳，而目标则是生命的轨迹。"② 理想形成的表征。所谓少年阶段，我的理解也就是 13—16 岁的发展阶段，就学段来说正是处于中学阶段。这个阶段正是理想初步形成阶段或者初步形成理想阶段。从思维的角度看，这个阶段抽象思维能力发展了，能够理解和思考比较抽象的问题，因而对理想的概念及其内涵都有所理解了。从接受知识的角度说，这个阶段接受的知识比较多，而且相对于小学阶段更具有知识的系统性了，视野开阔。从学习过程来说，也经历和面临了一次选择，受学习成绩的影响决定着学校的优劣，尽管这种现象不是合理的，但却是现实的。这种现实约束他们开始思考未来的方向，即我将来要做什么？要

---

① 魏雄文：《我的人生不能没有理想》，《中国青年杂志》2001 年第 15 期。
② 孙云晓：《教育就是培养好习惯》，江苏教育出版社 2009 年版，第 40 页。

到哪里去读书？要选择怎样的职业？通过研究理想形成问题，我有两个大的收获，其一就是在小学毕业升入初中这个阶段，对学生进行理想教育很有意义。那些考上北京大学和清华大学的学子们，有不少都是在这个阶段思考理想问题，有的是主动的有的是被动的。这个时期有许多家长都带着自己的孩子到这样的学校去参观，去激发他们确立理想目标。其二就是初中有篇课文是田晓菲写的叫《十三岁的际遇》，她通过自己的文字把北大的自然和文化写得非常生动，激起不少学子把升入北大作为自己的奋斗目标。那些考入北京大学的学子，回首往事的时候，念念不忘那篇文章。那篇文章所以激发了那么多的人，是文章写得好，同时它也在告诉我们少年的初中阶段，正是初步确立自己理想目标的阶段。当然，这个阶段所以是初步的形成自己的理想，是因为他们开始带有理想地思考未来，虽然这时的思考并不十分理性，但他们自己往往觉得是理性的，这都是由于自身的发展和发展的不充分导致的。"少年们一开始经常是从兴趣的观点出发设计自己未来生活的蓝图；然后，从他们的能力情况出发来选择未来的职业；最后，才从职业的社会价值出发来考虑。一般说来，从社会价值和价值观点选择职业的能力发展较晚，而兴趣和能力这两方面因素发展较早。"① 我们在理想教育过程中，让学生在确立理想目标的时候，首先要想到的是社会需要，而后是自己的兴趣，最后是自己的能力。这是一个理想的逻辑，但人在发展过程中在面对现实的时候并不能完全按照理想的逻辑发展，而这个理想的逻辑是我们总结经验的时候得出的结论。少年阶段在选择自己的理想的时候，总是考虑到自己的兴趣，而且根据他们对问题的理解程度、对社会的认识水平，他们只能从自己的兴趣出发，因为从某种意义上说，他们除了自己的兴趣还不知道其他什么东西限制和约束自己。前面的魏雄文就是个非

---

① 韩进之：《德育心理学概论》，上海人民出版社 1986 年版，第 172 页。

常现实的例子。兴趣之后会思考自己的胜任能力和社会需要。

韩进之把青少年理想的形成分为三种水平，即具体形象理想、综合形象理想、概括性形象理想。李晓燕把具体理想解释为："一般以青少年最赏识的人的具体形象为模仿对象，并以直接模仿为主"，综合形象理想"则是以几个所赏识的人的具体某一方面的特长为模仿对象，已经上升到模仿内部特征"，概括性理想"则是各种道德行为特点综合起来得出的抽象形象，这时已不再停留于简单的模仿，而以独创性行为为主"。少年阶段形成的理想是具体形象的理想，这种具体形象的理想也就是以模仿为特征的理想，以某个人为对象的理想。韩进之认为理想的心理结构分为三种，即榜样、自我评价、有意模仿，模仿和榜样是连在一起的，模仿的就是榜样，模仿就是对榜样的模仿。认为"儿童的模仿具有自己的发展规律。他们最初是模仿邻近人的榜样。例如，先是模仿家里人的榜样，进而模仿比较狭小的社会范围（老师、同学、朋友）的榜样，而后才是模仿广大社会范围内的榜样；先是模仿现实存在的人，而后模仿文学艺术作品中的英雄模仿人物；先是模仿现代人，而后模仿历史人物。模仿发展的基本趋势是从无意模仿到有意模仿，从游戏性的模仿到生活实践的模仿；以把模仿当作目的到把模仿作为达到目的的手段；从模仿榜样人物的外部特征产生类似的举动，到模仿榜样人物的内心品质从而产生创造性的道德行为。一般说来，低年级学生的模仿带有一定的盲目性，榜样人物变幻不定，中、高年级学生则开始显示出评价榜样人物的独立性，选择榜样的自觉性和学习榜样的稳定性。"①

"少年的理想表现为两种基本形式。一种是以某些具体的人的形象作为自己的理想。这是少年时期主要的理想形式。这些理想的形象，或者是文艺作品中的英雄人物，或者是历史上的伟大人物，或者是社会上

---

① 韩进之：《德育心理学概论》，上海人民出版社 1986 年版，第 164 页。

的先进人物，或者是他们所敬佩的周围的人如教师，亲人等。……另一种是以代表个性道德品质的总和的概括性的形象作为自己的理想。例如，有些少年是以具有高度政治修养和道德品质的革命先进人物作为自己的理想，有些却以科学家或文学家作为自己的理想。这种理想形式大多在少年后期才比较明显，而到青年初期才占有主要地位。"[1]

少年往往不善于选择正确的范例作为自己的理想。例如，把粗鲁当作勇敢，单纯地喜爱某些不重要的个性特点。少年对自己的理想人物有强烈的模仿倾向，而且这种模仿往往带有表面的性质，甚至对这些理想人物的行为习惯和言谈方式加以模仿。只有到少年后期以至青年初期，才以理想人物的主要品质作为标准来评价自己和别人的行为。"少年的理想不很稳定，容易发生变化。例如，当他看完《水浒传》的时候，他很向往武松；而当他看完全国乒乓球比赛以后，他又想当乒乓球选手了。"[2]

从具体形象理想的角度看理想的初步形成，是指这个时期的少年以模仿具体人物为特征设定了自己的理想，这是具体的理想。这个理想是从兴趣出发的，由于少年的兴趣不断变化，因而这个时期的理想也不断变化。我们说这个时期的理想是初步形成，其主要理由是，这个时期的少年有了明确追求理想的心理，知道要有个理想了，并且在事实上也都有自己的理想了，尽管这个时期的理想总是变化不定的，但在少年的心里总是有一个目标理想。这个时期的理想，总是以具体地指向某个人为代表，这可能就是不断变化的根源。而初步之所以成立，就是有了，但总是不断变化，还没有最后确立，这是少年的心智发展和经验所不能胜任的。理想的初步形成阶段，学生能够完整理解理想目标的意义价值，这与他们的抽象思维能力发展不无关系，但他们对理想的理解还具有经

---

① 朱智贤：《儿童心理学》，人民教育出版社 2009 年版，第 408 页。
② 朱智贤：《儿童心理学》，人民教育出版社 2009 年版，第 409 页。

验的性质。用心理学的理论说，这个时期虽然抽象思维占据主要地位，但具体形象思维还起作用，在理想确立的过程中还不能摆脱具体人的形象，因而模仿现象比较多，还缺少概括性的理想。所谓初步形成理想阶段，就是说，这个时期的学生由于自身的发展和教育的引导、知识的增加、经验的积累，使他们知道和理解了理想的内涵及其在人生历程中的意义，并且也能选择自己理解和喜欢的目标作为自己的理想。但这时的理想往往带有经验性质，这表现在模仿他人上面。

中学阶段所以是理想的初步形成阶段，有时也可以称为理想形成关键阶段，有这样三个理由：其一，前面已经说过的一个理由是他们实实在在地经历了一次选择和考验，这就是非常现实的中考，即小学升入初中的考试。这种考试的理想状态是，实现测试的一种目的即可，不与目标选择有关。甚至有人主张取消这个考试，按照学区安排学生入校。可实际上这只能是一种想象，是现实无法实现的空想。因为中考的学区好坏直接影响着这种选择，而学区好坏的标准就是它升入重点高中人数的多少，高考指挥棒的影响，成为教育的一种恶性循环。取消高考在目前还不现实，它不仅是教育资源分配的问题，而且还是社会公平的一个影响因素。所以，尽管人们指责高考的应试教育有多少弊端，但现实还没有做好取消它的准备。高考不能取消，中考定然不能取消，这是由教育的连锁机制决定的。小学毕业参加中考，由于高考的制约，使它也具有选择的意义。所以，在小学升入初中的时候，就有了好学校和差学校之分。这种选择，让处于好学校有好的发展空间的学生更加珍视自己的现实，而由于某些主观的和客观的原因没有能走进如意学校的初中生，也有了改变自己现状的动机和愿望。小学升初中选择和差异的现实，让他们开始构想和现在学习相联系的未来。这是初步形成理想的一个理由。其二，他们自身的成长发展已经进入一个新的阶段。人生有两个发展高峰，婴幼儿时期是一个发展高峰，另一个发展高峰期在初中阶段。这个时期，他们的身体外形、身体内部器官、性机能成熟，各个方面接近成人的程度，尤其是这种发展给他们的自我感觉是良好的，他们认为自己已经长大了，大脑的发育成熟了，抽象思维能力逐步发展完善起来。他们认为自己比过去的少不更事的小学生强了好多，虽然可能才是一个假期，但他们感到的是一种超越性跨越性的发展。他们觉得自己与大人也不差多少，甚至认为自己认识问题比成人还有道理。他们的独立性、叛逆性同时存在，因为什么？就是因为他们的发展且发展还没有完全成熟，他们看到了自己在长大但没有看到自己还没有完全长大。中学生自身的心智身体的发展，是他们形成初步理想的自我基础，而升学考试则是外在的条件，一个是内在的因素，一个是外在的因素。自我因素是对理想能进行抽象的理解，这是形成理想的内在的基础性因素。没有自我的发展，没有自我思维和理解能力的发展，就不能理解理想及其意义，进而也不会形成真正意义的理想。其三，教育的因素。自身成长与发展，为教育的可接受性提供了条件和可能。进入初中阶段，开始了真正的理想教育。这种教育分为两个阶段，一是具体的教育阶段，二是抽象的教育阶段。具体地，在七年级上学期的课本里，有"我心中的理想形象"栏目：为了向理想的自我前进，通过对我们心目中的理想形象的思考，进而从社会需要与自身的实际出发，确立个人的成长目标，做出未来的规划——我希望成为什么样的人。在七年级下学期的课本中，有"少年能自强"的栏目：理想是自强的航标，没有理想，就没有动力，就会在困难面前放弃努力。有了理想，就有了奔头，有了进取的恒久动力。要自强，首先就要树立坚定的理想。为人生的理想执着追求，是所有自强者的共同特点。真正的强者确定了自己的目标后，就会不屈不挠地坚持，矢志不移地奋斗，直到成功。在这个栏目中，列举了大学毕业的小辉怀揣着理想回家乡成为苹果大王的故事，说明理想在成功中的作用。

　　进入初中三年级，理想问题被提到一个重要的位置，单独设立一个单元："满怀希望 迎接明天"的栏目之下，有"放飞我们的理想"主题。在栏目开篇，叙述理想的意义："青春不能没有理想。理想是灯，照亮远行的路；理想是路，引导你走向黎明。青春是一片沃土，理想的种子在这里生根、发芽，直到长成参天大树。"栏目开头语中，最有意义的是放飞理想，收获希望所设计的三张关于理想的名片：现在的名片——现在的理想；20 岁时的名片——为理想做的努力及其学习工作情况；初中毕业 30 年的名片——实现理想遇到的困难及其实现情况。在进入正文之后，由共同理想的理想社会开始，进入选择希望人生的讨论：理想是我们在学业成就、未来职业、道德人格甚至家庭生活方面追求的目标，代表着我们对生命的一种盼望，反映了我们对生活的积极态度。人生就是立足现实，不断追求各种具体理想的历程。这是对理想概念内涵的一种解读。关于理想的意义价值，教材指出：人生需要理想。理想就像罗盘，引导人生航船的方向；理想就像航船，一程一程向前推进，不断驶向幸福的彼岸。理想总是指向未来，表现为奋斗目标，对人的行为有导向、驱动和调控的作用。如果缺乏理想，就会使人缺少一种稳定、持久的内在激励，容易受到各种干扰；如果缺乏理想，我们的学习生活就会缺少前进的动力，甚至会迷失方向。列举大学生小张确定考研目标后，坚持努力而实现了自己名牌大学研究生的目标，来说明目标理想的价值意义。再后来，实现理想需要规划人生，使理想目标呈现具体的阶段目标，便于实现。在实现理想的过程中还要根据实际情况，对理想进行调整。实现理想需要脚踏实地地坚持。这是初中三年级关于理想的教育内容。这个教育内容的确立，是基于这样两个事实：一是学生对理想问题的思考和理解达到了一定的程度，已经由具体进入抽象的层面，所以要讲理想问题；二是这个时期的学生重新面临选择，需要确定未来的目标，因而要系统讲授理想的问题。再有，基础教育中义务教育的最后阶段，必须面临一个现实的问题，这就是学生可以直接步入社会谋求发展，而理想问题确实需要在他们步入社会之前讲授清楚。而这些，都取决于理想所具有的价值和意义。

初中阶段是理想的初步形成阶段，基于学生的自我成长，基于教育内容的引导，基于学生经历和面临的选择，学生要初步选择自己的奋斗目标及理想。这个时期，学生开始思考未来的奋斗目标，并且也开始有了自己的初步目标。除上面三个因素外，还有初中阶段日常教育的功劳。这个阶段的学生，能够对自己的未来有个大致的想法和目标，现实的约束是初中毕业或者直接就业，或者去职业学校学习，或者是升入高中继续求学发展。而就考大学来说，选择什么专业、什么学校、什么地点，都有个粗略的打算。

对初中阶段理想教育的课堂内容，笔者通过阅读有关初中的课本，感到理想问题讲授有这样三个问题：一是理想教育的开始时间，应该放在初中一年级为好。因为这是他们初中生活的开始，是他们成长的凸显期，所以应该讲授理想问题。二是讲授理想问题从具体问题开始固然有一定道理，但基于学生理解问题的能力和思维发展的程度，应该先从理想的概念内涵讲起，而后涉及如何实现理想，实现理想要注意什么。三是共同理想和个人理想的关系，在抽象论述理想问题时，教材采取的是先共同理想后个人理想的逻辑，我觉得还是从个人理想进入到共同理想比较符合事物发展的规律。社会理想固然重要，但从个体的理想实现需要社会环境的角度进行讲解，最后进入社会理想的论证，这既合乎逻辑的发展，又是收到理想教育效果的必需。尽管从整个理路来说，在抽象地讲授理想问题之前，对有关理想的具体问题进行了讨论，但它不能取代在抽象讨论问题时的逻辑。而日常教育和课堂教育对兴趣爱好等问题涉及引导不够，这是我们的理想教育应该注意的理念问题。初中阶段的课堂教育中，理想的内容从抽象到具体，应该说比较充分了，只要调整一下布局就好了。由于初中阶段学生的特殊性，日常教育应该强化有关理想目标和规划教育。理想目标教育一方面要继续延伸兴趣、爱好和价值追求的引导，另一方面要突出学生发展的规划性引导。

第四节 理想的确立阶段（高中阶段）

理想的确立阶段是高中阶段，这个阶段在心理发展阶段的划分上是青年初中期。研究心理学和研究理想形成的学者，都有一个共识，那就是我们前面提及的青少年时期是理想的形成时期，这意味着在青年时期已经形成了自己的理想。这个时期所以会是理想的形成时期，有这样几个理由或者根据：

客观现实要求确立目标。这个阶段从客观上要求他们必须对自己的未来做出选择。我们可以设身处地地想一想，到了 16 岁以后至 18 岁期间，应该对自己的行为负责任了。前面我们有所讨论，假如一个人接受完义务教育以后，不去接受继续教育，自然也要面临从业的选择。这在法律上已经给了保障，无论是民法还是刑法，对这个年龄阶段的人都视为成年人了。现在的社会进步了，可以有学习的机会，或者说学习的机会多起来了。过去有多少人在这个年龄要面对就业问题啊！即便在今天，也有一些人选择不去读书直接进入就业的行列。就业也会有自己的选择，也要确定自己的方向。虽然这种就业的人没有多少可以选择的机会，但在自己可能选择的范围内，还是能够选择，还是能够体现自己的意志。如果不是就业，而是选择求学，无论哪种求学类型，都在客观上要求你对自己的未来做出选择。比如，你要进技校，要进职业技术学院，那也要做出一种选择，选择你到哪里去读书，选择读什么方向的书。这是什么？这是对自己未来的一种设想，对自己未来的一种设定。在求学的普通模式中，更多的是选择高考，高考就是要对自己未来的认真设想。我们要选择自己的志愿专业，要选择我们去读书的学校，甚至要选择我们去读书的城市。选择专业更多体现的是自己的兴趣爱好和价值追求，而选择读书的学校则要考量我们自身的实力。因为，从一般意义上来说，选择自己喜欢专业的学校层次越高，越能接近自己要实现的目标。比如，一个想学建筑的人，想当建筑师的人，如果能考到清华大学的建筑专业，那十有八九就接近实现了自己的理想目标。反之，你选择对了专业，但是一个三本学校，虽然不能说离自己的目标很遥远，但最低是或者远离目标，或者要付出更大的成本，才能实现自己的目标。我们谈及的情况可能有些书本化，但集中要表达的思想是，进入高中阶段的年龄，在客观上要选择自己未来的目标。

中央电视台主持人康辉的成长经历告诉我们，高中阶段是确立理想的阶段。康辉上了高三才开始考虑自己以后要做什么。他最后决定考广院（北京广播学院）是因为姐姐的一个在广院念书的同学，这个姐姐的同学大肆描绘了一番在广院上的电视编导专业。这对康辉来说是一个诱惑，因为他从小就喜欢电影，对电视也同样感觉好奇，于是报考了当时的播音专业（电视编导没来招生）。虽然当时就是想试试，但考完之后，就有一种需要别人承认的心态哪怕考上后自己不去也行。当时多数的老师都不支持康辉考广院，认为他功课还行，应该考一个更好的学校。支持康辉的是语文老师，认为播音的职业很好，可以接触很多方面的事情，让自己开阔眼界。很多人觉得康辉考广院没戏，甚至有的同学当着康辉的面说他绝对考不上，这使康辉很生气。语文老师的鼓励和那个同学的否定，让康辉觉得非考上不可。康辉高考的分数过了重点线，当时可以上人大、北大，是当年考广院文化成绩最好的学生。那些不支持康辉考广院的老师觉得康辉很可惜，但康辉自己做了决定后觉得这个专业很好，希望自己能在《新闻联播》里出现。康辉最后实现了自己在《新闻联播》里出现的理想，成为中央电视台《新闻联播》的一名播音员

（新华网河北频道 2007 年 3 月 8 日）。我把关于康辉的材料放在这里，是想说明康辉形成当播音员上《新闻联播》的理想是在高中确定的。康辉的事例，能说明很多问题：其一，喜欢电影成为他确立理想的一个基础，潜在的电影和电视相联的意识成为他接受播音事业的一个重要因素。其二，别人的影响起到了积极的作用，姐姐同学的描绘成为他走上播音事业的一个偶然因素，虽然是外在的因素，但这个外在的因素点拨了自己内心的世界。其三，语文老师的鼓励支持以及同学的否定，也成为他选择这个事业的重要因素。

　　自身发展成熟能够确立目标。高中阶段的人在心理和生理的发展基本趋于成熟，以接受的教育为基础，能够对自己的未来进行选择。用流行的话语来说，就是这个阶段的学生世界观、人生观、价值观基本成型了。我手里的两本沃建中的关于理想目标的书，一本是《承诺未来：掌握自己的命运》，一本是《承诺成就未来：明确目标》，都是写给高中生或者关于高中生选择目标的读物。它在一个侧面表征着，理想目标是高中阶段必须做出的选择，也是高中生能够做出的选择。不可否认，我们现在的高中生在对自己未来做出选择的时候，还有些不成熟甚至盲目，这在进入大学后对自己选择的不满意程度就可以看出来。但是，这不能说明高中生不能确立自己的理想，对于高中生确立的目标不满意，应该客观地看待这个问题。第一，这个阶段的学生的选择能力对于绝大多数的人来说，都是具备的，因而他们确立的目标就是自己的目标，他们能够为自己的未来负责。同时，我们也不排除有相当一部分人缺少这些能力，不能自己选择未来的奋斗目标和努力方向，因而不得不放弃或者让度自己的选择权，让自己的老师自己的亲人代理自己行使对未来目标的确定权。相对于大多数人来说，他们是少数。至于升入大学后对自己的目标不满意，这应该是带有普遍的现象。我们可以设想，让进入大学的人再重新选择自己的目标和方向，在人数限制的约束下，肯定还会出现

186

有些人找不到自己喜欢的目标的问题。第二，我们不排除由于教育理念的原因，我们的教育对象缺少对自己未来奋斗目标的仔细思考。我们的教育注意培养的是服从听话，而在培养学生确立自己兴趣、自己价值追求上还有很大距离。我们的教育理念是应试的，而不是发展的追求。因而很多人在教育的诸多阶段没有自己的爱好追求，不知道自己到底喜欢什么，自己胜任什么。当这些人进入大学以后，才会发现自己过去选择的确定的目标不是自己的真爱。第三，教育过程的误导或者叫误区。我们以为考入大学选择了自己的专业方向，就应该是自己的最后定位。其实，大学虽然有专业和方向问题，而且就其本质来说，大学就是专业化的，但大学又是一种带有素质性质的高等教育，本科教育只是发展的一种基础，本科教育的发展促使研究生教育的发展，本科毕业要读研究生。读了大学并不意味着就不能改变自己的专业方向了。现在的毕业就失业反映的是人才市场与教育发展对接的问题，也反映出大学后教育的发展问题。而如果就满意度来衡量确定目标的问题，忽略的另一个问题就是人在发展过程中的永无止境的追求和不满足现状的心理表现。如上三点试图说明的是，高中阶段是理想的确立阶段，高中阶段的学生具有为自己选择未来确立奋斗目标的能力。高中阶段的学生已进入青年初期，身心发展基本成熟，抽象思维水平已达到相当水平，理性认识能力极大提高，也有了一定的社会阅历，世界观人生观初步形成，这是他们能够确立理想目标的基本条件。

高中阶段理想确立的举证。关于理想确立阶段是高中阶段，这在学术研究领域已经取得认可。朱智贤在他的《儿童心理学》（第 430 页）中对比少年的理想谈及了青年的理想特点："少年的理想大多都是一些具体的形象，而青年的理想更多的是一些概括的形象。少年往往竭力去模仿他理想中的具体人物，而常常模仿一些外部特点，如说话走路的样子等。而青年能够把他理想中的人物的特点加以分析，并把它们综合成

一个概括的形象。有关青年学生理想的研究指出，通过具体形象来体现
自己理想的，在少年中占 65%，在青年中占 16%；而通过概括形象来体
现自己理想的，在少年中有 6%，在青年中占 55%。少年的理想常常只
在一些特殊场合和现实生活相联系，而青年的理想能够经常和生活相联
系。"理想是在高中阶段确立的，这是不能否认的，我们在北大状元清
华状元的阅读中，发现他们选择自己的目标就是在高中阶段，高中要选
择自己的目标，高中能够选择确立自己的目标。但这不意味着高中确立
的理想就不能变化。"青年的理想：做得最长，是真正为之奋斗过的。
高中时，我开始着梦想成为一名作家，这个梦大概是做得最长的。那时
候，在班上，我的作文常常是被当作范文来朗读的，正是基于这种可怜
的虚荣吧，我便开始了对作家之梦的长长追逐。然而，文章是写了很
多，作家终是没有做成。有一次，我从一位大作家的一篇文章中看到
'一个作家是要固守清贫和甘于寂寞的'，我叹息，我已经够清贫和寂寞
的了，何以我仍未能成'家'。我想，也许还要有很丰富的生活阅历才
行，我还年轻，阅历不够在所难免，因此倒可聊以自慰一番。但一些年
龄很小的作家却已卓然成'家'了，真是叫人汗颜呀！于是我又想，要
成为作家，也许还需要天赋、运气或者别的什么。"① 青年时期确立理想
目标，我们想说的是，在这个时期能够比较客观地选择自己的未来，在
事实上就是在这个时期在确定自己的未来。但随着岁月的流逝和自己的
发展甚至环境的变化，自己的理想可以调整完善。魏雄文就应该属于调
整吧。理想在青年初期确立，并不意味着每一个人都是在青年初期确立
自己的理想的，这只是说多数和一般情况下是在这个时期确立理想的，
但不能说所有的人都是如此。比如，有的人在小学阶段甚至学前就确定
了自己的目标，后来一直走向了成功。这是属于特殊的例子，即便如

---

① 魏雄文：《我的人生不能没有理想》，《中国青年杂志》2001 年第 15 期。

此，也是在青年时期才能最后得到确认的理想。从事艺术事业和特殊事业的人，往往都是在很小的时候，受外在因素所致确定了自己的目标，尽管当时不清楚自己的未来是什么，但伴随着自己的成长和事业中的发展，会在过程中逐渐接受认识自己的选择，最后确定自己的目标。最近在电视上看沙宝亮讲自己的经历，有几分感动。他当过杂技演员，跳过舞，最后成为著名歌星。沙宝亮的经历就很有意思，只是因为他淘气就被动地被送去搞杂技，后来他改变了自己，成为跳舞的人，最后又自己选择成为歌手。这自然有很多偶然因素，其中也体现了自己的追求和追求中的变化。

金兹伯格把这个时期理解为理想形成的现实期，并把现实期分为几个阶段：第一个为探索阶段。要完成喜欢不喜欢与能力的整合，再把这两者与社会的、个人的价值观相结合，完成这些因素的整合后，年轻人开始通过各种途径实施还属于试验阶段的生涯选择。这个阶段和试验期的明显区别在于个体从更加现实的角度评估职业行为的反馈，例如进入工作单位或接受大学早期教育。这些评估的结果逐渐调和形成结晶化阶段。结晶化的特征是个体出现比较清晰的职业模式，而且这些职业模式是建立在探索阶段个体历经的成功和失败基础上的。一旦完成结晶化，就进入最后一个阶段，即具体化阶段。在这个阶段，个体选择特定的职业或专业。到此为止，职业选择过程就完成了，这要花个体整个生命中的大概 15 年的时间。[①]

高中阶段作为理想的确立阶段，这与他们面临的社会要求十分相关。从自身发展的角度看，这个时期他们自己的思维发展已经成熟，能够进行抽象的逻辑思维，辩证逻辑能力形成了。他们通过文化阅读和社会阅历，使自己的思维思考更加理性，不再像初中阶段那样虽然能进行

---

① ［美］塞缪尔：《生涯发展理论》，顾雪英等译，上海教育出版社 2010 年版，第 22 页。

抽象思维，但却凭经验办事，因而他们能够根据自己的主观情况和客观需要去确立自己的未来理想目标。理想的确立阶段，就理想形成的角度说，这个阶段人的理想最后形成了。无论从生理还是心理，抑或知识的增加和经验的积累，尤其是思维的发展，在这个时期都处于成熟阶段，因而能够从完整意义上确立自己的理想，事实上人们的理想就是在这个阶段确立的。

"美国前任总统克林顿 17 岁时以第一名的优异成绩毕业，得到美国白宫青年奖章，到白宫去看了美国总统肯尼迪，回到家后，马上在书店买了两张画像：一张是白宫的画像，一张美国国会的画像，回去贴在自己的房间，还写了自己一生的成功誓言：'克林顿今年 17 岁，发誓这一生一定要做到美国总统，来服务美国的民众，住进白宫。要做总统，就要先当选国会议员，然后培养在全国的知名度，才有能力去当总统。'"① 这里记叙克林顿的故事，意在说明他是在高中阶段确立的理想，并且最后也取得了成功。诺贝尔奖获得者山中伸弥也是在高中阶段确立了自己的理想，他出生于 1962 年，开始时在大阪市居住，其父亲是一位经营缝纫机零部件的街道小工厂的老板，母亲从小疼爱山中。大概是受到父亲的影响，山中很喜欢分解家里的各种各样的物件，有一次他甚至把家里祖传的钟拆开，但是最后复原以后多出了 3 个零件，恢复钟表失败以后，山中就被他母亲打了一顿。在父亲的影响下，他立志认真学习终于考入大阪重点中学——大阪教育大学附属天王寺高中。考入高中后其他学生都在认真学习，只有山中热衷于柔道，他曾有梦想成为日本奥运会代表选手，在高中 3 年期间他因为练柔道就受伤了 10 多次（骨折）。很多人都说这个孩子大概走错了学校，应该去考大阪体育大学附属高中，而不是在这里学习文化知识，3 年时间很快就要过去，这个

---

① 长安遥遥编著：《读大学怎么读》，武汉出版社 2009 年版，第 18 页。

失败的学生将如何面对人生呢？山中伸弥的父亲告诉他：你多次受伤，看见医生这么为病人减轻痛苦，你将来要成为医生为人类服务。于是山中就接受了父亲的提议，在学校的最后阶段认真学习，终于考入了著名的国立神户大学医学部。这里用国外人物事例来说明理想在高中阶段形成，是为了使这里的论述更有普适性，也就是在高中阶段确立理想是有共同性的。我们国内的例子比比皆是，而国外由于人类发展共同性的特点，也同样是在这个阶段形成理想。

高中阶段形成理想，基于两个基本事实：一是高中阶段都要面临人生重要的选择，也就是走怎样的理想发展也即职业发展之路；二是这个阶段的人无论从生理还是心理，包括社会的阅历，都在一般意义上具有胜任确立自己终身奋斗目标的能力。

第五节 理想的完善调整阶段

确立的目标需要调整完善。在前面我们讨论理想确立阶段的时候，波及理想完善问题。讨论理想确立阶段时，我们强调高中也就是青年初期，由于自身的发展和社会阅历的增加，能够确立自己的理想目标了，并且指出了主观和客观原因。其中，我们特别讨论了确定目标后的变化问题，并说出了我们的理由。现在，我们将在这里继续深入讨论理想的完善和调整问题。理想的完善和调整阶段，是在成人之后甚至是整个成人阶段之后。青年初期，我们强调已经确立了自己的理想目标，为什么还需要完善调整呢？这将涉及很多问题！

从总体上说，在青年初期确立的理想对于多数人来说，都应该是符合自己的实际的。这个符合实际有一个张力问题，比如有的人志向目标是当一名教师，教师有多种和多个层次，究竟哪个种类的教师，哪个层次的教师才能是实现自己的目标，符合自己的目标呢？在一所民办的学校当教师，在一所乡村小学当教师，不也是教师吗？难道唯有去大学当教师，在都市当教师才是实现了自己的愿望？还比如，有的人的理想是当 CEO，但现在不是，只是一个打工者，难道现在就能因此而否认未来的带有终极性的理想吗？一个把目标盯在医生的人，可能为了实现这个目标要不断改变自己的现实，最终是为了实现自己的梦想。应该说，对于青年时期选择的理想目标，就当时的情况而言是符合实际的，其中的理由我们在上面已经有所交代。但是，对于相当一部分人来说，的确需要调整和完善自己的目标，而这些人会因为什么要调整完善自己的目标呢？

调整理想目标的因由。首先是对社会需要的把握需要调整和完善。需要说明的是，社会需要本身如果限制在社会发展和阳光性需要当代条件下，永远不要调整。从这个意义上说，个人选择什么，都不会错，都是社会所需要的，因为社会需要是一个很宽泛的范畴，一个社会的发展需要是多方面和多层次的。卖猪肉是社会需要的，当环卫工人是社会需要，当幼儿教师也是社会需要。这里的问题是，个人对社会需要的把握需要调整和完善。实际上，这个调整和完善与其说是对社会的把握，倒不如说是对个人对社会需要期望的把握的调整。社会需要虽然不存在把握的问题，但社会需要本身却有一个发展变化问题。生活中有很多在过去看来是永远都不会消失和过时的事物，但随着社会的发展进步，有些事物就存在过时的问题。诸如，养军马，过去有骑兵的时候它有用武之地，但骑兵没有了你还把目标确定在养马上，显然需要调整。再比如，驾驶员过去是一个很有特殊待遇的职业，现在家家几乎都买车了，它不再那么紧缺。猛然说起消失的职业，突然有种空白的感觉。由于社会发展进步，使原本很有市场的职业突然没有了市场。假如我们选择了这样的事业作为自己的目标，还真有一个调整的问题。

其次是因自我胜任能力对目标的调整。有些职业需要特殊的才能，比如搞建筑的要学会画画，不懂绘画可能搞建筑就很困难。还比如开汽车的视力要好，而航海家的视力可能要求更高，色盲和色弱的人就无法胜任这样的工作。这是一些简单的不胜任的事实现象的表现。更复杂的胜任能力问题，表现在两个方面：一是发展的层次问题。比如，一个想要以歌唱为生的人，既可以在国家级舞台演唱，又可以在乡间的小酒馆卖唱，如果把目标定在国家级舞台演唱，这样就可能会出现由于自身的音色条件等因素而受到限制。二是专业能力问题。有的人适合搞经营，有的人适合搞研究，这两方面的能力是不可协调的，由于个人能力的差异存在，就使得有些人要对目标做出调整。还有一种情况，就是在原来选定的道路上行走，自己也胜任，但却发现了更胜任的方向，前面说的沙宝亮由伴舞到歌唱家就是如此。在青年时期，由于社会实践的限制，由于对自我的理解不够，甚至于对自己选择的目标和方向缺乏真正的理解，难免出现盲目选择问题，因而到了大学之后或者走向社会之后就要调整。我们有相当多的人，由于对大学的某些专业缺少真正的了解，盲目选报志愿，而到了大学之后发现自己学的专业和自己想象的完全是两回事，于是抱怨后悔。不了解专业，就不可能了解自己是否胜任。于是，有的人选择在大学期间跳转专业，企图找到自己心仪的专业。尽管我们承认大学为专业跳转还是留有必要的空间，但终究是少数同学才有机会去调整自己的专业。调整专业意味着什么？意味着自己的目标方向要发生改变，而更多的人把调整留在了毕业之后走向工作之途。走向社会之后，一般来说，学业越高的调整的可能性越小，一方面是求学过程本身就经历了调整，另一方面自己的发展选择限制了自己的调整。当然这与自己的认可程度有关。现在大学毕业后工作转行的人比研究生的要多，而研究生比博士生要多。这说明，大学后读书过程本身就是一种有计划的调整。读硕士一是改变专业，二是提高层次，实质上是在调整自己，虽然有些人的调整按照自己设想的目标没有实现甚至还不及调整之前的处境，但总体上通过读书调整目标是很现实的选择和普遍的现象。经过社会历练之后，对自己对社会的理解可能更加深刻全面，所以会面临更多的调整和选择。但对于目标坚定的人来说，无论如何调整自己，始终会围绕着自己的终极目标前进。

再次是因为自己的兴趣爱好的转移而调整目标。爱好兴趣之类的东西，类似于我们所说的萝卜白菜各有所爱，用学术语言来表示，也可以被称为价值。喜欢、爱好、追求就是自我的价值。这个价值是如何产生的，或者说人的兴趣爱好是如何形成的，是一个值得研究的问题。一般来说，人的兴趣爱好与三个因素有关：一是遗传因素；二是教育的培养；三是环境的影响。无论它是如何形成的，它对人的成长和发展来说都很重要。原中国科技大学校长朱清时认为兴趣是创新的首要因素，而兴趣所以有如此大的魅力，就因为兴趣是行为的内在动力，所以对创新很重要。如果把目标变成自己的兴趣，抑或在兴趣的基础上确定目标，就会为目标的实现提供动力源。目标是自己的兴趣，自己就会在实现它的过程中充满活力，就会为目标的实现提供诸多可能。按照目标确立的原则和一般要求确立的目标，必然是自己兴趣的呈现。但是，经验告诉我们，并不是每个人都能清楚捕捉到自己真正的兴趣。就像陷入恋爱旋涡的人，很难确定自己到底爱的是哪一个，非要等到抉择的时候才能确定谁是自己的最爱。兴趣也是同样，有的时候，我们并不能发现自己真正喜欢什么。目标确立时，我们对自己的兴趣还来不及仔细思考，有些兴趣还没有得到开发。在高中阶段我们可能喜欢从事教师的职业，但当我们开始学习教师职业修养的时候，我们极有可能发现自己对教师并没有那么多的兴趣，而我们的兴趣却是当一名作家或者新闻工作者。高等学校允许学生转专业，体现的是对学生兴趣发展的尊重，这种允许的政策就是基于兴趣对个人发展的意义价值的理解。但是，为了考量兴趣的真实程度，一般都是有特殊考核的内容，以确证你真正喜欢某一个专业和方向。兴趣转移也是调整目标的一个因素，中央电视台女性半边天节目的主持人张越，毕业后在一所学校里当老师，这原来就是她自己的志愿。可是置身于教师岗位之后，却发现自己不适合，内心里真爱的职业并非是教师，于是不顾一切地逃离了这个岗位，成为一个自己喜欢的电视节目主持人。

调整完善目标带有终生性质。记得初中思想品德教材第十课"选择希望人生"中有这样一段话：我们的具体理想不是一成不变的，而是发展变化的。有时我们要根据自己的能力、兴趣等实际情况，对自己的理想进行适当调整，以缩短理想与现实之间的距离，推动理想的实现。它也是在告诉我们，理想要在实践过程中不断做出调整。"职业决策是一种终身现象，而不简单局限于青少年或成人早期的短期事件。""个体要持续寻找其偏好的生涯途径与可利用机会之间的最佳匹配。""面对现实的世界时，学生应该既考虑生涯偏好，也要考虑现实，要有所妥协。"[1]河北省曲阳县灵山镇辉玲村的捏泥人捏出了辉煌前程的马若特，他在实现目标的过程中曾经改变过自己的目标追求。他在初中毕业之后因为有些美术基础而考入了县雕塑学校学习雕塑，但成就并不突出。父亲说你不是搞雕塑的料，还是捏你的泥人吧。后来他又去天津美术学院进修，并拜泥塑大师为师学习泥塑。回到自己的家里以后，他开始了自己的泥塑事业，死心塌地地捏起了泥人。在成功的道路上，付出了辛苦和智慧，最后走向了成功，成为有名的并且多次获奖的人。他成功，有父亲的熏陶影响，有父亲的理解支持，更有自己对泥塑事业的爱好和追求。而他成功事迹的本身向我们诉说着改变调整自己目标的事实：由雕塑到泥塑的过程。尽管他搞过石雕，因为学过雕塑按说也可以，但没有灵感，最后搞起了捏泥人的泥塑，达到了眼到手到、惟妙惟肖、千姿百态

---

① ［美］塞缪尔：《生涯发展理论》，顾雪英等译，上海教育出版社 2010 年版，第 23 页。

的境界。这是一个调整改变自己志愿目标的事实。这个阶段是大学后阶段，马若特是在大学后做出了自己的调整，这个调整虽然并非那么典型，但却事实上是改变了自己的目标追求。假若马若特就是坚持搞石雕，或许就不会有泥塑大师的出现了，或许也不会有他在石雕事业上的成功。①

一般来说，对目标的调整完善，发端于青年的成熟或者晚期，持续在未来的职业践履过程中。从某种意义上说，也可能是一辈子都存在着这种调整和完善的实际。但密度最大最为集中的时段则是大学阶段前后，这段时间是选择专业、寻找工作、在职场打拼的过程，出现调整目标的现象似乎都是正常现象。无论是对社会需要的把握，还是对自己胜任能力的考察，抑或是对自己兴趣价值的再识，都是调整目标的基本原因。

对理想目标的调整完善的实际并不是一个固定化的模式，而是一个动态的发展过程。这个动态的发展过程，并不影响初中阶段的初步形成和高中阶段的确立。我们说初中阶段是理想一个初步形成阶段，因为初中学生面临的实际以及自身成长的实际，包括思维能力的发展和教育内容的关联，使他们能够思考认识理想的意义和价值，对自己多少也有些反思，所以能够给自己树立一个称得上的理想，也就是初步形成了自己的理想，尽管这个理想在很多时候对很多人来说，可能还有些不切实际。小学阶段的儿童并非都没有自己的理想，实际上小学阶段不少人都有过自己的理想目标，只是这个时候认识还不十分清楚和那么确定，这是由其自身发展的实际决定的。高中阶段的确定理想，是说在高中阶段人们都要为自己确立理想了，并且这种确立带有终极的性质。为什么？一般来说，高中面对的是就业和求学，而这是需要选择自己的方向的。

①　中央电视台中文国际频道，2012 年 7 月 25 日。

无论是求学还是就业，都要给自己找一个自己认可的职业方向。就高中阶段的人自身发展来说，他完全可以为自己确定目标了，尽管在确定目标的过程中，往往受到家庭的影响和老师的左右，但他已经具备这个能力了。确定目标之后的调整和完善，是属于发展过程中的微调和最后的确认，这不影响之前的初步形成和确立阶段的存在。毕竟，在高中阶段确定的理想目标还是框定了绝大多数人未来发展的大致方向，尽管有很多人毕业后改变了自己的专业方向。小麦专家李振声，原来是研究草的，后来根据实际需要而成为小麦专家，他是根据客观现实的需要做出了调整。普京小时候的理想是当一名水手，也曾想当一名飞行员。后来他从《盾与剑》杂志上得知第二次世界大战中由于"克格勃"准确地获取了敌人的情报，使苏军一次次取得胜利……他又开始幻想当一名特工，牺牲自己去换取胜利。一次老师出了一个作文题目是《我的理想》，他毫不犹豫地写到，我的理想是做一名特工。16岁时下决心加入克格勃，跑到列宁格勒，那里的官员说要大学毕业生和复员军人。普京问要什么样的大学生，官员回答说最好是法律系毕业。这样，普京中学毕业后，报考了列宁格勒大学法律系，大学毕业后如愿成为一名特工。(《感悟成长的励志故事》第6—7页，吉林人民出版社2008年7月版) 普京的事例说明的是，他是在中学阶段确立了自己终生奋斗的目标，并且实现了这个目标。一个叫曾白子的服装设计师，小学时画了一幅自己骑马奔驰在草原的画，老师表扬了他。他在教室里看到美术老师办公桌上的服装设计的图纸，说"我长大了要当服装设计师"，老师说好啊，但必须先学好绘画。于是，他小学学画，中学学画，大学学画，最终成为全国获奖的服装设计师。(《中国大学生》2004年9月) 曾白子的故事，展示的是一个在小学就有的理想，始终也没有改变，最后成功的范例。

综合关于理想形成阶段的论述，对理想形成阶段的划分总是有个眉目了。笔者坚信，这个阶段的划分还是客观的，虽然其中借鉴和综合了他人的研究成果，但自己的劳作和思考的价值也体现在其中。也就是说，把理想形成的阶段划分为游戏符号阶段、萌芽阶段、初步形成阶段、确立阶段、完善调整阶段，这也是自己带有创造性的成果。同时，笔者也深知，这个阶段划分虽然有了初步的轮廓，但还缺乏更深入细致的论证，粗犷得很。但笔者想，这个基本轮廓对于我们认识理想形成会有帮助，其价值是客观的。笔者也设想在今后的道路上对它不断完善、丰满、提高。

第五章　理想形成的特点

　　理想作为人生的奋斗目标，具有为人生指引方向、提供动力、提高精神境界的功能和价值，因而理想教育成为思想政治教育的核心内容。理想教育的基本前提，是对理想的形成过程有所把握。把握了理想的形成过程，遵循理想形成过程的规律特点，才能使理想教育收到理想的效果。那么，理想是怎样形成的，或者说理想形成的过程是怎样的呢？笔者认为，理想的形成表现为如下三个过程。

第一节　由高到低再升高的过程

　　按照自然的逻辑，人的发展是一个由低向高的发展过程，人的思维能力也是由具体形象到抽象概括的发展过程，认识范围也是由微观世界到宏观世界的过程。但是，人的理想形成的过程却与这个过程有明显不同的特点。这些特点可以概括为：由高到低的过程，由抽象到具体的过程，由宏观到微观的过程。概括起来，我这里把它们都皈依在由高到低再升高的发展过程，尽管它们在实际上还有差别。

　　对理想动力的期待使人的理想形成从高处开始。理想是一种指向未来的奋斗目标，这个奋斗目标既给人们提供方向，也为人们提供动力。人们有理由相信，目标越高远，动力就越大，且成功就越有可能。据说当年和后来拥有 300 亿资产的潘石屹一起打拼的那个李勇，就是"只图安稳，只要今天能吃馒头，就不奢求明天能拥有蛋糕"，和潘石屹分道扬镳，最后自己还是个打工者，而潘石屹则总是对明天充满希望就有了今天的成就。① 人们相信，理想越远大，它对人的吸引力就越大，人们对它的追求就越强烈，因而也就会更加努力地去追求它的实现。经验告诉我们，当一个人的目标从高处出发之后，尽管会有很高的热情，但或者是由于距离的遥远，或者是由于某种阻碍理想目标形成的因素，人们就会使这种理想趋于走进现实。因为，人们设定理想目标是为了把它变成现实，但现实的强大压力摆在面前的时候，人们不得不变更自己的目标，使它更有可能由彼岸走向此岸。基于动力期待的高目标，往往都是外在的人们期待的投射。比如，符号阶段和游戏阶段人们的理想，都是由父母或者教师设定植入的。少不更事的儿童，还没有能力甄别它是否符合自己的能力。"奔向成功的最佳目标不是最有价值的那个，而是最有可能实现的那个。"② 人随着自身的成长，包括成长过程中的经验积累和对社会现实的洞察，逐渐学会把握可能与现实的张力，因而不得不屈服于现实，把高处的理想转移到低处。有人对人们在"社会的政治理想、道德的或人格理想、职业的或事业的理想、家庭生活的理想"选择所做的调查的结果显示："呈现小学—初中—高中—大学选择职业和事业理想的比率不断上升的趋势。"③ 这个调查，也从一个侧面标示着理想的形成是一个由高向低发展的过程。

　　人发展的开放性使人的理想形成从高处开始（过程）。人为什么要选择高理想？除掉上面的理由外，还有一个理由就是人的发展的未定性。未定性是人的本质特征之一，萨特的存在主义认为，人是一个存在

① 刘国伟：《人生的故事》，吉林出版集团有限公司 2010 年版，第 122 页。
② 刘国伟：《人生的故事》，吉林出版集团有限公司 2010 年版，第 115 页。
③ 廖申白：《伦理新视点》，中国社会科学出版社 1997 年版，第 338 页。

先于本质的存在，人先存在着再选择自己的本质。人选择了什么，就是什么，也就是说人可以自己选择自己的本质。但是这个本质不是人的类本质，而是一个人之为一个人的本质，实际上就是人的个性本质。萨特的自己选择自己的本质的观点，实际上的前提是承认人的开放性，就是作为个体的人是一个什么样子，不是确定的，它要通过人在后天的社会实践中去选择，才能形成自己的本质。人在发展过程中，由于自身的开放性和未定性，不知道自己能发展到什么程度，最终走向哪里！因而，在开始确立理想的过程中，把自己的理想定得高些，就成为很自然的事。对于教育引导者的教师和家长来说，有这样的心理不足为奇。还有就是，教育对象在刚开始形成自己的理想的时候，并不理解实现它的艰难，所以会选择高理想。人总是要发展的，这个发展是综合的，有身体的，有心理的，有智力和思维的，有社会阅历的，有观察能力的！对自己发展的程度，随着知识的增长、年龄的增长，对自己的估计会越来越现实和客观。比如，到了初中和高中阶段，人的潜力和才能包括努力程度和其他因素的积累，已经有可能对自己的未来有个轮廓的估计。比如初中和高中的考试排名、自己的应变能力、创造能力等，都会比较充分地发展。尽管还有一部分保持着优势地位，因而他们的理想还是处于高位理想，但对于多数人来说，则会调整自己的理想，使它由高转向相对较低的位置。没有发展的过程，由于未定性的实际，谁都不能确定自己可以走向哪里。但经过实践的考量，人们就会找到自己的位置。

前面说过，由高到低特点下面，还包括抽象到具体、宏观向微观。高位的理想具有抽象性的特点，比如科学家这个高位理想同时还是抽象的名词，只有发展到一定阶段，人们的理想才会由这种抽象的概念走向具体的岗位。不排除这个具体岗位会走向科学家的境地，但现实还是从低处开始！在这里，宏观就是说观察问题的角度，总是看到宏大的事物，不愿做具体的小事，但最后被现实磨砺得不得不走入微观的现实世界。关于抽象具体、宏观微观与高低的差异，这里不去深入讨论，但不是否认差异。

理想的形成是从高处开始，经过向低处行走的过程，最后再走向新的高地。需要说明的是，在理想形成的过程中，并不能否认有由低到高发展的实际例证，笔者也认为按照人成长的规律，应该是由低到高的发展过程。如果说由低到高，那是在形成理想过程中，对理想的认识程度是由低到高的发展过程。从这样的意义上说，理想的形成过程也存在由低到高的发展现象。在走回实际的低处以后，人们的理想形成更为现实，在现实的基础上，根据自己的实际和发展程度，会再次向可能的高度进军。这是一个辩证发展的过程，由高到低再由低逐步走向新的现实的高地。

第二节　外在需要向内在需要的转化

理想是一个凝聚着人的希望追求、未来有可能实现的奋斗目标。这种目标是人自身设置的，外在于人的目标，表面上它也表现为对外在世界的追求，但在实质上它是内在需要的外在表现形式。在讨论理想的作用和价值时，我们强调理想具有动力作用，意为理想能够为人的行为提供动力，促使人去实现理想，或者说促使人为了理想的实现而努力奋斗。理想目标所以具有动力作用，就是因为它是人的内在需要的外在表现形式。人为了实现和满足自己的需要，会动员自身的每一个细胞去战斗。理想动力价值的根据就是它是自身内在需要的外在表现形式，人为了实现自己的理想，满足自己的需要，能不努力奋斗？

需要说明的是，理想虽然是人的内在需要的外在表现形式，但这种内在的需要不是与生俱来的，它是外在的需要转化生成的内在需要。人呱呱坠地来到这个世界，除先天的机能因素外，大脑和思维世界一片空白。人的向往和追求，人的奋斗目标，都是在外在世界的影响下而在内心世界生成的，或者说是由外在的需要向内在需要转化而生成的。这种由外需要向内需要的转化过程表现为：

家庭教育中给予的目标变成自己内心追求的目标。比如父母亲的给予，他们或者是把自己喜欢的目标，或者是把自己没有实现的目标，寄托在孩子身上，让孩子去实现，于是孩子就把这给予的目标变成了自己去追求和实现的目标。这里转化的条件是，一方面给予者会竭尽全力为这个目标的价值进行论证，另一方面接受者必须逐渐理解接受喜欢上这个目标。"父母是孩子的第一任教师"，在目标确立上面会显示出独有的作用。

理想教育中内容以外在需要向内在需要的转化。学校教育的一个重要内容，就是理想教育。学校所以进行理想教育完全是因为理想的方向、动力、希望价值。学校代表社会需要启迪学生有理想即理想的形式，学校代表社会主流价值观需要引导学生有什么样的理想即理想的内容。诸如理想教育中的"要有理想"，要确立远大理想等，就是如此。理想教育，一方面通过理性的启迪，让人们认识理想的意义；另一方面通过现实的经验来证明理想在生命进程中的价值，促使人们为自己树立起奋斗追求的期望目标。这种教育，实际上是力图把社会需要转化成个人的需要，经验证明这种企图在现实中收到了理想的效果，教育的有用性支持着这种教育和转化。美好的愿望使人的理想形成从高处开始。理想不是人出生就有的，它是伴随着人的成长和成熟才有并且逐步完善的。人们所以需要理想，有很多理由和根据，但其中重要的一条就是理想总是比现实美好，因而人们总是追逐理想。理想是一种选择，而现实可以选择的理想很多，在可以选择的理想范围内，可以有不同层次的划分。有相对较高的理想，有相对较低的理想。在选择理想的时候，有的人从价值原则的角度出发，选择那些比较具有社会价值的理想，有的人选择比较切近的理想。人的成长和发展是一个过程，人的理想形成也有一个过程。在理想形成过程中，总会有一个起点。这个起点对于不同的人来说，有不同的取向。但对于多数人来说，符号、萌芽和初步形成的理想都是选择了较为高位的理想。为什么会是如此呢？就是因为人对未来的生活有一种美好的愿望，在生活开始的时候，无论是给人输送理想的人，还是教导人们确立理想的人，都是把最为美好的期望藏在自己的心中去追逐。比如，人们开始的理想往往都是什么家之类的。有研究表明，我们国家的人的理想看重的是科学家和政治家。科学家、工程师，一般是选择确立理想出发时的美好愿景。所谓"初生牛犊不怕虎"的说法，多少也有些这样的道理。起点的理想，如果说能够称得起理想的话，都是美好的。连想都不敢想美好的东西，那就不会有什么前景。家长、老师，抑或他人，也都希望美好的前景成为美丽的追求。尽管人们明知道未来的可能性并不大，但在游戏性质或符号性质的阶段，甚至于初步形成阶段，人们的理想还是充满了美好的诉求。这种美好的从高处开始的理想，在经历了成长的历程之后，逐渐向现实化的方向迈进。这时的理想虽然还具有超越性，但相对于开始的理想高处而言，就处于非常实际的低处了。诸如自己的能力，自己在对比中的优劣，还有就是就业市场的现实，使人不得不从高处走向低处。即便那些更有雄心抱负的人，并且事实能够证明他们可以在未来获得成功，也必须使自己的理想从低处开始。

在外在环境影响之下而在内心中确立起奋斗的目标。人不能离开社会环境而存在，人总是生存在一定的社会环境之中。人们追求什么，期望什么，总会受外在社会环境的影响，这种影响往往是通过人们对事物的评价和现实的报答力而实现的。社会报答力高的事物，社会评价好的事物，一般会成为人们追求的目标和期望。比如，社会肯定英雄和道德楷模，给予英雄和道德楷模以较高的社会报答，人们自然就会把英雄和道德楷模作为自己追求的目标；而当社会崇尚创新能人时，人们同样会把创新能人作为自己的价值取向。人们的理想在实际上说，"是社会现实的熏陶和教育的结果"。人对环境有改造作用，环境对人有影响作用。家庭中的父母诱导、学校中的教育、环境的影响，这些都通过不同的路径转化为个人的内在需要，具化为理想目标去奋斗追求。

第三节 理想的形成是一个不断明晰价值追求的过程

理想作为人生奋斗的目标，体现的是人的价值追求，是价值追求的集中体现。人追求的奋斗目标，虽然有社会需要的制约，自我胜任能力的约束，但却是自我认为最能满足自我需要的事物，进而也是最有用的事物。价值是什么？价值不过是客体能够满足主体需要的属性，能满足主体需要的事物，自然归属在价值范畴中。人追求的奋斗目标，必然是自我喜欢和感兴趣的事物，这种喜欢和兴趣，在实质上就是自我价值追求的直接表现形式。然而，人的理想目标即价值追求并不是生而就形成的，而是在后天的社会实践中由模糊到逐渐明晰的明确过程。

社会需要在理想确立的过程中得到明晰。社会需要就是社会的价值追求，一个社会的发展总会有自己的价值追求，而这种追求一定是社会发展过程中的需要在价值上的体现。只有社会认为有用的事物，社会认为是好的事物，才会需要它和追求它。作为个体，对社会需要的把握受到这样几个因素的影响而难以明确：一是自身发展的影响。自我是一个发展的历程，不同的发展阶段对社会需要的认知会有不同的表现，因而这会有个由模糊到逐渐明晰的过程。二是社会需要的多元。社会是一个多元的构成，这个多元的构成导致社会必然有多元的需要，而这都源于人自身的多元需要。在多元的社会需要中把握什么、选择什么并不是一件容易的事。三是社会需要本身是一个发展的过程。不同社会的发展阶段由于各种因素的影响，会有不同程度的变化，这种变化实际上是社会发展的一种反射。发展的社会需要自然为人们明确社会需要带来困难。由于这样的几个因素，使目标的明确要走过一个由模糊到明确的过程。

自我价值追求在理想确立过程中得到明晰。人确立理想目标，前提是在社会需要的范围内选择，这里的社会需要一是社会发展需要，二是阳光性需要，因为离开社会需要的目标没有意义。但是，在社会需要的范围内，人确立理想目标还要体现自我的价值追求。自我的价值追求是什么？它不过就是自己的喜欢、爱好或兴趣的指向。而自己喜欢爱好什么，对发展过程中的自我来说，并非一开始就是明确的，它同样有一个由模糊到清晰的过程。沃建中有一段话间接说出了这样的道理："当我们小的时候，躺在妈妈怀里听着青蛙王子的故事，希望以后做那位幸运的王子或公主，那时候，我们的梦想停留在童话故事里。当我们上小学后，接受了书本的教育，认识了公平和正义，我们发誓要为'维护世界和平与稳定而奋斗终生'，那时候，我们的梦想停留在'天马行空'的想象中。上初中后，父母老师给予我们梦想，希望我们去实现他们没来得及实现的梦想，那时候，我们的梦想只不过在延续父母的愿望。上高中后，我们根据自己的学习成绩来决定梦想的高度，以为这是我们的梦想，那时候，我们的梦想停留在现实中，被现实扼杀了。"[1] 这里描述的是小时候到高中阶段的理想目标模糊的事实，潜台词是进入大学之后才会明确自己的喜欢爱好，这也道出来理想目标的确立是一个自我价值不断明晰的过程。

自我价值在目标确立过程中获得明晰。自我价值从一定意义上说，就是自己对社会的有用性和对自己需要满足的能力，这二者集中体现在价值追求中的自我胜任能力。人确定的理想目标，不仅要以社会需要为

---

① 沃建中：《承诺未来：掌握自己的梦想》，世界图书出版社 2011 年版，第 40 页。

前提，不仅要以自我价值追求为根本，同时也要考虑自我胜任能力的制约。社会需要的，自己喜欢的，不一定是自己能够胜任的，而不能胜任的目标就是空想的目标。在社会需要的前提下，喜欢不喜欢还可以通过自我调节得到解决，诸如在"不能获得自己喜欢的目标时，可以把自己现有的目标变成自己喜欢的"，说的就是这个道理。不胜任有多种情况，或者是自我对比的不胜任，或者是与他人对比的不胜任。造成不胜任的因素，或者是先天素质造成的，或者是后天修养促成的。相对于其他因素来说，胜任能力很难改变。因而理想目标，最终是在反思自我胜任能力的过程中明晰的。清华大学硕博连读的刘立早，原来是搞理论化学的，后来反复思考，发现自己不适合搞纯理论研究，于是退学重新选择考取理论与实践结合的建筑专业本科，这可以说是对自我胜任能力反思后明晰的结果。

理想形成的过程，在本质上是确定奋斗目标的过程，是明晰自我价值追求的过程，是自我精神世界的超越过程。理想形成的过程，呈现的特点是生理和心理的逐渐成熟、社会需要的转化、价值追求的明晰过程。这些特点带有规律性，对于认识理想的形成过程以及根据特点规律进行有效的理想教育具有重要价值。

第六章　理想形成的本质

本质是事物固有的属性，研究理想形成过程的本质，就是要揭示理想形成过程的固有属性。人类的理想并非是与生俱来的，它是人们在自身成长和社会实践的过程中形成的。研究理想形成过程的本质，对于认识形成的过程，对于引导人们确立理想，具有非常重要的意义。

第一节　终极奋斗目标的确定

人的理性使人在行动中指向目标。人是一个富有理性的动物，人的伟大和高贵都是由于人所富有的理性。理性把人和动物区别开来，动物靠本能生活，而人则靠理性。人不仅存在着，还思考存在的意义。理性使人组成社会，以群的力量来抵御自身能力的不足。理性使人类创造出辉煌的业绩，进而使自己伟大起来。而理性所以伟大，就在于理性能够设计未来，并在理性的指导之下，通过实践的环节把设计的内容变成现实。在讨论理想问题的时候，自然要讨论人何以有理想。这个问题的首要答案是：人有理性。人有理性，才能想象和设计规划未来，并通过自己的实践把这些想象变成现实，人没有理想就如同一头只知道吃食的猪。贺麟在《理想与现实》中指出："理想是基于人的本性。理想出于理性，人类是理性的动物，理想是构成人格的要素，人类所以异于禽兽，伟大异于常人，全看理想的有无和高下。人类能够凭借他的理智，构成一理想的世界，以提高其生活，改造现实，征服现实。在一个人用理想来指导他的行为的时候，也就是发挥了他最高的灵性以实现其自身的时候。"[①] 人作为理性的动物，在做出行动之前，总要想到自己要做什么，要怎么去做才能实现自己的意图。不仅如此，人的理性使人不只是关注现实如何去做，而且还算计着未来的路怎么走，因而要对明天的事进行设计规划。人对未来的设想总要体现在蓝图上，这个蓝图就构成一个目标，而这个目标就是理想。只不过，作为目标的理想是带有终极价值的目标，也就是人最高的追求。人在理性指导下的实践，总会设计一个目标，使自己的实践指向这个目标，这是人的主观能动精神的体现。我们日常做事，总要做个计划和规划什么的，三年的、五年的、十年的、二十年的等，这是我们对未来的规划。当这些规划成为终极的规划的时候，它的理想意蕴就体现了出来。作为个人对自己未来的做出的设计，也往往体现在一个目标上。概而言之，理性使人在行动中设计未来，而目标就是人设计未来的集中体现。理性使人设计目标，理性使人的行动指向目标。

人的需要使人在行动中追求目标。在回答人为什么要有理想的时候，我们的另一个答案就是：人不满足于现实，才追求理想。理想的最本质特征是对现实的超越性，理想既指向未来又比现实更美好，这是人追求理想的根本理由。人不满足现实的本性表现最充分的是点石成金的故事：吕洞宾想点化人成仙，条件是不能贪财。办法是用金子测试。他用自己的手把石头点化成金子，有大小块之分。所有的人都是见到大块就不要小块。他很失望，因为所有的人都贪财。一天，竟然有一个无论大块还是小块金子都不要的人，让他很是高兴。但马上又失望了，因为

---

① 珍美逸：《理想的太阳》，上海市社会科学院出版社 1996 年版，第 45 页。

那个不要金子的人，竟然要他点石成金的手。他的结论是，人永远也不满足。人不满足现实，是人的本性。超越现实，这是人的需要和追求。人的需要来自人的生存，人要生存，就要有各种需要来满足自己。人要发展，就要追求更高的需要就要超越现实。人的需要是多方面的，人的需要是有层次的，也是发展的。马斯洛把人的需要划分为五个层次：生理的需要、安全的需要、社会上的需要（友爱和归属的需要）、尊重的需要、自我实现的需要。人总是在低层次需要被满足之后又追求高层次需要，在原有的需要获得满足之后又会产生新的需要。人的需要是永远不会满足的，如果人的需要被满足了，那么就会停下前进的脚步。马斯洛的需要说表明了需要的层次，也即需要的纵向表现，并没有交代需要的内容即需要的横向表现。实际上，人的需要还可以是平面的，在同一个层次上可以有多个可以选择的满足需要的对象，诸如食物中的不同类别：茄子、萝卜；诸如职业中的不同行当：医生、教师；诸如休闲活动的不同爱好：爬山、游泳；等等。人的需要总是要指向一定的目标，低层次需要指向低层次的目标，高层次需要指向高层次的目标，近期需要指向近期的目标，而长远需要指向长远目标。在目标和需要之间，体现的是内在的和外在的关系问题。需要是内在的，目标是外在的，目标是显现的，需要是隐形的。目标呈现是内在的需要，目标是需要的外在表现形式，或者说目标是需要的对象化体现。在现实生活中，由于环境条件和能力、兴趣、爱好等因素的影响，人们在需要上有共同的也必然会有不同的。但是，无论多么不同，每个人的需要都要指向某个对象，或者说某个对象就是自己需要的对象化体现。需要的对象化表现，就是把自己的需要具体化为一个目标，通过显现的方式表现出来。从一般的道理上说，人有目标理想，是因为人不满足自己的现实，有更高的欲望和追求。但就更为根本的角度来说，人有目标，是因为人有自己的需要，目标不过是自己内在需要的外在表现。总之，人有需要，人的需要在现实中总是指向一个目标，进而人在自己的行动中，也自然把自己的行动指向目标。

　　理想是人生奋斗的终极目标。人的理性也好，人的需要也好，集中在一起，就是人需要目标，这是毋庸置疑的。人的需要有多种，因而人的目标就有多种，有近期目标，有长远目标，有阶段目标，有终极目标。理想和目标是一个既有联系又有区别的概念，首先，理想是那些指向未来的超越现实的具有终极性的追求目标，所谓终极性目标，就是人生追求的最高目标。因而从这个意义上说，理想不能等同于一般的目标。理想是目标，是说它是人生追求的终极性目标；说它不是目标，是说它不是一般的目标。目标是人行为追求对象和想要达到的标准。目标不是理想，这是说，目标的含义过于广泛，它有近期目标、短期目标等，这些不是理想，只有那终极性的目标才可成为理想。但是，目标具有理想价值。目标的理想价值在于，理想的实现不能离开一个一个具体目标的实现，只有一个一个具体的阶段性目标的实现，才会有理想的实现，这是其一；目标具有理想价值的第二点是，目标在一定阶段内，就是自己的理想。因为人确定目标，肯定与自己的现实具有距离，这个目标因其与现实的距离所以具有理想性。一方面，实现这个近期目标就是自己近期的理想追求；另一方面，这个近期目标连接着终极目标，只有一个一个近期目标实现，才会有理想目标的最后实现。这是目标具有理想价值的理由或者根据。不能否认，在阶段目标和终极目标之间，有些阶段目标的实现与否，并不必然会影响到终极目标的实现。目标每一天都可以有，每天的具体目标与终极目标之间，有必要的，有充分的，有必须实现的，有无关紧要的。在驶向终极目标的过程中，人可以主观设定很多目标，由于其主观性，因而就会存在选择性或必要性的筛选。

　　理想的形成就是终极奋斗目标的确立。理想不是一般的奋斗目标，它是人生追求的终极目标，但它也是一个目标，是一个人毕生追求的奋斗目标。因而，在本质上说，理想的形成就是终极奋斗目标的确立。确定一般目标很容易，比如我这次考试的目标是进入前十名，这好决定。而确定一个一生为之奋斗的目标，就不那么容易了。它要考虑很多因素，还要受到自身很多因素的限制。比如，这个目标是否能够实现，它是不是我最想实现的目标。自我发展的不同时期，对目标的认识程度不同。"小时候，我的梦想是做一名伟大的科学家，然而那只是出于自己当时对科学殿堂的敬畏而产生的不知深浅的美丽愿景，不出于对自己兴趣及实力的思考。到初中的时候，我渐渐地喜欢上了教师这个行业，喜欢他们在桃李满天下时的满足，喜欢他们有孩子围在面前时的庄重。当然，这个梦想是出于急于满足被人需要的欲望的最简单途径，是实现自我价值的最直接的方式，没有出于对自己真正专长特点的考虑。到了高中，我喜欢上了数学，喜欢它的逻辑严密，喜欢它的变中有规，喜欢它的不拘一格。然而自己终因不是研究数学做一辈子老学究的材料，也因高考中没有被幸运女神特别眷顾，而较为自然地与北大数学学院擦肩，被录入信息科学技术学院。"① 这个桂欣璐不同时期有不同的目标，最后走进的也是确定的理想——信息技术。当我们说谁的理想形成了，那个形成的理想一定是一个终生为之奋斗的目标，这个奋斗目标可能会不断变化，但它总会是一生为之奋斗的目标。基于此，我们才说，理想的形成是奋斗目标确立的过程。

人的理性使人的行为追求目标，人的需要使人的行为指向目标。还有，人能够清楚知道目标的价值，因而人要给自己确定目标：一方面是自己的认知，知道目标有作用价值，自己需要给自己确定目标；另一方面由于他人成功的经验，更加坚定了自我确定目标的价值。从经验的角度看，目标是人生不可缺少的，因而人们都会给自己确定奋斗目标。实

① 刘明利：《牵梦北大》，北京大学出版社 2009 年版，第 254 页。

际上，给自己确定奋斗目标，就是给自己确定行动的方向，就是给自己的行动确定行为结果的标准。

第二节　自我价值选择的明晰

理想是价值追求的凝练。理想是人们对未来的向往和追求，这种向往和追求集中体现为指向未来的具有终极性的奋斗目标。一个人选择和确定奋斗目标，一定是自己最喜欢的目标，最想实现的目标。这个最喜欢和最想实现的目标，就是自己的价值追求。在我国学界，关于价值的概念有三种基本观点：一种是客体的功能属性说，认为某物有价值，是因为某物所具有的功能属性；另一种是主体的需要说，认为主体需要什么，什么就是主体的价值或者价值追求；还有一种也是主流的价值概念，认为价值是客体的功能属性和主体需要之间的关系，只有某物的功能属性满足了主体的需要，对某人来说才是有价值的。其实，后两种观点从某种意义上说，都是在坚持主体需要说。第二种观点非常明显，主体需要什么，什么对于主体来说就是价值；第三种观点虽然强调客体功能属性对主体需要的满足，才算是有价值，但这里的前提是只有人需要才是价值，客体的功能属性不过是主体需要即价值实现的条件。因而，可以说，所谓的价值，从一定意义上说就是主体的需要，而主体的需要，也就是主体想实现想追求的东西。理想是人们想实现想追求的目标，它就是人们想追求和实现的价值。美国有个价值澄清理论，它的基本观点是，所谓价值澄清中的价值，就是主体的兴趣、爱好、追求的凝练，实际上就是我们所说的理想。价值澄清让人们澄清的是什么？澄清的就是自己的兴趣、爱好和追求，而这个爱好和追求的最现实体现的价值，就是我们所说的理想。一个人最喜欢、最感兴趣、最想实现的目标，就是我们的理想。因此，我们完全可以说，所谓理想，就是自己价值追求的凝练。

确立理想是价值凝练的过程。不言而喻，人的理想并非是生下来就有的，它是在后天社会生活中形成的。人的理想形成是一个自我长大的过程，是一个价值澄清的过程，是一个价值凝练的过程。"当我们小的时候，躺在妈妈怀里听着青蛙王子的故事，希望以后做那位幸运的王子，那时候我们的梦想是停留在童话故事里。当我们上小学后，接受了书本教育，认识了公平和正义，我们发誓要为'维护世界和平与稳定而奋斗终生'，那时候我们的梦想停留在'天马行空'的想象中。上初中后，父母老师给予我们梦想，希望我们去实现他们没有来得及实现的梦想，那时候，我们的梦想只不过在延续父母老师的愿望。上高中后，我们根据自己的学习成绩来决定梦想的高度，以为这就是我们的梦想，那时候我们的梦想停留在现实中，被现实扼杀了。"① 这里的描述，说明的是这样的道理，人的理想确立就是一个自己长大的过程，只有随着自己的不断长大，自己的认知世界不断丰富，自己的理想目标和价值追求才会越来越明确。理想的形成是一个价值澄清的选择过程。人追求什么、喜欢什么、爱好什么，并不是一开始就清楚的。这里的前提有个胜任的问题。有的目标是你喜欢的，但你缺少把它变成现实的能力，你的喜欢也不能成为自己的价值追求目标。刘立早放弃清华大学硕博连读一年的机会，最后选择退学重新参加高考，就是自己认为不能胜任纯粹的理论研究，而选择了自己能够胜任的理论联系实际又需要动手能力的清华大学的建筑专业。不仅如此，自己的爱好和兴趣追求，还要符合社会的需要，你的追求和需要，你的情趣爱好，如果不是社会的需要，不是社会的阳光性需要，不是社会的发展性需要，也不能作为自己的价值追求。在社会需要和胜任能力具备的前提下，选择自己的爱好和追求，才可能

① 沃建中：《承诺未来：掌握自己的梦想》，世界图书出版公司 2011 年版，第 40 页。

变成现实。然而，人的价值追求也需要澄清，并非人一开始就知道自己需要什么，年龄增长告诉我们的是，人的理想形成需要自我的长大，才能理解价值的意蕴，为价值选择提供智力上的支持。人在不同的发展时期，由于认知等因素的影响，会有不同的价值追求，人选择什么样的目标，人爱好什么，追求什么，都是要不断地明确，都是要不断地澄清。在这一点上，美国的价值澄清理论值得推崇，它总是让你去思考，你到底需要什么，什么是你的最爱。人在确立奋斗目标之前，一直都是在澄清着自己的价值追求。对一个人来说，澄清自己的价值追求并不是一件容易的事，经历长大，开阔视界，发现自我，才能最后确定自己的价值追求。胡适原来是学习农学的，后来转为学习哲学。这个转变，最根本的原因是他对农学不感兴趣，而对哲学等科目发生兴趣，修正了人生的方向。

理想目标的确立是价值追求的凝聚。人在成长和发展的过程中，在社会实践中，总是在澄清着自己的价值追求，只有确立了自己的理想目标，才算凝聚了自己的价值追求。而所谓凝聚自己的价值追求，就是把自己终生为之奋斗的目标最后确定下来。人在发展过程中，在纵向的经历和横向的选择中，总会不时地有自己的选择和追求，这些选择和追求，就当时对自己来说，都具有客观必然性和主观倾向性。客观必然性是说不同时期的价值选择肯定有时代的特色和自我发展阶段的特点，主观倾向性则是说一个人的选择和追求总是要有自己个性化的色彩。但是，当自己经历了必要的过程达到一定程度之后，总要确定自己终生的价值目标。"上小学的时候，我常常对满天闪烁的星星感到好奇和困惑，那时的志向是当一名科学家，特别是天文学家。到了初中，我迷上了美术，对线条、形体和人物的表情感兴趣。初中毕业后下到了农村，在乡下我的爱好是看小说，下乡第五年转向了哲学。……为了提高自己、解决思想问题，后来产生了浓厚的兴趣，一般的哲学通俗读物不过瘾了，就看黑格尔，看康德。"① 邓晓芒有过童年的幻想，有过少年的猜想，但最后还是选择确定哲学研究作为自己的价值目标，一辈子研究哲学。固然研究哲学有自己的道理："我觉得我的一切思考都是与这个人间的世界有密切关系的。我历来把抽象的高深的哲学看作是一门最现实的学问，它就是我们这个每天发生着无数令人欣喜、令人烦恼、令人惊叹、令人恐怖和令人愤怒的事件的世俗生活的集中表达。只不过，因为觉得就世俗生活的具体问题来谈论这些问题将永远也谈不清楚，我才转向了能够从根本处搞清问题的哲学。当然，哲学本身的问题也不是能够轻易搞清楚的，但这并不是我不研究哲学的借口，反而激起我更大的好奇心和思想动力，想要做开创性的开拓——这与我儿时仰望星空所引发的那种冲动是同一种东西。"② 但其中蕴含着自己的喜爱。也就是说，自己选择什么作为自己的理想目标，这个目标一定是自己的最爱。

不同的人在不同时期凝聚自己的价值追求。应该承认，在凝聚价值目标这一点上，人们基本上有一个期限。比如，读大学的人，一般都是在读大学期间确立了自己的目标。在读大学之前，轻狂的准大学生们，自以为自己的人生观、世界观、价值观已经形成，以为什么也不会改变自己。但是经验告诉我们，在读完大学之后，他们才发现大学对自己的人生观、世界观、价值观改变很大。一方面由于自己知识的增长和能力的提高，认识问题的深度和角度在不断变化；另一方面由于自己对社会的认识不断深入，对社会需要和自我的理解也有升华。因而，在大学生活期间，自己的三观会发生很大变化，而其中的价值目标变化就是这些变化的一个集中表现。有的人在大学期间改变了自己的专业方向，通过转专业或者考研等途径来改变自己的价值追求，有的则选择在毕业后的就业来确定自己的价值追求。在没有读大学的人群中，初中毕业的人可

---

① 邓晓芒：《人论三题》，重庆大学出版社 2008 年版，第 31 页。
② 邓晓芒：《人论三题》，重庆大学出版社 2008 年版，第 32 页。

能这个时候会根据自己发展的实际境况来确定自己的价值目标。他们并非一下子就把自己的目标定得很高，而是根据发展的实际不断确定自己的追求。有的人可能会在价值目标确定之后不断攀登，不改变自己的初衷，有的人则会视实际情况改变自己，在发展中使自己的目标更加明晰。即便读过大学的人，也会在自我与社会发展的进程中，根据实际改变自己的价值目标。小麦专家李振声，原来是研究草的，后来发现小麦的黑锈病，思考小麦被人精心侍弄还有病，而草没有人管理还茂盛生命力强。于是就把小麦与草本的杂交作为自己终生的价值目标，用 25 年的时间实现了小麦和草本杂交的变革。确定理想目标，凝聚价值追求，虽然没有一个统一的模板，但透过人们选择目标，凝练价值追求的实际，还是有一个基本的曲线：这就是在人们成年之后，才能最后确定自己的价值追求。考大学的时候，人们已经 18 岁了，多数人能在未来的社会生活中继续自己的价值目标追求，但随着自己的发展和自我的发现，人们根据实际也会改变自我的选择。而如果在升入大学之前，对自己的爱好兴趣和价值目标有深思熟虑的考虑，也可能终生不改变自己的选择。美国知名企业家比尔·拉福的志向是做一名商人，中学毕业后考入麻省理工学院，没有去读贸易专业，而是选择读工科中的基础专业——机械专业。大学毕业后他没有马上投身商海，而是考入芝加哥大学攻读三年的经济学硕士。获得学位后还是没有从事商业活动，而是考了公务员，在政府部门工作了五年，辞职下海经商。又过了两年，开办了自己的贸易公司。20 年后，公司资产从最初的 20 万美元发展到 2 亿美元。据说，比尔·拉福的规划和成功是和父亲共同制定的：工科学习，经济学学习，政府部门工作，通用公司锻炼，自创公司。[①] 比尔·拉福在升入大学之前，就确定了自己的目标，在后来的发展中没有改变自己的目

---

① 王研、李梅：《职业生涯规划》，中国农业大学出版社 2006 年版，第 108 页。

标。这可以理解为对自己选择的价值目标真挚的喜欢和热爱，也可以理解为对自己选择目标的坚定不移，坚持在其中发挥了作用。在成功人士的经验中，这种在大学一见钟情式的选择，所以能一直坚持到底，必然是因为选择了自己的价值追求。可以想象，比尔·拉福在中学阶段对自己的价值追求就有了确切的思考和凝练。

第三节　自我精神追求的定格

理想是精神追求的体现。理想体现的是人的追求。这种追求体现为一种可以给我们提供方向的目标的追求，体现为对我们内在需求外在表现的能给我们行为提供动力的对象物的追求。无论把这种追求理解为人对现实世界的不满足的贪婪无尽，还是理解为人总是具有超越现实的本性，理想体现的都是人的追求。这种追求是对未来美好事物的追求，追求就是期望和向往那些美好的事物由未来的彼岸走向此岸。追求展现的是人的一种精神和勇气，追求体现的是一种希望和可能。在日常生活中，我们钦佩某某人有理想，就是说他有不满足现实的追求，这种追求所以被钦佩，其可贵之处就在于它体现的是一种勇气即精神。理想体现的是人的精神的追求。人之为人，就在于人有理性，就在于人有灵魂，这是人区别于动物的最本质的东西。动物只是知道凭借本能构筑今天的世界，而人可以凭借理性想象的翅膀构筑未来美好的世界。蹩脚的建筑师被认为比蜜蜂高明之处，就在于他在建筑某物之前已经有了心里的蓝图。理性、精神、灵魂和理想，从某种意义上说的是同一个东西。只有人才赋有理性，这种理性就是人的精神和灵魂，人有了这种理性、精神，才能追求未来美好的事物。理想体现的是人对精神的追求。精神是相对于物质的，说理想是精神追求的体现，自然相对于物质世界的追求。我们常常说，要过人的生活而不要猪的生活，猪的生活就是吃饱不饿而后去睡觉，而人的生活则不仅是想要吃饱，还要有比吃饱更高级的追求。首先我们承认人也要吃饱，吃饱和吃好是其他一切活动的基础，在没有解决吃饱的时候，很难奢谈其他东西。人一旦能够解决吃饱问题，人的追求的精神层面就会凸显出来。而就整个人类进程来看，吃饱的问题是比较好解决的，而难以把握的是吃饱问题解决之后你还要什么。普通人谈理想，不会注重理论表达，可能就是凭直觉，自己最想要的东西是什么。这种直觉很多时候是精神价值的朴素表达，并不是世俗价值，也可以说是精神价值在世俗生活中的体现。我认为纯粹世俗的东西，就是名利地位，如果你仅仅看重这些东西，那么你可能是一个没有理想的人。大多数人，可能不会仅仅看重那些东西。人生的理想，比如真善美，要活得崇高，活得有意义，精神上充实，这些基本的精神价值，是通过指导人生来实现的。在这些价值的指导下，人生会有一个高的品位、高的格调。所谓理想就是精神上的追求。人之所以为人，被称为万物之灵，就是因为人有灵魂，有精神。这就是说人不只是活着，能吃好睡好，就这么过一辈子。如果仅仅是这样，人是会不满意的。再平庸的人，只过这种生活，也会感到空虚。空虚的感觉就是缺了一块东西，这块东西是什么？就是精神生活。人有这种精神需要，就一定有理想。

　　理想的形成是精神追求的定格（超越）。理想的特征之一就是它的未来性，即理想总是指向未来，没有人的理想是指向过去的。理想的另一个特征是它的超越性，这个超越性体现在未来对现实的超越，体现在完美对不完美的超越。这样的两个特征综合起来，使精神世界的超越成为理想形成的一个本质规定。这种本质规定体现在如下五个方面：其一，理想是一种想象。根据心理学的理论，理想属于想象的范畴，而想象毫无疑问属于精神范畴。"想象是在外界现实刺激物的影响下，在人脑中对过去形成的若干表象进行加工改造而建立新形象的过程。"[①] 想象

---

① 北京师范大学等四院校编：《普通心理学》，陕西人民出版社 1985 年版，第 323 页。

分为无意想象和有意想象：没有预定目的，也不是自觉的产生的想象叫无意想象；有预定目的、自觉产生的想象，叫有意想象。有意想象又分为再造想象和创造想象：根据别人对某一事物的描述，在自己头脑中形成的新形象叫再造想象；不依据现成的描述，而在头脑里独立地创造的新形象叫创造想象。幻想是创造想象的一种特殊形式，它是一种与生活愿望相结合的并指向未来的想象。"如果某种幻想比较接近于客观事物发展的规律，并且实现的可能性是比较大的，这就叫理想。如果某种幻想完全脱离现实生活发展的规律，并且无实现的可能，它与创造活动的准备活动也根本没有结合的可能，这就叫空想。"① 说理想是一种想象，这是把理想归结为人的心理发展过程，它强调的是理想的形式因素。也就是说，单从理想这种现象或形式来说，它是人的心理过程。人的心理、人的思想、人的精神在特定意义上说，实际上是一个问题。其二，理想是想象的结果。从想象的内容来说，理想是人想象的一种结果。心理学对人的想象的研究，得出的是想象发展的一般结论。它告诉人们的是，人的想象这种心理是如何发展的，不同发展阶段的人的想象有什么特征，一般不涉及想象的具体内容。对想象内容的研究，则属于思想政治教育的范畴。就想象本身来说，尽管它面对的是想象的形式问题，但形式不能是空的，它必须有自己的内容，也就是说想象总要有想象的对象。无论是何种形式的想象，都要有自己的内容和对象。我们所说的想象，总是具体指向某个对象的事物，这个具体的事物，就是想象的结果。其三，理想是想象（精神）世界中未来对现实的超越。理想是一种想象，是想象的结果，但是，这种想象的结果指向的是未来，而不是现实，并且作为想象的结果又总是超越现实，在本质上理想是在精神世界中实现的对现实的超越。理想源于现实又高于现实，它高于现实就是超

---

① 北京师范大学等四院校编：《普通心理学》，陕西人民出版社 1985 年版，第 337 页。

越了现实，可这种超越还不是实际中的超越，是设计中的想象中的超越，也可以说是在精神世界中的超越。其四，理想是人的精神支柱。理想属于人的精神生活层面的内容，它与物质生活相对应，人的生活就是由物质生活和精神生活两部分构成的。人追求幸福生活这是由人的本性决定的，物质生活和精神生活在人的生活中分别有不同的权重：物质生活是人生活的基础，而精神生活是人生活的灵魂。在人的精神生活中，理想是人精神生活的支柱。人有理想，有追求，人的生活就充满着希望，就会充满着希望去生活。人没有了理想追求，人生就会暗淡无光，甚至会毁灭人生。有多少个例子说明没有目标和理想追求，人生走向了毁灭，甚至有过辉煌历史的人都是如此。那个因为生活小事而杀了同宿舍同学的马加爵，最后总结自己的时候，也承认自己没有理想追求是导致恶果发生的一个重要因素。当我们说理想是我们的精神支柱的时候，实际上我们强调的是理想，是我们在精神世界中给自己构筑的目标，我们把这个目标看成自己的希望，为了实现这个目标，我们有着无尽的动力和不舍。为了实现这个目标，我们可以克服面临的各种困难和挫折，百折不挠。其五，理想是精神追求的定格。不同的理想反映不同的追求，而不同的理想追求也反映不同的精神境界，它是精神追求的定格。人追求什么样的理想，就是把这种追求作为自己的价值，就是希望自己能够实现它，而实现什么样的理想就意味着要做什么样的人，你的理想反映你追求的境界。人的追求有不同的境界，冯友兰把境界分为自然境界、功利境界、道德境界、天地境界。人追求什么样的理想，就显示出自己的精神境界，就把自己的精神追求定格在一定的位置中。追求一种终极性的奋斗目标，实现的是现实世界中在精神层面对现实的超越；终极奋斗目标的实现并非轻而易举的，是要经过奋斗的，要有奋斗精神才能实现；人选择什么目标作为自己的终极追求，实际上就是要选择自己的生活有怎样的精神追求。这也就是理想是精神追求定格的基本内涵。

综上所述，理想形成过程的本质是确立终极奋斗目标的过程，也即理想的形成是确立终极奋斗目标；理想的形成过程是自我价值追求凝练的过程，也即理想的形成是自己价值追求的凝练；理想的形成是自我精神追求的定格过程，也即理想的形成是精神追求的定格。在标题上笔者使用理想形成的本质，而在论证中使用理想形成过程的本质，这二者的差异就在于目标确立和过程的差异。如果用什么标识的话，"也即"属于理想形成本质的范畴，而过程字样则属于理想形成过程本质的范畴。

第七章　理想形成的教育理路

　　研究理想的本质和理想形成的机理，一是尝试揭示理想的本质及其形成的机理，这也即认识理想到底是什么，它是怎样形成的。这是人类社会特有的精神现象，特别值得研究。认识理想的本质及其形成机理，就是在认识人类自身。二是通过认识理想的本质和理想形成的机理，可以探索影响理想形成的主客观因素，为更好地发挥影响理想形成的有效因素，促进人们形成理想而提供借鉴和参考。在这些因素中有客观环境的影响，有教育的积极引导，有人自身的超越性发展，其中人的超越性发展与教育的引导有直接关系，教育引导在人的理想形成过程中的作用既是引导也是主导，因而在给出理想本质及形成机理的研究成果之后，对理想教育的引导谈谈思路，这既是学术研究的必然归属，也是学术研究的责任担当。这里选择的是理想形成的教育理路，特别看重的是教育在理想形成过程中的引导作用。相比于社会环境的影响和制约，相比于社会的理想教育，学校的理想教育是系统的全面的，伴随着学生的整个成长过程，并且每个教育阶段都是针对学生成长发展的实际展开的。基于此，下面从教育内容、教育过程、教育方法三个方面来探索理想教育的理路。

第一节　明晰教育内容

既然教育引导和主导着理想的形成，那教育该如何主导和引导理想形成的过程呢？教育的核心是内容的传播，通过内容传播来实现教育的目的。没有教育内容或者教育内容不当，教育就无法达到效果。毋庸置疑，教育的效果指向教育对象，只有通过教育对象才能实现教育目的和教育效果，而让教育对象形成理想，这本身就是教育对象自身的事，因而教育内容要通过教育对象来实现目的和效果。接下来的问题是，在理想教育中要有哪些内容的教育也即让教育对象接受哪些内容的理想教育呢？

第一，要进行有理想的教育。志不立，天下无可成之事。理想是人生奋斗的目标，目标是人行动的方向，是人行为的动力，它使人有良好的精神风貌。进行理想教育，要让人们认识什么是理想，理想有怎样的作用，引导人们有自己的奋斗目标。在人生或者学习的不同阶段要根据人发展的水平进行相应的认知教育。比如，小学的启蒙，中学的认知，高中的价值选择，大学的综合实践，每个阶段都要强化理想及其作用的教育。让教育对象体验目标的意义，让对象从自己的生活经历中体验目标的意义，体验没有行动目标和生活没有目标的感受，这对认识理想及其价值有重要作用。诸多古今中外有明确奋斗目标走向成功的故事，"新生活是从选定方向开始的"故事和迷失方向出现挫折和失败的例子，都可以支持人生要有目标。我们有理由相信，人们认识了理想的内涵，认识了理想所具有的价值，就会为自己选择奋斗目标。启蒙教育中的喜欢什么职业，认知中的什么是理想，选择中怎样的目标有价值，以及综合实践中完善调整，都要服务于要"有理想"有奋斗目标。改革开放以来邓小平提出"有理想、有道德、有文化、有纪律"，习近平提出"有理想、有本领、有担当"和"有理想、敢担当，能吃苦、肯奋斗"的人才目标要求，都把有理想放在第一位，说明理想目标对于人生发展来说是至关重要的，是精神之钙，因而理想教育最为根本的是要让人们有理想。

第二，要进行根据社会需要确定理想的内容。理想教育要让对象根据社会需要来选择自己的理想目标，人有目标是实现理想教育目的的初步达成，但仅仅有目标还不是理想教育的全部目的，根据社会需要来确定奋斗目标才是理想教育的根本目的。一方面，个人的奋斗目标必须根据社会的需要才能实现，人是社会中的人，人的理想是社会中的理想，从根本意义上说是社会理想的一个部分，只有是社会需要的符合社会发展方向的理想，才有意义才有价值才能实现。这是保证理想确立和实现的方向，它意味着理想目标的确立虽然是自己的目标，但自己的目标不能离开社会发展的需要。另一方面，人是社会中的人，人在社会中存在对社会发展天然具有一种责任，因为人来到社会就接受社会的恩赐，享受社会带给人的环境条件，而这都是人类奋斗积累的成果，人类的发展不会停止脚步，社会发展需要一代一代人的努力奋斗才能前进。经验证明，那些背离社会发展需要构建的"奋斗目标"由于其背离社会发展需要而走向失败和毁灭。社会发展的不同阶段会有不同的需要，这些需要是一个复杂丰富的系列，一个具体的人生历程和精力能力是有限的，不可能靠一两个人就能实现，而是需要全体社会成员接续奋斗才能实现，因而每个人都只能选择某一个方面的需要去满足。而社会在一般情况下，不会给每个人量身定做一个需要的目标让人们去实现，社会只是为人们的选择提供一个可能的范围，为人们选择满足社会需要的目标提供可能的条件，而选择和实现目标则要靠自己的努力，这也是自我选择社会需要的内在根据。这里最重要的是要有社会需要的理想和奋斗目标。社会需要是发展的需要，是进步的需要，也是阳光性需要，这排除了违背社会发展需要的需要。中国共产党的第十九次全国代表大会的报告中指出，广大青年要在"实现中国梦的生动实践中放飞青春梦想，在为人民利益的不懈奋斗中书写人生华章"。这既指出党和国家需要青年为社会发展需要的实现而努力，同时又指出了个人要在实现国家需要的过程中实现自己的青春梦想。

第三，要进行有自己需要的理想目标教育。有理想是理想教育的一个目的追求，有社会需要的理想是理想教育的根本要求，而关键的是要有自己需要的理想目标，这也是理想教育的实际归宿。社会需要是一个复杂的结构，社会越发展社会结构就越复杂，社会的需要就越丰富。社会需要的满足不能到上帝那里去乞求，一切都不靠神仙皇帝，一切都靠我们自己。一个社会的需要，无论多么美好，无论多么现实，无论多么简单，无论多么复杂，都要靠社会成员自身的奋斗来满足和实现。而社会需要就其本质而言，也是社会成员自我需要的集中体现。理想教育，一方面要让人们有自己的目标，并根据社会需要来确定自己的目标；另一方面要把社会需要的广泛性呈现给教育对象，让教育对象在广泛的社会需要面前选择自己的需要。所谓自己的需要，也就是自己通过这个需要来满足自己全部需要的手段。因为就人自身的生存和发展以及生活而言，都有诸多的需要，选择自己的需要这个奋斗目标，就是通过这个需要的奋斗目标来满足自己诸多的需要。理想教育要让教育对象根据社会广泛的需要，选择自己的需要。在经验事实面前，我们知道进入初中的学习阶段，在面临就业还是升学的问题时，自己要做出选择，在走向社会生活以后，要自己选择自己所从事的职业；而在走向高中继续学习的时候，面临高中的毕业，要再一次选择自己做什么，选择自己的专业，实际上就是选择自己需要的奋斗目标，这在一般意义上而言是人生面临的最后一次选择。这里用了一般意义，就是说还有毕业后乃至学习过程中的调整和完善。在学业和职业选择之外，诸如各种项目的申报、先进的评选，甚至于生活中坐什么车、到哪站下车，都需要自己把握自我选择。为什么是这样的？这是由社会需要的广泛性和人的意志自由性决定的，人在社会生活中有选择的自由，尽管是相对的自由，实际上的绝对自由是不存在的。人可以选择不同的奋斗目标，人选择奋斗目标是自己的需要，而更为根本的是自己选择的奋斗目标作为自己的需要，是自己的兴致兴趣爱好所在。社会有不同的需要，不同的人有不同的需要，这就构成了理想教育要让人们选择自己的需要的根据。理想教育所以让人们选择自己的需要，或者根据自己的需要选择理想目标，根据于两个事实：其一，社会需要的广泛性需要有不同需要的人们自我去选择，社会现实既无法强制给每个人分派需要或奋斗目标，人们也无法接受社会强制分派的奋斗目标；其二，只有自我选择的奋斗目标体现自我的需要，行动起来才有动力，才能实现目标进而使社会需要获得实现。这是一个现实的选择。当然，这里的选择也存在两种情况：一是形式上的选择自由，每个人可以对现实中的需要目标自由选择；二是实质上的选择，即人们选择什么是由自身的能力水平和发展实际决定的。而无论如何，理想教育既要人们有目标，又要让人们分享社会的目标，根据社会需要确定自己的目标，更为关键的是人们确定的目标一定是在前两个条件下选择自我需要的目标，也即自我兴趣自我能力体现的目标。自我需要自我选择奋斗目标，排除的是父母、老师和其他人为自己确定奋斗目标。

第四，要进行理想目标胜任能力的教育。理想目标之所以理想，就是因为它代表了人们美好的愿望；它所以是奋斗目标，就是要通过奋斗实现的目标而不是供欣赏的海市蜃楼。理想是超越现实的未来图景，要把它从未来变成现实，不仅要经过时间的洗礼，而且必须经过实践的奋斗。没有奋斗的过程，未来的目标不会变成现实。而理想目标要变成现实，不仅仅是时间和过程的问题，它需要实现目标的能力，即经过时间和实践，能够有能力把它变成现实。这实际上要求人们在确立理想目标的时候，要对目标和自我现实的能力水平有一个客观的评估。再是社会的目标和需要，再是自己的需要自己的兴趣所在。如果不能实现就是空想的目标，没有实现目标的能力，目标就失去了应有的意义。因而，理想教育，一定要让人们认识目标，认识社会需要，认识自己的需要，更要让人们认识这样的道理：如果没有实现目标的能力，再好的目标对于自己来说都是"画的可供充饥的饼"。前面论及的刘立早重读大学本科、周浩不读顶尖大学去读技师学院的事实都告诉我们，胜任能力是选择目标时必须认真考虑且不可忽略的问题。面对美好的理想目标，如何做出选择？一方面是选择更加现实的适合自我能力水平的目标，不可好高骛远，自己能够实现的才是自己的目标，才是自己真实的需要；另一方面要在提升自己的能力水平上下功夫，努力使自己掌握实现自己理想目标所需要的能力水平，有志者事竟成，可能就是说有了志向，还要有实现它的能力和意志品质。前者我们看到了周浩和李先俊的选择，后者也有面对高考的难度，当大家都说自己不具备考上名校的能力时，最后硬是经过自己不懈的努力实现了自己的理想目标。而"机甲教父"孙世前，面对诸多的不可能，硬是经过自己的艰苦努力实现了自己的奋斗目标。即便如此，实现目标也是具备了实现理想目标的能力。当然，实现理想目标能力的判断是有风险的，这个风险需要自我来承担，或者是失败结果的承担，或者是无比艰苦努力奋斗过程提升能力实现目标的承担。理想教育让人们根据自己的能力选择目标，一方面是避免因眼高手低而使目标落空，让人们选择现实的可能实现的目标；另一方面也在鼓励人们为了实现美好的目标，要敢于奋斗，敢于挑战自我的能力，敢于在奋斗过程中提升自我实现奋斗目标的能力，进而实现自我的奋斗目标。而这所有的一切，都是负责任的理想教育要向人们讲清楚的。现实中不都是成功者，面对风险也有失败者，只有要自己勇敢去面对，才有机会和发展空间。

　　第五，要进行理想目标的实现要靠艰苦奋斗实践的教育。中国共产党的第二十次全国代表大会指出，广大青年要"立志做有理想、敢担当、能吃苦、肯奋斗的新时代好青年"，这是党中央对新时代青年的殷切希望，同时也指出了青年有理想还要能吃苦、肯奋斗。理想是指向未来的奋斗目标，是美好的奋斗目标，指向未来说明它不是现实，是对现实的超越，而要把它变成现实必须经历一个努力奋斗的过程。作为奋斗的目标，本身就说明它是需要奋斗的目标，而奋斗目标只有经过奋斗才能实现。理想教育，首先要让教育对象认识到确立了奋斗目标只是实现目标的开始，有了奋斗目标就有了明确的方向，但实现目标是一个艰苦的过程，没有艰苦的奋斗就不能实现理想目标，以为有了奋斗目标就是实现了目标那是妄想，是异想天开。其次，理想教育要让教育对象认识实现理想的奋斗目标不仅是一个过程，不仅是一个艰苦的过程，而且还是一个曲折的过程，它不可能一帆风顺，越是美好的理想，越是远大的理想，实现起来的难度就越大。再次，理想教育要让教育对象认识实现理想过程要有坚强的意志品质，也即有坚定的信念。理想的实现要靠一步一步的实际行动，没有行动就什么也实现不了。确立了奋斗目标就意味着要奋斗，正如习近平总书记指出的那样："人类的美好理想，都不可能唾手可得，都离不开筚路蓝缕、都离不开手胼足胝的艰苦奋斗。"理想是指向未来的奋斗目标，要实现这美好的期待的目标，唯有努力奋斗、艰苦奋斗，没有捷径可走。选择了理想，就是选择了奋斗。

　　理想形成具有时代性特点。目前的青少年在选择理想目标的过程中有两个特点：一是自主性特别突出，他们清楚自己确立的目标是自己的目标，是需要自己去奋斗实现的目标，因而努力主张自己的意志，排斥他人为自己谋划未来，选择奋斗目标。这要辩证地看，不能过分偏颇。在理想的过程中，虽然强调自主，但也要学会借鉴吸收他人的建议和意见。二是现实性比较突出，改革开放和经济体制等多元发展，人们已经逐步认识到理想目标选择的真谛：自己能实现的才是现实的目标，而目标体系是多元的，人们选择什么目标，完全靠自己的认知理解和追求，因而就突出现实性追求。应该说，现实性追求对整个社会来说，也是好事。但这种现实对国家发展目标的昭示来说，还是显得有些短视和现实。社会发展需要人们有更远大的目标追求，但并非不顾现实和实现的可能。毕竟中华民族伟大复兴的宏伟目标，需要全体中国人的艰苦奋斗和团结奋斗才能实现。在教育的内容和过程中，引导学生既要脚踏实地又要仰望星空。

第二节　贯穿教育全程

教育对理想形成具有导向作用，而理想又是人生的方向，人生行为的动力，是人的精神支柱，因而有关理想的教育要贯穿在教育的全过程。有专家学者提出把理想目标教育纳入教材的内容当中，但是在实践中也有人特别强调培养青少年的目标感是父母的重要使命，这意味着在家庭教育中要把目标教育纳入日程。应该说，目前学校教育已经把目标教育纳入教育内容当中，即便有的学段没有目标教育的内容可补充。但是，就教育的系统性和计划性、目的性而言，理想教育应该体现在相关的教材当中，尤其是富有理想信念教育责任的思想政治理论课教材当中。首先是小学阶段的理想教育要纳入教材内容当中。目前小学的教材内容中没有明确的理想教育内容，这对时长比较突出的学段和启蒙的使命来说，显得有些不足。小学的理想或者目标启蒙，不一定要有理想的字眼，但类似于你长大干什么、你最喜欢什么之类的话语完全可以出现在教材当中。美国的价值澄清理论在小学就有体现，它的价值澄清就是我们所说的你喜欢什么、你最爱什么。一是在小学课本中要体现有关理想目标的话语。诸如小孩刚刚入学，就可以有你最喜欢什么、长大要做什么的思考；而在学生面临小学毕业的时候，又完全可以让学生开始深入思考我长大要干什么、我最喜欢什么、要想干什么应该怎么办的问题。尤其面临初中新生活的开始，思考这些问题对初中的学习生活会有启发。二是初中阶段的理想教育要调整和明确理想教育的内容。初中的上一版教材在开篇的新生活新起点中应该有理想或目标之类的字眼，但并没有，只是在七年级下册才在自立自强当中出现"自强　理想的航标"字样，但这版教材在九年级教材中系统论及了理想和社会理想，只是在开始阶段理想字样出现得晚且不够明确。它的理想状态或应然状态是初中开始介入理想问题再加上九年级的内容就完美了。新版的《道德与法治》最值得推崇的是，在开篇的"成长的节拍"中的第一课，就有"少年有梦"，并简单地阐释了梦的作用。但作为初中阶段进入知识性学习也是人生非常重要的阶段，在理想问题上应该重点阐释，但并没有。在九年级上册教材中的"中国人中国梦"中，对中国梦也即社会理想进行系统阐释，但个人理想内容呈现不足甚至没有呈现，在"少年当自强"的内容中，涉及了理想问题并在提问中有青少年如何选择自己未来理想的内容，这里本应该对理想问题进行深入分析和阐释，但并没有如此。初中阶段由于学生认知水平发展和面临的现实问题，在初中学习生活开始的时候和初中即将毕业的时候，应该重点进行理想方面的教育引导，因为无论从人生还是知识学习，抑或初次选择的实际，都需要认识理想及其意义，以有助于学生自身的发展和奋斗。相信初中的日常教育在入学和毕业时段会有相关的理想目标教育引导，但毕竟和进入系统化有计划有目的的教学内容安排是有差距的。初中阶段是少年有梦的阶段，是人生发展的关键阶段，是形式选择和实际选择的重要阶段，理想问题必须体现出它的关键地位。三是高中阶段应该强化理想教育的内容。高中阶段的理想教育在实际上是日常的教育，入学的教育和毕业前的志愿选择，以及学习过程的倒计时等，都在事实上发挥着理想教育的作用。在思想政治课的哲学与文化教材中的价值选择与实现中，涉及理想选择问题。前文提到，高中阶段在理论上主要是面对价值选择问题，实现人生的价值要有理想的指引，要树立远大理想。就时段而言，价值选择与实现问题针对了高中毕业问题，但在初入高中的思想政治教材中还是缺少了有关奋斗目标的内容，这与高中的分科教学有关。高中的实际情况应该在教材内容上有所体现，即在升入高中和面对毕业两个环节要进一步强化有关理想的教育。四是大学的理想教育内容应该有所提升。应该说大学的理想教育是最完美的理想教育了，一方面大学的理想教育是在大学的第一学期，在开学的思想道德与法治课上就有理想教育，并且也是在开篇进行理想教育，这是非常适时的；另一方面大学的理想教育在内容上是完整的，既包括何谓理想、理想有哪些作用，也包括该如何选择理想和如何实现理想。不仅如此，在理想问题上把信念问题与理想问题密切结合起来。大学的理想教育更多地体现为实践方面的教育，即已经选定的奋斗目标在这里进入了实践环节，尽管有一定的调整完善的数量，但总体上趋于实践。这里的实践一是努力学习相关专业的文化知识，一是为提升综合能力和综合学科的知识，并且在实践环节也有特殊要求。在入学开始和日常的学习过程中，理想教育和励志教育一直是日常思想政治教育的主线。但是，关于面对大学毕业实际的理想奋斗教育显得不足，无论是教材内容还是日常教育都是如此。如果在毕业前的课程内容和日常教育中能突出进行理想教育或许会有更好的效果。

　　关于理想教育的过程，本书提出理想教育贯穿教育全程，是说无论是小学阶段的启蒙教育，还是初中阶段的认知教育，抑或高中的价值选择教育和大学的实践教育都要格外重视理想教育。这是由理想所具有的功能价值决定的，也是由人生成长发展离不开理想的引导和激励决定的，更是社会发展前进需要每个人的努力奋斗和昂扬的精神状态决定的。而在任何一个阶段的学习中，理想教育在学段开始和学段结束都要突出强化理想教育，这是理想教育的关节点。就四个学段而言，初中是理想教育的关键时期，其中的根由在前面的论述中已经陈述，而高中的再次选择对于人生的发展和成长的意义，都是值得特别关注的。大学的理想教育是相对完整的，对大学毕业后的选择来说，它也是更为强大的基础支撑。总之，理想本身的意义和人对理想的追随以及人的发展，都应该贯穿在教育的全过程之中。本书认为，无论从社会理想需要每个人为之奋斗才能实现的角度，还是个人实现理想需要不断提升、不断奋斗的现实，理想教育贯穿教育全过程都具有十分重要的意义。

第三节　优化教育方法

理想教育采用怎样的方法，才能起到它的引导作用，它与一般的教育方法有没有共同性，这事关理想教育也是对理想形成引导作用的成效问题。虽然理想教育是关于自我奋斗目标的教育，是认识自我需要的教育，是理解自我超越的教育，但与一般的教育也有某些共同性。认识这些教育方法，是引导理想形成必不可少的环节。

环境熏陶感染法。人总是生活在一定的环境中的，环境对人的成长和发展有重要的影响，这在前面的社会环境制约影响当中已经有所论述。一个追逐理想崇尚理想的环境，对人树立理想具有重大的影响。首先是积极营造追求有目标生活的精神氛围。相对于没有生活目标的人而言，有目标的生活有远大目标的生活既会有更大的成就，也会使人的生活更加富有精神气息。有目标的生活是快乐的、幸福的、充实的，同时也是充满希望的。生活在周围的人们都有目标追求，都有为目标实现的奋斗精神，一定会成为一种强大的精神力量感染人们去追求有目标的生活。周围的人都在奋斗，也会让生活在其中的人去寻找目标，去努力奋斗。这是用现实生活中的人的奋斗精神去感染人。其次是通过社区的精神文化建设感染人们去确立奋斗目标。社区是人们生活的空间，每个人都会在一定的社区中生活，社区的景观设施、标语宣传、人物塑造可以发挥濡染的作用。可以利用这些设施展示在奋斗中实现目标，在奋斗中追逐希望的典型事例。这些事例由于长时间被人们认知，它们所体现的奋斗精神和为追逐奋斗目标的不懈努力，都会成为感染人们向上奋斗的精神。再次是社会公共空间也同样要把有目标有奋斗的环境建设作为感染人们追逐奋斗目标的场所。诸如公园、广场、大型运动场所的人物景观、广告宣传、服务设施等，都可以展现有目标肯奋斗的典型事迹。这是刻画在物质设施中的精神世界，是通过物质设施展示人们有追求有奋斗的精神空间。它与媒体宣传的区别就在于此。最后是学校的学习环境要体现人们追求奋斗目标实现的人物事迹。学校的环境感染更是一种强大的力量，一方面学校是人们学习的场所，在学习场所展示学习楷模的事迹，张扬有目标有奋斗的人物事迹，是校园文化建设的重要任务；另一方面校园的文化建设必然要体现在文化事业建设中有贡献的人物事迹，而他们或是有明确目标走向辉煌，或是在奋斗中不断确立目标，他们对莘莘学子的感染作用是不可估量的，尤其是各专业中的典型人物典型事迹的展示。就环境熏陶感染与理想形成或者是确立奋斗目标而言，在环境建设中的人物事迹介绍，要突出典型人物的奋斗过程而不是简单地表明结果。校园的文化建设，是用不说话的文字和人物事迹刻画来实现对人们的感染熏陶作用，它是物化在校园文化设施中的精神追求。突出人物的奋斗精神和奋斗过程，在奋斗过程中才能体现奋斗精神，进而才能形成最后的结果。总之，环境熏陶感染法用在理想教育上，突出强调的是通过各种设施中的精神文化和周围人群的奋斗追求来感染人的奋斗追求，也即有目标的努力奋斗。

认知说理引导法。教育的基本途径还是认知说理引导的方法。在理想教育过程中要让人们认识理想和奋斗目标及其内在的本质，认识理想的意义价值，认识该如何确定自己的理想和如何去实现自己的理想。认知说理的引导法，要让人们认识社会发展需要有明确的奋斗目标，而社会发展需要的目标是全体社会成员集合升华的目标，是代表全社会成员的奋斗目标。这个目标不是靠某个人某些人就能实现的，必须经过全体社会成员的共同努力才能实现。社会发展需要的目标是一个丰富而多样的目标，这是由生活需要的多样性决定的。这些目标是通过社会的代表人物集中概括起来的，并通过社会的途径呈现给广大社会成员。诸如中华民族伟大复兴的中国梦、建设社会主义现代化强国等，这些目标由众多的小目标甚至微小目标组成，对每一个社会成员而言，要在社会广泛而丰富的社会发展需要目标中，选择自我渴望并有实践能力的目标，去奋斗和追求。认知说理，就是要把社会发展需要的目标展示给人们，并把社会需要发展目标的合理性和合价值性的道理说给人们，让人们在社会发展需要的目标中去选择自我的目标。只有社会发展需要目标符合社会发展的方向，代表社会成员的共同利益的发展目标，才可能成为社会成员分享和奋斗的目标。理想教育向人们展示社会发展需要的目标，并且也昭示人们为社会发展需要目标的实现而努力奋斗，但理想教育及其代表的社会不能也不会为每个人指派各自的奋斗目标，因为那样的指派可能会是"乱点鸳鸯谱"，既无法符合个人的期望实际，也无法为实现目标而匹配相应的能力。因而，个人必须根据社会发展需要目标的丰富内容，去选择自我需要实现的并有能力实现的目标，这既是自我生存发展的自我责任，也是使目标得以实现的动力保证。认知说理引导还远不止于此，它还要让人们认识奋斗目标与现实的关系，奋斗目标是超越现实的，是要实现的现实，但毕竟不是现实，它和现实存在着时空距离，而要把它变为现实，要消除在时空中的距离，唯有实践，唯有实实在在的奋斗，别无他法。有目标固然美好，但有目标没有奋斗，有目标和没有目标一样等于零。唯有有目标，能够奋斗去追逐目标的实现，目标才有价值。在奋斗和实现理想的过程中，可能会面临许多困难曲折，即不会一帆风顺，这就需要有坚定的意志和牢固的信念，才能实现目标。其中，也不排除在实现目标的过程中，会根据实际情况去调整修正目标，但为目标实现的奋斗精神和所积累的经验对于未来的目标实现，都是不可或缺的财富。认知说理引导法，作为理想教育的基本方法，在理想教育中的核心作用必须给予足够的重视。

榜样典型示范法。榜样的力量是无穷的，学有榜样，赶有方向，这都是说榜样的作用。在一般的教育实践中，榜样典型示范都是不可缺少的，在理想教育中榜样典型示范同样不可缺少。在榜样典型示范中，对于理想教育而言，可以体现多维度的榜样典型示范。一是有理想而奋斗成功的人。有理想目标而成功的人物是有示范作用的，在理想教育中可以选择有理想目标经过奋斗而走向成功的人。他们的成功是目标的指引，有明确的方向而少走弯路。二是有适合自己目标而奋斗成功的人。人有理想能够走向成功，除掉有目标以外，还在于他们有适合自己实际的目标，而不是好高骛远的目标。这方面，对于教育对象来说非常关键，有些人很成功，不是因为目标多么远大，而是因为有适合自己的目标。三是与教育对象的境遇相同的人。在理想教育中可以选择一些成就大业的成功人士，也可以选择与对象专业方向相近的成功人士，而最有亲和力的榜样作用是与自己比较接近的目标，这样可以效仿，而有些望而生畏的典型让教育对象不可效仿就难以达成教育效果。因为离自己较远的典型，在教育对象看来似乎就是故事可望而不可即。因而在典型榜样的选择上，一定要注意选择与自己境遇相近甚至是朋辈群体中的人物。现在，大学生中的理想教育，常常选择出自学生群体当中的理想成才报告团，既让人们有亲近感，也会让人觉得自己跳起来也可以达到那样的高度。四是以做好当下事而走向光辉道路的典型。有些人是在自己微不足道的岗位上做出了惊人的成就，比如技术尖兵和大国工匠就是如此，有些人的现实目标并不宏大遥远，只是把眼下的工作做到优秀和精致，一步一步一个目标一个目标实现后走向更高的目标。这种情况在现实中典型事例也不少，有些人看似没有更远大的目标，但在现实目标中蕴含着更远大的目标。人们只是相信，做好现在的事，实现现在的目标，就会为新的目标实现准备机遇。如果用殊途同归、条条大道通罗马，来形容有远大目标和做好眼下的事以及实现小目标再向大目标前进这两种追逐目标的行动，既有经验的证明，也有理论上的支持。从道理上说，小目标具有理想性，诸多的目标串联起来，很有可能就是一个远大的目标；从经验上说，有些人确实是一个目标一个目标攀登最后登上高峰的。无论如何，理想教育中的典型示范，既要有示范性典型性，又要有亲和力可效仿性，这样才会起到示范的实际作用。榜样典型的示范作用，重在示范，而示范的本意就是能根据示范进行操作，只有示范而无法操作，就失去了榜样典型的示范价值。在榜样示范中，也可以适当举出负面的例子，以警醒人们要选择社会需要和阳光性需要。这让我们想起两个负面的例子：大毒枭刘招华和假币教父大王彭大祥。他们在各自的专业内都有建树，但却走错了方向，走向了社会发展需要的反面，最后导致了人生的毁灭。人生方向是大事，必须把握好。在理想教育榜样示范中的负面案例，也对理想形成具有警示作用。但使用这些案例一定要进行透彻的分析，以免产生不良影响。

舆论宣传牵引法。利用舆论宣传牵引人们的思想行为，这是社会生活中常见的做法。舆是众多和多人的意思，舆论就是多人的言论。舆论宣传一般是指社会（统治阶级）利用新闻媒介工具宣传自己的主张，进行社会教育或教化的手段。它所以被作为一种工具和手段源自两个方面，一是舆论宣传能够产生效果，二是人们的思想行为受舆论宣传的影响。舆论宣传为什么能够产生影响效果？人们为什么能够接受这种宣传舆论的影响？因为舆论宣传代表社会的主张，社会的主张通过舆论传播给社会大众，这种传播具有连贯性、一致性，因而会产生强烈的影响；社会大众一般就是通过舆论宣传来了解社会主张的，因为人都是生活在社会中，而社会舆论宣传是社会主张的体现，人们只有接受社会主张才能更好地生活。因而任何一个社会都非常重视舆论宣传工作，利用舆论宣传把自己的主张传递给社会成员，以此来牵引人们的思想和行为。一个社会要实现自己的目标，就要通过各种宣传媒介等舆论工具，让社会成员认识社会的目标，并积极鼓励动员社会成员能有自己的奋斗目标，继而通过社会成员实现自己的目标而使社会目标得以实现。因而它在舆论宣传上，就会造成一种态势，有目标的生活是社会推崇的，这个目标当然是分享了社会目标的目标。利用舆论宣传牵引法进行理想教育，一是通过舆论宣传展示社会目标，让人们知道社会的发展目标；二是通过舆论宣传彰显社会目标的优越性，让人们知道这个目标的前景希望；三是让民众知道实现社会目标既是为了大家也需要大家分享社会目标；四是褒扬那些在社会目标之下有自己奋斗目标并努力实现奋斗目标，进而为社会贡献的人；五是通过舆论宣传把那些有目标努力奋斗的人的事迹在社会中进行传播。通过舆论宣传，民众一方面清楚社会的主张和导向，另一方面也看到了社会主张在现实中实施的人，并且受到褒扬舆论的肯定，自己也会努力构建自己的奋斗目标和奋斗实践。中国梦是中华民族伟大复兴，它的宣传在社会中产生了极大的共鸣，不仅引导人们为中国梦的实现努力奋斗，而且也成为凝聚人心、凝聚中华儿女为国家富强、民族振兴、人民幸福奋斗的强大物质和精神力量。舆论宣传牵引作用，从表面看来是它自身具有影响和穿透力，使民众可以接受这种影响，但从根本上来说，舆论宣传的走向必须代表民心才能收到好的效果，这是最为根本的力量。中国梦的舆论宣传达到家喻户晓，并且成为动员人们努力奋斗的力量，在根本上在于它表达了中国人民的内心渴望与追求。犹如中国革命中，社会主义人民当家做主所具有的感召力一样。总之，舆论宣传牵引法运用于理想教育实践，就是要通过舆论宣传让人们认识理想目标的个人和社会价值，形成一种舆论氛围：追求目标努力实现目标，既是为社会作贡献，也会使自己有更好的生活。

社会报答激励法。社会报答激励法，是指社会通过对那些有目标追求并为社会目标的实现作出贡献的人给予物质和精神奖励，激励人们确立远大目标进而努力奋斗的方法。任何一个社会，都会有自己的报答机制，都会有自己的奖惩机制。报答和奖惩表明社会鼓励什么、肯定什么、坚持什么，表明社会反对什么、贬斥什么、拒绝什么。社会通过报答和奖惩机制来激励人们做出符合社会要求的行为，遏制那些违背社会意愿的行为。人们都有理想和追求，社会才有希望，社会的目标和追求才能实现，反之一个社会的成员如果没有目标，没有追求没有希望，就会浑浑噩噩，社会就失去了前进和发展的内在动力。因而社会要报答奖励那些有目标有追求进而也有成就的人，以激励他们继续前行；同时也鞭策那些没有目标而不知走向哪里的人们确立奋斗目标进而努力奋斗为社会作贡献。社会的奖惩和报答，体现的是社会指挥棒，体现的是社会的主张和态度，反映社会的价值追求，引导着社会的走向。表面上看，对理想奋斗的社会报答和奖惩是对个人的事，实际上事关国家民族大业。一方面，那些奋斗者和追求者在社会生活中以自己的行动营造着社会构成的一部分氛围，有追求有目标有希望地生活；另一方面他们为社会构成的其他部分形成的是典范式的影响；更为根本的是他们的奋斗和目标的实现就是为社会贡献，进而使社会趋近于追求的目标。从这样三个角度看，对奋斗者的报答是应该的正当的，而对他们的报答奖励，就是为了激励更多的人去追求目标和实现目标。理想教育的社会报答激励法，要让教育对象看到社会报答和奖惩了哪些人，社会为什么要报答和奖惩那些人，社会报答这些人对自己有怎样的启发和激励。报答和奖惩激励，要想收到理想的效果，还要注意报答和奖惩的不同层次。只有那些报答和奖惩接近于自己的实际时才能为更多的人所接受和追求。因而报答和奖惩既要对高层次奉献者进行报答，也要对中低层次人中的优秀者进行肯定报答，这样才会有亲近感和可接受感。社会报答和奖惩既有物质上的也有精神上的，在社会发展的低水平阶段，物质层面的报答具有普遍效应，但当社会发展到更高水平的阶段时，精神报答和奖惩似乎更有亲和力。一方面是精神在一定条件下可以转化为物质，另一方面是精神本身就具有特别重要的意义，因为精神是人的特殊存在。精神鼓励、精神肯定，在现实意义上，已经超过了物质报答的意义，但这不是忽略物质鼓励报答的理由，坚持物质和精神报答和奖惩的统一，是发挥社会报答和奖惩作用激励人们追求目标努力奋斗实现目标的必然要求。

责任担当感悟法。所谓责任担当感悟法，就是通过让教育对象感悟自己的责任担当进而形成奋斗目标也即形成和实践理想的方法。责任有两种解释，一是承担某个角色而应该去做的事，二是由于没有做好该做的事而要承担的结果。每个人在社会生活中都扮演着一定的角色，每个角色都有一定的职责要求。人在社会生活中同时扮演不同的角色，而每一种角色都有角色的要求，这些要求就是责任。人在社会中最通识的角色就是公民，它标识着每个人的国家归属。当我们说我们是中国公民时，意味着我们是具有中国国籍的人，归属于中国，我们会为此感到自豪，因为中国公民受中国国家法律保护，法律赋予我们公民特有的权利；但同时法律也规定公民所承担的义务，这个义务就是作为公民要承担的责任。公民对国家发展和社会建设负有责任，这些责任是通过公民自己的工作来实现的。一方面通过劳动获取生活资料是自己对自己的责任，也是国家要求自己对自己履行的责任；另一方面通过自己的劳动为国家的建设发展承担责任，公民要通过自己的创造性劳动为国家的发展建设贡献力量。如何才能通过自己的创造性劳动为国家的发展建设贡献力量并承担自己的责任呢？根据国家发展建设需要的目标，去选择自我的奋斗目标，通过自己的创造性劳动去实现目标，进而使国家的事业得到发展进步，这就是公民尽职尽责的大众模式。也就是说，一个公民有没有奋斗目标，能不能为实现奋斗目标而努力奋斗，这不仅是个人的事，还是个人对国家和社会是不是尽责的问题。只有一个国家的人都努力奋斗，国家才有前途，民族才有希望。一个国家能否有好的发展从根本的意义上说，决定于这个国家公民的奋斗精神如何，也即是不是有明确的奋斗目标并且为目标的实现而努力奋斗。这也是国家发展进步的根源。理想教育，要让人们认识感悟每个人对国家和社会乃至对自己的责任，确立起自己的奋斗目标也即理想追求。每个人都努力奋斗，国家才会有更好的发展前景。国家强大与否，与每个公民的奋斗精神密切相关。所谓"天下兴亡，匹夫有责"，说的就是个人对国家的责任担当。为国家的发展而努力奋斗，有奋斗目标是每个公民的责任，因而只有每个人担负起对国家的责任，国家才会更好地发展。理想教育，一方面从理想实现的角度看，要把社会需要作为确立理想的根据；另一方面也要把实现国家的需要、为国家的发展目标努力奋斗作为自己的责任。这是理想教育应该具有的高度，也是每个人应该具有的责任感。通过国家与个人的关系，通过国家需要和个人奋斗目标的关系，让人们感悟确立理想目标的责任意义，这是理想教育应有的境界追求。

综上所述，理想教育要从不同角度启发人们认识理想的意义、认识理想的责任，进而确立自我的理想，为社会的发展进步贡献自己的力量。这既是理想教育的价值，也是理想的本质及形成机理研究的现实归宿。

参考文献

一 经典著作

《邓小平文选》1—3卷，人民出版社2009年版。

《胡锦涛文选》1—3卷，人民出版社2016年版。

《江泽民文选》1—3卷，人民出版社2006年版。

《马克思恩格斯选集》1—4卷，人民出版社2012年版。

《毛泽东选集》1—4卷，人民出版社2009年版。

《习近平关于青少年和共青团工作论述摘编》，中央文献出版社2017
年版。

《习近平谈治国理政》第1卷，外文出版社2014年版。

《习近平谈治国理政》第2卷，外文出版社2017年版。

《中国共产党第十九次全国代表大会文件汇编》，人民出版社2017年版。

《中国共产党第二十次全国代表大会文件汇编》，人民出版社2022年版。

二 学术专著

蔡诚：《世界上最感人的理想》，金城出版社2012年版。

曹影：《德育职能论》，中国社会科学出版社2008年版。

陈法根：《德性论》，上海人民出版社2004年版。

陈桂生：《中国德育问题》，福建教育出版社2007年版。

陈国桢：《品德心理研究新进展》，学林出版社 1999 年版。

陈行甲：《在峡江的转弯处》，人民日报出版社 2021 年版。

陈忠：《规则论》，人民出版社 2008 年版。

丁锦宏：《品格教育论》，人民教育出版社 2005 年版。

杜时忠：《德育十论》，黑龙江教育出版社 2005 年版。

杜时忠：《社会变迁与德育实效》，教育科学出版社 2009 年版。

范树成：《德育过程论》，中国社会科学出版社 2004 年版。

方朝晖：《儒家修身九讲》，清华大学出版社 2008 年版。

冯友兰：《境界》，中信出版社 2012 年版。

冯友兰：《中国哲学史新编》（上），人民出版社 1998 年版。

冯友兰：《中国哲学史新编》（中），人民出版社 1998 年版。

冯友兰：《中国哲学史新编》（下），人民出版社 1999 年版。

冯增俊：《教育人类学》，江苏教育出版社 2001 年版。

冯忠良等：《教育心理学》，人民教育出版社 2002 年版。

高得胜：《知性德育及其超越》，教育科学出版社 2003 年版。

高德胜：《生活德育论》，人民出版社 2005 年版。

高峰：《小学生品德的形成与发展》，上海教育出版社 1999 年版。

高平叔：《蔡元培教育论集》，湖南教育出版社 1987 年版。

高中建：《当代青少年问题与对策研究》，中央编译出版社 2008 年版。

郭凤志：《德育文化论》，中国社会科学出版社 2008 年版。

胡潇：《理想与现实的沉思》，湖南人民出版社 1986 年版。

黄明理：《社会主义道德信仰研究》，人民出版社 2006 年版。

黄人颂：《学前教育学》，人民教育出版社 2003 年版。

黄荣坤：《传统美德与现代人生修养》，华南理工大学出版社 2000 年版。

黄希庭：《当代中国大学生心理特点与教育》，上海教育出版社 2002 年版。

黄希庭：《人格心理学》，浙江教育出版社 2002 年版。

黄向阳：《德育原理》，华东师范大学出版社 2001 年版。

贾馥茗：《教育的本质》，世界图书出版公司 2006 年版。

姜钦峰：《每一个梦想都值得浇灌》，金城出版社 2012 年版。

金生鈜：《德性与教化》，湖南大学出版社 2003 年版。

金生鈜：《规训与教化》，教育科学出版社 2004 年版。

李丹：《儿童亲社会行为的发展》，上海科学普及出版社 2002 年版。

李德顺：《新价值论》，云南人民出版社 2004 年版。

李菲：《学校德育的意义关怀研究》，教育科学出版社 2009 年版。

李进：《理想与现实的选择》，工人出版社 2000 年版。

李瑞兰：《修身·齐家·治国·平天下新论》，天津社会科学出版社 2001
年版。

李少军：《理想论》，中央编译出版社 2000 年版。

李雪红：《小学品德教学拓新》，广东教育出版社 2005 年版。

李振斌：《中国问题孩子调查》，北京理工大学出版社 2006 年版。

梁漱溟：《朝话：人生的省悟》，世界图书出版社 2010 年版。

梁漱溟：《人生的三路向》，当代中国出版社 2010 年版。

廖申白：《伦理新视点》，中国社会科学出版社 1997 年版。

林崇德：《发展心理学》，人民教育出版社 1995 年版。

刘济良：《青少年价值观教育研究》，广东教育出版社 2003 年版。

刘铁芳：《生命与教化》，湖南大学出版社 2004 年版。

刘永芳：《归因理论及其应用》，上海教育出版社 2010 年版。

卢乐珍：《儿童道德启蒙的理论与实践》，福建教育出版社 1999 年版。

欧阳文珍：《品德心理学》，安徽大学出版社 2005 年版。

潘益大：《人生就是奋斗》，华东师范大学出版社 2009 年版。

彭定光：《理想论》，中国青年出版社 2001 年版。

任友群：《造就成功》，安徽科学技术出版社 2002 年版。

沙似鹏：《立志 修身 治学》，复旦大学出版社 1999 年版。

邵道生：《学会生存》，中国青年出版社 1997 年版。

佘双好：《现代德育课程论》，中国社会科学出版社 2003 年版。

宋希人：《人生哲学导论》，山东教育出版社 2003 年版。

孙少平：《新中国德育 50 年》，福建教育出版社 2002 年版。

孙喜亭：《教育原理》，北京师范大学出版社 2003 年版。

孙雪芬：《现代学校德育的有效方法与途径》，同济大学出版社 2007 年版。

孙云晓：《教育就是培养好习惯》，江苏教育出版社 2009 年版。

檀传宝：《问题与出路》，浙江教育出版社 2009 年版。

檀传宝：《信仰教育与道德教育》，教育科学出版社 2002 年版。

唐汉卫：《中外道德教育经典案例》，山东人民出版社 2005 年版。

屠大华：《中小学德育管理》，东北师范大学出版社 2002 年版。

汪凤炎：《中国传统德育心理学思想及其意义》，黑龙江教育出版社 2002 年版。

王东华：《发现母亲》，中国妇女出版社 2003 年版。

王建敏：《道德学习论》，浙江教育出版社 2002 年版。

王敏：《思想政治教育接受论》，湖北人民出版社 2002 年版。

王仕民：《德育功能论》，中山大学出版社 2005 年版。

王研：《职业生涯规划》，中国农业大学出版社 2006 年版。

魏贤超：《德育课程论》，黑龙江教育出版社 2004 年版。

沃建中等：《承诺成就未来——明确目标》，北京航天航空大学出版社 2010 年版。

沃建中：《承诺未来：掌握自己的梦想》，世界图书出版社 2011 年版。

吴安春：《德性教师论》，人民教育出版社 2003 年版。

吴鲁平：《中国当代大学生问题报告》，江苏人民出版社 2003 年版。

吴维屏：《小学品德与生活课程与教学》，中国人民大学出版社 2010 年版。

吴宇：《我的大学》，旅游教育出版社 2008 年版。

夏欣：《36 堂人生课》，山东美术出版社 2011 年版。

夏甄陶：《人是什么》，商务印书馆 2000 年版。

肖川：《教育的理念与信念》，岳麓书社 2003 年版。

徐应隆：《青少年生理心理特征与教育方法》，上海人民出版社 1982 年版。

薛晓阳：《希望德育论》，人民教育出版社 2003 年版。

阎晗：《胡适》，中国广播电视出版社 2010 年版。

杨韶刚：《道德教育心理学》，上海教育出版社 2007 年版。

叶泽雄：《社会理想论》，武汉大学出版社 1998 年版。

张春兴：《教育心理学》，浙江教育出版社 2002 年版。

张进辅：《青少年价值观的特点》，新华出版社 2006 年版。

张琼等：《道德接受论》，中国社会科学出版社 1995 年版。

张荣明：《中国思想与信仰讲演录》，广西师范大学出版社 2008 年版。

张世欣：《思想政治教育接受规律论》，上海三联书店 2005 年版。

张澍军：《德育哲学引论》，人民出版社 2002 年版。

张小强：《在绝望中寻找希望》，金城出版社 2009 年版。

章永生：《教育心理学》，河北教育出版社 1999 年版。

赵启正等：《生命的方向》，求真出版社 2011 年版。

赵石屏：《家教》，北京师范大学出版社 2001 年版。

郑富兴：《现代性视角下的美国新品格教育》，人民出版社 2006 年版。

周国平：《人生圆桌》，广东人民出版社 1999 年版。

周庆宝：《放飞理想》，中国青年出版社 2011 年版。

朱小蔓：《教育的问题与挑战》，南京师范大学出版社 2002 年版。

朱小蔓：《中小学德育专题》，南京师范大学出版社 2003 年版。

朱智贤：《儿童心理学》，人民教育出版社 2009 年版。

左其沛：《中学德育心理学》，吉林教育出版社 1990 年版。

三　编著

北京师范大学等四院校编：《普通心理学》，陕西人民教育出版社 1985 年版。

本书编写组：《思想道德修养与法治》，高等教育出版社 2021 年版。

单志艳编著：《学生学习问题与教育方案》，中国轻工业出版社 2009 年版。

韩延明主编：《新编教育学》，人民教育出版社 2006 年版。

黄楠森主编：《人学原理》，广西人民出版社 2000 年版。

金马编：《生存智慧论》，知识出版社 1988 年版。

李秀林等主编：《辩证唯物主义和历史唯物主义原理》（第五版），中国人民大学出版社 2018 年版。

廖琼堂编：《人生箴言选粹》，广东教育出版社 2010 年版。

刘国伟编：《人生的故事》，吉林出版集团有限公司 2010 年版。

刘明利主编：《保送北大》，北京大学出版社 2008 年版。

刘明利主编：《追梦北大》，北京大学出版社 2008 年版。

刘明利主编：《牵梦北大》，北京大学出版社 2009 年版。

鲁洁总主编：《道德与法治》（1—6 年级上下册），人民教育出版社 2016—2019 年版。

绿原编：《人生的感悟》，上海科学院出版社 1996 年版。

马嵩山编：《理想论》，上海人民出版社 1987 年版。

彭聃龄主编：《普通心理学》，北京师范大学出版社 2018 年版。

秦春华主编：《就这样考上北大》，北京大学出版社 2011 年版。

秦春华主编：《相约北大》，北京大学出版社 2012 年版。

万玮编著：《遭遇问题学生》，中国轻工业出版社 2010 年版。

文启煌编：《中国教育家的故事》，人民教育出版社 1987 年版。

肖明主编：《哲学》，经济科学出版社 1991 年版。

肖前主编：《马克思主义哲学原理》，中国人民大学出版社 1994 年版。

袁贵仁主编：《人的哲学》，工人出版社 1988 年版。

张冲编著：《学生情绪问题与教育方案》，中国轻工业出版社 2010 年版。

赵甲明等主编：《清华学子的人生感悟》，人民出版社 2011 年版。

赵江鹏编著：《北大状元是怎样炼成的》，吉林大学出版社 2009 年版。

赵江鹏编著：《清华状元是怎样炼成的》，吉林大学出版社 2009 年版。

赵小红编著：《学生品德问题与教育方案》，中国轻工业出版社 2009
年版。

珍美逸编：《理想的太阳》，上海社会科学院出版社 1996 年版。

中央教育科学研究所编：《心理学基础知识问答》，教育科学出版社 1986
年版。

周靖编：《百年中国德育经典集萃》，学林出版社 2011 年版。

朱小蔓总主编：《道德与法治》（7—9 年级上下册），人民教育出版社
2016—2018 年版。

朱炎主编：《当代大学生理想论》，西南交通大学出版社 2006 年版。

朱永新编：《中国著名班主任德育思想录》，江苏教育出版社 2003 年版。

四 译著

［奥］茨达齐尔：《教育人类学原理》，李其龙译，上海教育出版社 2001
年版。

［俄］C. 谢·弗兰克：《社会的精神基础》，王永译，生活·读书·新知

三联书店 2003 年版。

［俄］康·德·乌申斯基：《人是教育的对象》，郑文樾译，人民教育出版社 2007 年版。

［法］福柯：《规训与惩罚》，刘北成等译，生活·读书·新知三联书店 2004 年版。

［法］拉罗什福科：《道德箴言录》，何怀宏译，生活·读书·新知三联书店 1987 年版。

［法］吕克·费希：《什么是好生活》，黄迪娜等译，吉林出版集团有限责任公司 2010 年版。

［法］帕斯卡尔：《思想录》，何兆武译，商务印书馆 1995 年版。

［美］L. J. 宾克莱：《理想的冲突》，马元德等译，商务印书馆 1988 年版。

［美］安妮塔·伍尔福克：《教育心理学》，伍新春等译，中国人民大学出版社 2012 年版。

［美］布恩等：《心理学原理和应用》，韩进之等译，知识出版社 1985 年版。

［美］格莱恩·布兰德：《一生的计划》，理子等译，江西人民出版社 2010 年版。

［美］柯领：《追问教育的本质》，人民日报出版社 2011 年版。

［美］科尔博格：《道德发展心理学》，郭本禹等译，华东师范大学出版社 2004 年版。

［美］马斯洛：《自我实现的人》，许金声等译，生活·读书·新知三联书店 1988 年版。

［美］迈克·杜利：《梦想》，苏鸿雁译，中信出版社 2011 年版。

［美］欧文·拉兹洛等：《意识革命》，朱晓苑译，社会科学文献出版社 2001 年版。

［美］塞缪尔：《生涯发展理论》，顾雪英等译，上海教育出版社 2010
　　年版。

［美］舒尔茨：《成长心理学》，李文湉译，生活·读书·新知三联书店
　　1988 年版。

［美］悉尼·胡克：《理性、社会神话和民主》，金克等译，上海人民出
　　版社 1986 年版。

［美］悉尼·胡克：《历史中的英雄》，王清彬译，上海人民出版社 1986
　　年版。

［美］詹姆斯·O. 卢格：《人生发展心理学》，罗汉等译，学林出版社
　　1996 年版。

［瑞典］桑兹特勒姆：《儿童和青春期心理学》，李茹译，知识出版社
　　1988 年版。

［英］F. C. 席勒：《人本主义研究》，麻乔志译，上海人民出版社 1986
　　年版。

［英］柏特兰·罗素：《社会改造原理》，张师竹译，上海人民出版社
　　1986 年版。

［英］大卫·波皮诺等：《视读意识学》，王黎译，安徽文艺出版社 2009
　　年版。

［英］怀特海：《教育的目的》，徐汝州译，生活·读书·新知三联书店
　　2002 年版。

［英］麦克尔·卡里瑟斯：《我们为什么有文化》，陈丰译，辽宁教育出
　　版社 1998 年版。

五　期刊

陈升：《文化道德在理想形成中的作用》，《道德与文明》1986 年第
　　2 期。

陈相光：《理想信念的形成与相关心理因素的关系探析》，《宁波大学学报》（教育科学版）2011 年第 3 期。

陈相光：《理想信念形成的心理机制》，《社科纵横》2011 年第 3 期。

陈相光：《影响理想信念形成的心理因素分析》，《学理论》2011 年第 1 期。

范有祥：《青少年儿童理想形成的追踪研究》，《心理发展与教育》1986 年第 6 期。

韩丽颖：《论理想信念形成的三种形态》，《社会科学战线》2019 年第 12 期。

韩丽颖：《论理想信念形成研究的心理视角》，《思想政治教育研究》2018 年第 12 期。

李晓燕：《青少年理想的形成和发展》，《高等函授学报》（社会科学版）1999 年第 1 期。

廖福霖：《学生理想形成过程的新变化》，《高校德育研究》1986 年第 2 期。

罗佳等：《当代大学生理想信念形成的主要矛盾及成因分析》，《思想教育研究》2010 年第 11 期。

麦志强：《中学生社会理想形成与教育研究的回顾》，《南方教育论丛》1993 年第 1 期。

宁耀：《大学生党员政治理想信念形成特点及其因素分析》，《学校党建与思想教育》2010 年第 12 期。

王柏棣等：《简论理想形成的特点》，《东北师大学报》（社会科学版）2012 年第 2 期。

王柏棣等：《论理想形成的本质》，《思想教育研究》2012 年第 5 期。

王仕民等：《当代大学生理想信念形成特点及原因分析》，《教学与研究》2008 年第 5 期。

杨维等:《现代社会理想信念的形成和基本特征》,《学校党建与思想教育》2006 年第 8 期。

曾令辉:《当代大学生政治理想信念形成规律及对策》,《高校理论战线》2011 年第 5 期。

张建晓:《中学生理想信念形成机制》,《教育科学论坛》2015 年第 3 期。

张菊生:《榜样在少年理想形成中的作用》,《教育评论》1985 年第 3 期。

朱文彬:《大学生理想的特点及其形成过程的初步研究》,《江西教育科研》1988 年第 1 期。

后　记

　　本书是在我的博士学位论文《个体理想形成过程研究》的基础上修改完善而成的。2006 年 7 月我硕士研究生毕业，就开始在高校从事思想政治理论课的教学工作，具体承担"思想道德与法治"（原为"思想道德修养与法律基础"）课的讲授任务。而"追求远大理想，坚定崇高信念"是教材的第一章，这意味着我的教学生涯是从教授理想问题开始的。在教学过程中，我按照教材的内容和教学要求，注意从教材内容向教学过程的转化，努力完成教学任务。与此同时，我也在思考比教材内容更加深入的问题，即人为什么要有理想、这理想与目标有怎样的区别、人的理想是怎么形成的等一系列问题。2009 年春，为了进一步提升自己的理论水平和教学能力，我开始在职攻读博士研究生学位。碰巧的是，这时我申报的教育部人文社科课题"个体理想形成过程研究"获得批准，这让我对理想问题研究的热情得到进一步强化，于是和我的博士研究生导师商量，把个体理想形成过程研究作为我的博士论文选题，进而开始了对个体理想形成过程的研究。历时三年，经过不懈的努力奋斗，在完成教学任务的同时完成了博士学位论文，课题也通过结项。

　　在《个体理想形成过程研究》博士学位论文中，在借鉴已有研究成果的基础上，阐释了理想的内涵特点和理想形成过程的本质，分析了理想形成的基础，论述了理想形成的过程和理想形成的阶段，并概括出理想形成的特点，最后基于论文研究的成果尤其是研究内容和研究过程的感悟，对理想教育的科学化提出了构想。转眼间，时间已经过去了十年。在这十年里，我对理想问题的学术研究热情一直持续，发表的研究成果虽然数量不多，但几乎都与理想有关。回过头来再看十年前完成的博士学位论文，既有令我欣慰的地方，因为终究还是对个体理想形成有些思考也自感有些价值，但也有遗憾的地方，论文在诸多方面存在不足。

于是，带着对学位论文进一步完善的愿望和基于实践以及深入思考的结果，开始了对原有成果的修改。本书《理想的本质及形成机理研究》，是基于原有成果又对原有成果有较大提升，无论在文字数量还是在具体内容上，都有进一步拓展。在这样的题目之下，本书对理想的基本理论进行了较为系统的论述，诸如界定理想的概念内涵、概括理想的本质，尝试对理想与空想和幻想进行区分，阐释了理想的谱系和理想的特点以及理想的功用。这里值得提及的是把理想界定为终极性的奋斗目标，把理想的本质概括为人的能力、人的内在需要、人的价值选择，并且对人为什么有理想的内在根据进行的分析。如上内容，集中展示了本书的创新成果，理想的基础理论一章其核心要旨是对理想本质的阐释，这也是本书的两个要点之一。在理想形成的基础一章，从理想形成的生理基础、心理基础和实践基础三个方面对理想形成的基础进行了阐释。理想形成的机理一章，是本书的另一个重点内容，这里从社会环境制约影响理想目标的形成、教育引导理想目标的形成、自我超越决定理想目标的形成三个方面，对理想形成的机理展开论述。其中对社会环境的制约影响作用，对教育的引导价值，对自我超越决定意义的论述，体现了本书的创新意蕴。理想形成的阶段一章，是对理想形成机理的进一步具化的阐释。理想形成由符号游戏阶段、萌芽阶段、初步形成阶段、确立阶段和完善调整阶段构成，这些阶段统一展示了理想形成机理的具体图式，对认识理想形成的机理有重要价值。在理想形成的特点一章，本书认为，理想的形成是由高到低再升高的过程，是由外在的社会需要向内在的自我需要转化的过程，是由目标模糊到价值明晰的过程。在理想形成的本质一章，把理想形成是终极奋斗目标的确定、理想形成是自我价值选择的明晰、理想的形成是自我追求的精神定格概括成理想形成的本质，这在实际上也是理想的本质和理想形成机理的深度把握。在本书的最后一章，是理想形成的教育理路，这一方面是基于理想的形成有教育的引导作用，并且教育的引导对理想形成的外在因素来说是非常重要的；另一方面是说学术研究有服务实践的追求，它应该为现实中理想形成的教育引导维度，给出自己的意见和建议。从这两个维度，本书基于对理想本质及形成机理的研究，提出理想教育要进一步明晰教育内容要求，要把理想教育贯穿教育过程始终，要认真研究不断优化教育方法。如上是本书呈现成果的概括性表达。

在完成如上内容的同时，我也在思考本书存在的不足。由于时间和积累乃至思考深度的限制，书中所述与理想的目标还有一定差距，诸如，虽然对理想的本质和形成机理以及理想形成的本质都有所论述，但在深度和展开的广度上还远远不够，在结构上应设有理想的实践一章，尽管在论述相关问题时，有实现理想需要努力实践和奋斗精神的表述，但不能完全胜任理想的实践之功能。这些不足，我力争在今后的学术研究中不断深化、不断完善。

本书的成果得以展现，首先感谢我的博士导师王平先生，正是导师的悉心指导才有了这样的选题和研究成果；本书的成果得以展现，还要感谢我工作单位的领导和同事，是工作中的学习交流，使本书的内涵得到提升；本书的成果得以展现，也要感谢我的父母和妻子甚至是我家孩子，他们都为我完成此书给予了诸多支持；本书的成果得以展现，更要感谢中国社会科学出版社的刘艳编辑的艰辛付出，没有她所给予的关心、鼓励和关照，本书很难如期面世。

王柏棣

2022 年 12 月 2 日